光明版
GUANGMING VERSION

知识分子的精神家园

2019 年 6 月 24 日，西安，作者代表基金会与企业家何晓怡（前右）签署合作意向书
（后排左起：冯仑、王石、海闻）

2019 年 9 月 15 日，延安大学，作者与乡村发展基金会联合创始人合影

2020 年 1 月 15 日，深圳，作者参加乡村发展基金会第二届理事会第一次会议

2020 年 1 月 15 日，深圳，作者接受《艾问公益人物》采访

2020 年 9 月 22 日，深圳，作者访谈黄世再（右）

2020 年 9 月 24 日，北京，作者组织乡村发展基金会部分联合创始人聚会

2021 年 3 月 28 日，昆明，作者（中）参与考察乡村振兴实验村

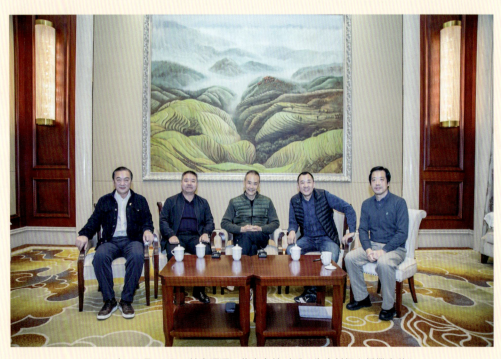

2021 年 10 月 14 日，甘肃渭源，作者主持对话"为乡村振兴播撒嘉种"
（从左到右：李铁、王继永、王石、陈行甲、陆波）

陆波

著

乡村振兴访谈录

光明日报出版社

图书在版编目（CIP）数据

乡村振兴访谈录 / 陆波著.—北京：光明日报出版社，2022.11

ISBN 978-7-5194-6930-6

Ⅰ.①乡… Ⅱ.①陆… Ⅲ.①农村经济建设—研究—中国 Ⅳ.①F323

中国版本图书馆CIP数据核字（2022）第216886号

乡村振兴访谈录
XIANGCUN ZHENXING FANGTAN LU

著　者：陆　波

责任编辑：许黛如　曲建文　　　　　责任校对：傅泉泽
封面设计：MXK DESIGN STUDIO　　　责任印制：董建臣

出版发行：光明日报出版社
地　　址：北京市西城区永安路 106 号，100050
电　　话：010-63169890（咨询），010-63131930（邮购）
传　　真：010-63131930
网　　址：http://book.gmw.cn
E－mail：gmrbcbs@gmw.cn
法律顾问：北京市兰台律师事务所龚柳方律师

印　　刷：北京文昌阁彩色印刷有限责任公司
装　　订：北京文昌阁彩色印刷有限责任公司
本书如有破损、缺页、装订错误，请与本社联系调换，电话：010-63131930

开　　本：170mm×240mm
字　　数：290 千字　　　　　　　印　　张：18.25
版　　次：2022 年 11 月第 1 版　　印　　次：2022 年 11 月第 1 次印刷
书　　号：ISBN 978-7-5194-6930-6

定　　价：68.00 元

献给所有

对乡村振兴和公益慈善事业

满怀热忱的人！

前　言

2018 年秋季的一天，冯仑先生找到我，说他和王石先生、海闻教授打算共同创办一家基金会，为乡村振兴做点事。他希望我能参与筹备，并推荐我担任秘书长。

这家基金会就是 2019 年 1 月在西安市民政局注册成立的西安市乡村发展公益慈善基金会（本书中简称为"乡村发展基金会"）。这家基金会的一大特色是广邀天下贤才，共襄盛举。包括上述三位主要发起人在内，拟邀请 100 位企业家、学者、社会知名人士担任联合创始人，充分发挥他们的行动力、思想力和影响力，共同推动乡村振兴。

由于这些联合创始人的行业跨度大、年龄跨度大，又来自不同的地域，所以很多人相互之间并不熟悉，也很难有一个场合让他们全部聚齐并逐一介绍。于是我就想到，在乡村发展基金会的微信公众号上开辟"百名联合创始人专访"这样一个栏目，相当于网络版的见面会。每次访谈的内容聚焦在三个方面：一是受访者对乡村振兴的观点；二是对公益慈善的理解；三是对乡村发展基金会的建言。

这个栏目起初并不惹眼，无论是谈话的深度还是阅读的人数，都不是很理想。大约半年后，我做了一次改版——栏目名称不变，我以主持人的身份，先通过一段导语勾勒出嘉宾的背景和特点，再进行访谈；话题仍是原来的三个，但增加了配图、引语、简历等内容，可读性更强。由于我加强了提问的针对性和互动性，嘉宾的兴味被激发，回答的内容越来越深入、细节越来越生动，可谓精彩纷呈。这个栏目不仅获得了受访者的好评，也得到了广大读者的欢迎。就这样，从2019年底到2022年初，总共做了50多期，平均每两周一次，且是在繁忙的日常工作之余，见缝插针进行的。但我并不感到辛苦，反而觉得饶有趣味。原因在于受访者都是各自行业的翘楚，他们从不同的角度、相当的高度，带来了对乡村振兴不同的观察、思考及解读，同时展现了他们的人生态度和公益情怀。对我来说，每一期访谈都是一道"思想大餐"。

于是，我就想到把这些访谈稿稍加整理，结集出版。一方面，这是关于乡村振兴的思想万花筒，汇集了各界高人的观点，值得记录和呈现；另一方面，以乡村发展基金会为平台、以公益慈善为切入口，为林林总总的内容找到了支撑点，也与其他乡村振兴类读物有很大不同。

党的十九大提出实施乡村振兴战略。党的二十大又提出全面推进乡村振兴。这一重大历史任务，无论从深度、广度、难度而言，都是前所未有的。实施乡村振兴战略，既要统筹谋划、科学推进，又要群策群力、建言献策。随着乡村振兴战略的全面推进和不断深化，人们对乡村振兴的理解也在不断加深、扩展。文中受访者的观点未必全部正确，但反映了他们的心声和认知。记录下来，很有意义。

我认为：实施乡村振兴战略，不仅要让乡村的人关注乡村，也要让城市的人关注乡村；不仅要让乡村的人行动起来，也要让城市的人行动起来。只有这样，乡村振兴才能全面推进、落地见效。希望有更多的读者通过阅读本书，能够了解乡村振兴、关注乡村振兴、参与乡村振兴。

乡村振兴和公益慈善是中国当下极具社会热度、极具想象空间的两个话题。二者一经碰撞，便能激发出无数新鲜的内容和未知的可能。一方面，乡村振兴是未来30年中国最大的公益，因为其"覆盖之广、规模之大、历时之长、目标之宏伟、认同感之高，都是空前的（杨团语）"；另一方面，公益慈善组织作为一支新兴的力量，在实施乡村振兴战略的进程中，正在发挥其他社会主体所不具备的独特功能，其作用将日益凸显。这是本书的主要看点。

《乡村振兴战略规划（2018—2022年）》指出："科学有序推动乡村产业、人才、文化、生态和组织振兴。"本书的访谈内容涉及了前四项，于是就此划分为四个篇章，即：产业振兴、人才振兴、文化振兴、生态振兴。机构公众号推送时原本还有受访者的个人简历和大量图片，考虑到阅读习惯，在整理出版时，我把这些略去了。每期访谈都注明了在线发布的日期，基本上保留了原文原貌，只有极个别地方根据受访者的意见做了修订。每一篇章中的各期访谈，以在机构公众号发布时间先后为序。第五篇"且行且思"收录的是由笔者撰写或与我相关的六篇文章，因聚焦同一主题，写于同一时段，对于前面的访谈录，既是呼应，也是补充。

本书定名为《乡村振兴访谈录》。这个书名朴实无华，虽不抢眼，但很合适。50位受访者皆为各行各业的精英人士，尽管不都是乡村振兴领域的专家，但他们对乡村振兴的解读和探索颇具价值。笔者的思考和行动也有机融入其中。

需要说明的是：乡村发展基金会有100位联合创始人，因时间和篇幅所限，另50人的精彩观点拟收录进下一部访谈录中。

目录

第一篇　产业振兴

崔荣华：为乡村带去新风，留下乡愁

导　语：本期我们请到的是荣华控股企业集团党委书记、董事长、乡村发展基金会理事崔荣华女士。"以舍为荣，因德而华"，这是崔荣华女士多年来坚持的理念。今天请到她，为我们讲述她多年来扶贫工作的经验和对西安这片土地的热爱。

陆　波：您曾在多个市、县开展扶贫和乡村振兴工作，可以说是这方面的专家。在您看来，中国乡村全面脱贫真正需要的是什么？

崔荣华：我认为，乡村全面脱贫，真正需要的有三方面：第一，找到适宜本地特色的产业支撑。这一点需要提前充分了解、熟悉、掌握市场需求，特别是对接周边区域城乡居民消费需求新变化，并根据地域特色、交通设施和市场需求来精准定位做什么样的产业。比如，我们（荣华集团）依托鄠邑区原来已有的葡萄种植传统，扩大建立的荣华现代葡萄园区，就是充分利用秦岭北麓河道沙土地昼夜温差大、水利条件好的自然条件，结合当地既有传统产业，引入规模化种植，构建形成的葡萄全产业链。而我们正在进行的法国娇兰（中国）彩妆农业硅谷项目，则是充分挖掘开发秦岭得天独厚的花卉资源，通过资源整合、空间聚合以及"国际品牌＋香料种植＋乡村振兴＋社会公益"的乡村振兴新发展模式，促使当地成为法国娇兰化妆品原料的主要种植基地和提供商。

第二，建立一套让多方受益的制度体系。比如，在产业构建中，成立专业化合作社，采取"企业投资、农户投地、村委会持股"的村企股份合作模式，把农民变为股东、变为员工，让农民朋友有脱贫参与感和融入感。这样既可以充分发挥农村已有农民的力量，又可以吸引更多的外出农民返乡参与家乡建设，大家共同建设家乡的主动意识也就会越来越强。

第三，引入更多专业化团队参与。乡村脱贫，需要的是全社会的力量，尤其是更需要有专业化的管理人才和专业团队参与，从产业布局到产业链延伸，再到日常的运营管理，这些都需要更多的优势资源。所以，也在此呼吁更多的爱心企业和专业团队能一起加入我们，共同为乡村发展助力。

陆　波：您的父母为了支援大西北来到西安，而您也是一直奋斗在西安这片土地，可以说一家人都对西安有着很深的感情。未来，您希望我们基金会可以为西安带来什么呢？

崔荣华：我出生在西安，成长在西安，也创业在西安。我对西安这座城市很有感情，因为她给予我人生中太多的东西。我们成立乡村基金会的出发点和落脚点，就是希望借助和联合更多的爱心企业和公益人士参与其中。在未来，我希望乡村基金会可以为西安带来更多的发展契机和思想活水。这包括对乡村发展成熟人才的培育培养，对更多西安贫困乡村的持续支持与扶持；还包括在大家共同携手做乡村发展这件事上，能够一起互通有无、互相学习，借鉴到更多创新理念和前沿思维，更好地应用到企业发展和助推城市社会中，更好地为西安这座城市做更多有意义的事。

陆　波：12月24日，西安片区正式成立，作为西安的企业家，作为西安片区的召集人，您觉得我们要怎么结合西安市企业家的特点和意愿，来开展适合西安的公益活动？

崔荣华：每位创始人的产业发展方向不一样，但大家共同参与乡村发展的信心和决心是一样的。西安是十三朝古都，历史文化深厚，文旅资源丰富。我觉得，我们可以多结合这个特点来找突破口，比如，在乡村发展中，可以多融入文化元素，用特色厚重文化来贯穿我们的产业。前段时间，我看到一篇报道，讲的是沂蒙老区充分挖掘当地的红色革命文化，来发展绿色生态旅游，用文旅融合来推动乡村振兴。上次在参加省人大的一个活动中我也看到，蓝田当地也是在充分结合白鹿原这个特色文化 IP，积极发展乡村旅游和民俗文化，这些都是很好的例子。在西安，我们是不是也可以尝试把秦岭、终南山这些周知的元素容纳进去，把当地的历史文化地标融汇进去，讲好文化故事，留住乡愁记忆。

　　"作为企业，我们在帮助乡村脱贫上拥有资本、人才、管理等优势，但首要的是对乡村发展要有一片热忱，要切切实实地把这项事业当作一份自己的使命和责任去实践，只有用心才会成事。乡村脱贫可能需要的是很长的时间去实现，这就要真正地沉下心思和扑下身子去持之以恒地帮助，不能三天打鱼两天晒网。而且这些扶持帮助不仅仅是从物质层面去改变农村的贫困，而是要把乡村新风尚带入乡村，也把我们记忆中的乡愁和美好留在乡村。"

2019 年 12 月 27 日发表于乡村发展基金会微信公众号，2022 年 2 月 15 日修改

黄季焜：通过可持续的方式，加速农村发展

导　语：本期我们请到的是农业经济学家、乡村发展基金会创始人大会联合创始人黄季焜先生。在采访过程中，黄教授侃侃而谈，与我们分享了他对中国农业、对乡村发展基金会的深刻见解和发展建议。

陆　波：去年，北大新农村发展研究院经重组后正式成立，您担任研究院院长。我想了解一下，是什么促使北大成立了新农村发展研究院？它的目标是什么？

黄季焜：北京大学现代农学院为学校独立建制的教学科研实体单位，重点发展四个学科：作物遗传与发育、农业生物技术、农业经济与管理、食品安全与营养。在现代农学院，我主要负责农业经济与管理学科建设和智库建设，所以我们成立了新农村发展研究院（以下简称新农院）和中国农业政策研究中心（CCAP）。CCAP主要负责学科建设，包括教学、科研、人才培养等，而新农院是专门进行智库建设的。

北大成立新农院是希望能充分发挥北大多学科的优势，为国家乡村振兴多做贡献。现在国家提出"四化"同步，要走中国特色的新型工业化、信息化、城镇化和农业农村现代化道路。但是在实际的建设过程中，农村农业现代化是短板。为此，党中央在十九大提出实施乡村振兴战略，目的就是补上这个短板。但事实上，乡村振兴目前还面临着很多的挑战。想要

补上乡村这块短板，传统的发展思路很难推进，需要新的一些思路。

基于这些因素，我响应北大的号召，发挥北大有多学科相互交融的优势，依托现代农学院、整合校内的国发院、光华学院、城市环境学院等相关院系农业农村发展研究领域的 30 多名学者，于 2018 年正式成立了"北京大学新农村发展研究院"。我们希望通过这样的一种交叉学科的研究方式，将新农院建设成一个有特色的智库。一年以来，研究院在农业农村发展领域开展了一系列具有前瞻性的战略和政策研究，希望能为中央和地方推进乡村振兴战略实施提供更多的决策依据。

陆　波： 在基金会的首届乡村发展延安论坛上，您曾讲到可以通过加速农村转型速度，来促进农民增收、农村减贫。在您看来，农村转型加速的"油门"在哪里？

黄季焜： 一直以来，我们国家在加速经济发展、农业发展上，往往是采用项目、投资、补贴的方式。这种方式可以在短期内加速个别产品的发展，但不可持续，而且很容易出现问题。所以我们应该是要通过制度创新、政策创新、投资创新来为乡村加速，不仅仅是要花钱，更是要创造效益。

第一，制度创新。在制度创新上，要特别关注农村土地制度、农村人力制度以及农村金融制度的创新。我们必须加快农村宅基地和集体建设用地的制度创新与改革，大幅度提高农民的资产价值。在农村人才领域，现在不管是农业科研还是农村基层管理，相关的人力资本都弱于其他领域。而要提高农业领域的人才素养，必须靠制度的创新。在欧洲，你要想做一个农民，必须经过一系列培训，还必须取得证书才能上岗。我们现在农村人才教育和培养制度还没建立起来，虽然我们现在有像江西省"一村一大"这样的地方项目，但这也只是典型个例。再比如，金融制度，在现在的制度下，钱往往从农村流向城市。想使农村金融得到发展，单靠市场是不可能的，必须有金融制度的创新。所以土地、人力、资金这三要素的制度创新是非常重要的，而且这三方面不仅仅是要创新，还要考虑城乡融合的问题。如果乡村不跟城市联系起来，它的价值永远提不起来。

第二，政策创新。在政策创新方面，主要是在农业科技、高值农业、食品安全等领域建立起新的政策支持体系，让每亩地、每滴水生产出更高的价值，并建立良好的市场信誉体系，使消费者愿意以较高的价格购买绿色高值的农产品和食品。

第三，投资创新。过去国家主要关注粮棉油糖等大宗农产品投资，有时还通过干预市场的方式支持农产品生产。我们认为，未来政府投资应重点放在提高农业生产力和竞争力上，比如，科技投入、灌溉投资、技术推广投资等。在农村投资创新方面，要更加关注农民的实际需求。现在按照"从上到下"模式来安排农业项目，难以避免供需不一致的现象；要推广基于农民需求的"从下至上"立项过程和"从上到下"相结合的投资创新模式。

陆　波： 您能否对于我们乡村发展基金会的未来发展给予一些建议？

黄季焜： 咱们基金会现在的项目，包括乡村发展研究院、教育百人团这些，都很不错，我相信都会对乡村的人才培养产生影响。我想，我们未来是不是可以将明日地平线大讲堂项目变成一个学术交流的平台，和相关的学校、机构共同发力，打造关于乡村振兴的学术论坛，将我们基金会的资源优势、学术优势整合起来，最大程度发挥平台的作用。

此外，基金会也可以考虑建设一个关于乡村振兴的数据平台。现在各个地方都在做乡村振兴的研究和实践，但是都没有好的数据支撑。现有的数据库大都是一些短期的项目，没有一个长期稳定的平台去做这件事。我们的数据平台建成后，可以跟踪乡村发展、发现潜在问题，并为乡村振兴网络提供数据支撑。另外我们可以每年确定一两个比较重大的乡村问题进行研究，然后年底出版专项报告，包括现况研究、问题根源、解决方案建议等内容，为科研机构和政府提供建议和帮助。

对于乡村人才培养的问题，基金会可以在一两个贫困县，通过两三年的时间，做一些典型，打造人才培养的样板，寻找乡村人才的培养模式。

　　"农村转型加速的方式必须是可持续的。通过制度创新、政策创新、投资创新，解决农村土地、人才和资金问题。建立政策支持体系，推广基于农民需求的'从下至上'立项过程和'从上到下'相结合的投资创新模式。"

2020 年 1 月 3 日发表于乡村发展基金会微信公众号

胡葆森：造福中原，向下扎根

导　语：本期我们请到的是建业集团董事长、乡村发展基金会理事、联合创始人胡葆森先生。在他的领导下，建业集团首创并践行"省域化发展战略"，于 2019 年年底实现了河南省 122 个县及县级以上城市全覆盖，创下在单个省份销售破千亿元的纪录，并将进一步走向乡镇、走向农村。这背后，有他身为企业家的敏锐，也有着他作为公益人的担当。

陆　波：您对河南有着很深的感情和了解，建业集团也率先深入县镇，打造田园综合体，发展建设新型农村社区。位于中原腹地的河南是我国的人口大省、农业大省，可以说河南的农村有着一定的代表性。所以以河南为出发点，您觉得现在的中国乡村更需要什么？您最希望看到什么样的改变？

胡葆森：建业 30 年的成长得益于中国城镇化发展。22 年前，建业确定省域化发展战略时，即描绘了未来的战略发展路径：用 20 到 30 年的时间，逐步向下扎根，将自己的产品和服务覆盖省、市、县、乡、村五级市场。就像我们提出的企业使命"让中原人民都过上好生活"一样，建业实践乡村振兴，积极响应国家乡村振兴战略，自 2019 年实现河南 122 个县及县级以上城市全覆盖基础上，自身战略发展进入乡村的阶段，这是我们在中原区域践行共同富裕理想的企业使命。

河南是中国农业大省，将近 5000 万人生活在乡村，对于民营企业来说，结合自身优势资源，用产业给农村带来持续造血能力，实现农业强、农村美、农民富，是最为务实的方式。

2012 年 8 月，作为建业战略发展的重要组成部分，建业率先实践"田园综合体"开发建设，坚持以"产业规模化、三产融合化、农业生态化、村镇景观化、农民职业化"为发展方向，坚持三产融合发展，实施产业升级战略，引导城乡健康生活方式，引领城乡融合协调发展，建设美丽河南。

经过 10 年探索发展，基本实现打造以"建业绿色基地、建业大食堂"为品牌，以建设"现代农业产业园区 + 传统民居、民俗 + 自然教育 + 特色餐饮"的新型农业田园综合体样板，积极响应国家乡村振兴战略号召，逐步探索出一条多方兼顾、社会效益和经济效益并重的可持续发展之路。

在建业田园综合体建设和运营中，始终坚持以产业扶贫为己任，全面提升农民收入：科技带动增收、土地流转带贫、就业引导脱贫、金融政策扶贫、产业运营带动。

已经运营的鄢陵、鹤壁、周口、伊川 4 个建业绿色基地，平均每个基地年均接待游客超过 100 万人次。提供了近 10 万人次的务工劳动力总量，为当地解决 1500 ~ 2000 个就业岗位。培育了近 200 名个体创业者，积极响应并契合了产业扶贫和乡村振兴战略，对当地产业升级、农民致富起到极大的推动作用。在每个基地的建设过程中，都把带动当地村民就业、创业作为重要工作之一，通过将农民送往专业院校进行集训、定期邀请专家组织农民培训、送专家送技术到田间地头等培训方式，提升农民的综合能力，使之从基础农民转化为技术工人、创业工人。多年来，建业累计为农民提供免费职业技术培训 6000 余场，年均提供 50 万人次的就业机会，年均培育 1500 名农民工成为创业者，带动规模种植农户 5917 户，约吸引回乡人才 5000 人。

建业与国际一流的花卉、蔬菜公司开展合作发展高效设施农业，打造国际先进的智能联栋温室约 16 万平方米，引进种植 10 余个高端花卉及果蔬品种。与荷兰安祖公司等 11 家科研院所持续展开技术合作、成果转化及新联合开发推广等。农产品无论从产量到质量都接近国际一流水平，大大提升了农业产量与质量。

致力于挖掘、保护、传承、光大河南特色小吃和传统饮食文化。建业大食堂通过涉农文创、餐饮、休闲观光等相关项目的策划，实现河南传统文化的传承和传播，形成独具竞争力的餐饮经营模式。因其兼具经济效益和社会效益，被北大作为商业案例。目前，已布局开设14家分店，打造极具中原乡土特色的名吃集聚地——"中原美食民俗文化体验地""舌尖上的河南，河南人的待客厅"：年均游客接待量150万人次；286种河南名吃、小吃；10大类30余种非遗曲艺、手工技艺；12个国家级非遗，38个省级非遗；美食忠粉逾100万人；战略合作商家达168家。

在我们第一个阶段的乡村实践中，我们深刻认识到以产业带动乡村发展是实现乡村振兴的关键所在。通过产业振兴，引入资金、技术、人才，引导村民参与其中，对当地产业升级、农民致富、乡村振兴起到极大的推动作用。

去年，为响应国家乡村振兴战略，我们在前一阶段"三农"问题探索实践基础上，正式提出建业"百村振兴"，计划通过"公司+公益"两个维度实现河南百个乡村整体振兴。去年5月注册成立"河南建业乡村振兴农业发展有限公司"，稳步推进"五个一百"工程有序落地。

主要内容包括：一是百村产业扶持计划。未来10年，在百个乡村扶持种植养殖和乡村旅游两大产业发展，带动产品加工、餐饮住宿、文化文创等衍生产业发展。二是乡村振兴百企联盟。联合责任企业、政府、专家，发挥各企业在食品、电商、商超、农业、旅游等领域的专业优势，对乡村振兴提供多方面多维度指导。三是百位乡村振兴指导员。在全省招募百名志愿返乡下乡的优秀退役军人，通过就业创业培训，作为特聘乡村振兴指导员、乡村CEO、乡村新动力等，促进乡村人才振兴。四是百个社区带百村。利用建业百万客户、千万商业客流的优势，规划定制生产、组织客户游乡村，在社区征集乡村志愿服务，通过消费带动、公益助力，持续带动乡村发展。五是"百村振兴+"数字平台。依托自身科技平台优势，打造智惠乡村数字化平台，构建消费者和农户互动平台，以科技力量促进乡村振兴。建业将通过整合社会多方资源，从产业、人才、文化、生态、组织等方面助推乡村全面振兴。

陆　波： 我们看到无论是全国疫情还是河南水灾，建业集团一直在以各种方式支援一线，体现了企业高度的社会责任感。另外在慈善企业家榜中，您也经常位居河南省之首。每年有众多的公益项目，您在选择时，会有哪些方面的考虑呢？

胡葆森： 建业是一个典型的价值观驱动、战略导向型企业，从创立之初就把"根植中原，造福百姓"作为核心价值观，积极承担社会责任，秉持"企业之于社会，如同大树之于土壤"的社会责任观。所以无论是商业行为还是公益，建业都以价值观为原点，以能力为半径，去画一个圆。在这个圆内，我们在抗灾、扶贫、教育、文化等诸多领域都做了很多公益实践，这是企业的应尽之责。

如 2020 年新冠肺炎疫情暴发后，我们不仅向河南省慈善总会捐款 1000 万元，还将 55 万只口罩送达美国、意大利、法国、澳大利亚、利比里亚等 12 个国家和地区的侨胞手中；2021 年郑州 "7·20" 汛情发生后，我们虽受灾严重，损失巨大，但依然于次日率先向郑州市红十字会捐赠现金 500 万元，采购大批物资支持受灾地区。自 2018 年起先后为 100 所农村中小学尤其是贫困地区学校捐赠球场、师资、装备，逾 13 万名乡村孩子受益。截至 2021 年年底，我们在扶贫、教育、文化等领域累计公益捐赠已达 8.6 亿元。

在这个圆的范围内，如何选择建业的公益项目或者社会责任方向？我们主要考虑三个结合：与党和政府的大政方针和中心工作相结合，只有将自身发展融入社会发展之中才能更好地履行企业社会责任，例如，我们的扶贫工作；与市场和行业的实际情况相结合，市场的边界和行业的边界决定着企业能在多大程度上履行社会责任、能否持续地履行社会责任，例如，我们的"建业杯"公益足球赛事；与自身的实际情况相结合，结合企业自身的需要、自身的战略和自身的优势充分发挥自身的主体能动性作用，例如，我们的系列"中原文化小镇""建业绿色基地"在乡村振兴中起到的积极作用。随着时间的推移，我们的能力在不断提升，这个圆就可以不断向外延展，建业的公益行为会辐射更多领域。

陆　波：作为一位热心公益的企业家，您参与或建立了不少公益组织，您觉得乡村发展基金会与其他公益组织的区别在哪里？或者说我们在公益领域还可以做哪些补充？

胡葆森：乡村发展基金会肩负着推动乡村振兴、为乡村发展培养人才的使命，责任重大。100位企业家、学者和社会知名人士组成的联合创始人团队，在国内公益领域很难得。大家的认同也印证了基金会的民心所向。在具备了很高的起点、有了强大的资源和智力支持后，希望基金会充分运用这些优势，继续通过专业管理和科学运作，支持乡村发展研究院，成为能给国家推进乡村振兴战略实施提供决策依据的顶尖"智囊库"，为我国乡村全面振兴、实现"农业强、农村美、农民富"的目标做出贡献。

> "对于民营企业来说，结合自身优势资源，用产业给农村带来持续造血能力，真正实现乡村美、农民富，是最为务实的方式。"

2020年3月21日发表于乡村发展基金会微信公众号，2022年3月1日修改

孙茵：乡村振兴的活力来源于产业的兴旺发达

导语：本期我们请到的是天朗控股集团董事长、乡村发展基金会联合创始人孙茵女士。她的天朗集团从产业的角度入手，探索出一条别具一格的扶农助农之路，用公益精神为乡村的可持续发展提供了宝贵的思路和经验。

陆波：天朗在农业产业创新方面别具一格，创设了长安唐村中国农业公园这样的特色乡村项目。那么接下来天朗在唐村的发展上有什么计划？是否会有更多的唐村出现？

孙茵：长安唐村·中国农业公园是天朗围绕"中国城乡产业运营商"的战略定位，开展区域化综合产业发展的典范项目，也是天朗人践行乡村振兴战略的平台项目。

长安唐村由农业农村部下属的中国村社发展促进会，长安区委、区政府与天朗控股集团共同打造，是西北首家获批中国农业公园的共建单位，也是陕西省农村综合改革试验区和西安市首批田园综合体。项目以终南文化为魂，以"柳青精神"为指引，以绿色生态保护为导向，以现代农业产业化发展为主旨，以古村落修复保护和农耕田园文明复兴为载体，致力于乡村连片区域综合治理与产业发展，全面落实国家乡村振兴战略要求，助力西安成为中国美丽乡村的代表城市。

对唐村的未来发展，我们整体分为两个大的板块：

首先，在基础配套设施建设上，我们围绕治水和农田景观两大方面，以生态治理为切入点，开展了一系列整治工作。这片区域里，有西安八水之一的滈河蜿蜒流过，带动周边渠、川联动。我们对整个滈河水生态进行了规划，以改变区域土地整体旱化的趋势，恢复水稻种植；同时规划农田景观，希望将整个区域打造成西安的生态后花园。

其次，在区域整体的产业规划上，我们依托优秀的乡村资源，从两大方面激活乡村产业。

第一，历史文化资源。唐村这片区域是儒释道文化的交融之地，自古人文鼎盛。这里有中国的总城隍庙，是唐田园诗的发源地，有 1000 多首唐诗描写这里的山川田园、寺庙道观、郊游雅集的自然和人文之美。因此我们希望能够把这里打造成国际级乡村旅游度假目的地和中华文化的根脉地之一。

第二，积极弘扬和践行柳青精神。我们围绕着作家柳青的《创业史》中所描述的十里蛤蟆滩的场景，恢复了终南山下的稻田水乡生态，与当地的农民合作社合作种植了在西安知名度极高的桂花球大米，并整体规划了柳青作家村组团。目前已获得西安市委宣传部和市文联的授牌。修复了柳青故居和《创业史》主人公梁生宝的人物原型王家斌的老宅，投拍了电影《柳青》；同时开发了柳子说系列文创产品，积极弘扬和践行柳青精神，探索文学艺术产业化发展之路。

未来的长安唐村·中国农业公园既是一个国际级的乡村旅游度假的目的地，一个中国人乡愁的打卡地，也是一条国际型的丝路创作产业带。我们希望通过长安唐村·中国农业公园项目，实现乡村风貌的修复与传统文化的复兴，带动相关产业发展，并辐射带动周边区域的统筹发展。

陆　波：在进行扶贫助农工作的过程中，您是否对企业开展公益的方式有一些自己的看法？

孙　茵：在公益方面，天朗有着丰富的经历，也做了很多的事情。从十几年前企业成立初期，我们就开始跟随城市的发展，帮助西安人解决生活环境的问题。后来，我们在实现企业发展的同时，在公益方面聚焦非物质文化遗产、创新创业、社会老龄化、扶贫助学以及环境保护等发展方向，并先后联合省市慈善会建立以天朗命名的公益慈善基金，助力社会精准扶贫和慈善文化宣传教育事业的开展。在公益这条路上，我和天朗一直没有停止过。

在国家提出乡村振兴战略之前，我们便启动了长安唐村·中国农业公园这个项目，开展乡村振兴的探索，进行在扶农助农方面的实践。

如何才能更好地扶农助农，我觉得首先要让乡村有产业；其次，要有乡村文化的复兴，这里就包括农村治理体系的完善和文化的挖掘与活化。最核心的，是要有人才能够留在乡村。基于此，我们搭建了长安唐村乡创中心平台，让工商资本、乡村创客都能参与到美丽乡村的建设中。

乡村振兴的活力，来源于产业的兴旺发达，要让乡村呈现五谷丰登、六畜兴旺、三产深度融合的新景象。长安唐村整合区域内山水、人文、观光农业等旅游资源，构建区域大旅游产业规划，使之成为终南文化的会客厅，开辟中华文化朝圣之旅、唐诗田园生活方式体验之旅、终南山访禅心灵之旅等。

唐村区域有一个非常优势的资源，就是背靠着西安的长安大学城。这里有 37 所大学，怎么样让大学里的科教资源释放出来，变成这里的生产力，这是我们面临的非常好的资源，也是我们面临的挑战。我们把大学的资源进行充分的产教融合、城乡融合。在这里做了几个区域：一个是文学，我们创建了非常大的丝路国际艺创学镇；二是这个区域还有非常好的文博资源，我们准备创建一个文博的学镇。同时，我们希望把这里的唐诗资源和运动资源进行活化，做一个主题田园的概念。我们把整个大学科教资源和乡村进行结合，打造出一条文化创意的产业带，用文化创意反哺乡村。

工商资本进入乡村进行扶农助农，对我们来讲最大的挑战，就是乡村的治理方式。在唐村，我们要和这里的 10 个行政村、24 个自然村的 3 万多农民一起，携手共创美好生活，共同开启一个新的创业。这个挑战对我们来讲是比较大的，目前搭建了一套比较行之有效的完整机制。

长安唐村以"乡村连片区域综合治理与产业发展"的创新理念，构建

"三元共建"的主体联结体系，形成"政府+村庄+企业"的乡村发展命运共同体，形成合作共建、利益共享、发展共赢的区域发展管理运行机制。

在留住人才方面，一是唐村通过吸纳就业，带动当地群众就业；二是吸纳之前进城的青年人，使他们能够回到家乡，和我们共同建设这片美丽的乡村，通过直接的就业带动农民增收。同时，为了吸引更多人加入，我们设立了一个乡村创业基金，对乡村三类带头人技术创业进行系统辅导。第一类是乡村现有的带头人，他们在乡村中影响力巨大。第二类是返乡的大学生。第三类就是外来的创业者。我们通过搭建创业基金、创业孵化平台，帮助这三类农村带头人。这三类人起到带头作用，就能把乡村凝聚起来，也能够带动当地老百姓共同致富。

这些做法，既是唐村在进行区域综合化产业发展方面的探索，也是我们进行扶农助农、助力乡村发展的具体实践。

陆　波：是什么让您选择了乡村发展基金会？您对我们的工作有什么建议？

孙　茵：2019年6月，乡村发展基金会创始人王石先生、冯仑先生到长安唐村项目进行实地考察，他们对天朗开展的乡村振兴探索给予了肯定和认同。能够选择乡村发展基金会这个平台，是这里的企业家朋友们对国家乡村发展共同的期待与梦想。

乡村是中国一片大的蓝海，当我们怀着一颗坚定的初心坚持去做的时候，当我们努力了若干年以后，我们现在已经逐渐感觉到这是一项伟大的事业，需要我们携起手来共同探索、共同实践。仅以唐村为例，这样一个项目就联动了康养、文学、艺术、创意农业、旅游业以及红色旅游、民宿经济等，它能够把非常多的产业链接起来。

发展新农业，建设新农村，培育新农商。希望在乡村发展基金会这个平台上，我们能够更好地连接政府、协会和企业，聚合资金优势和专业优势，推进农业产业的构建和人才的培养。通过培育新型职业农民，扶持乡村创业者，鼓励当地的生产能手和经营能人立足本地，创新发展，使新农商、新创客成为乡村振兴的中坚力量。

"希望在这条路上，能够和（乡村发展）基金会的全体成员、社会各界一起努力，共同开启属于中国的未来乡村振兴的这片新蓝海。"

2020 年 4 月 5 日发表于乡村发展基金会微信公众号

艾　诚：我看好未来十年的农业领域投资机会

导　语：本期我们请到的是艾问创始人、乡村发展基金会联合创始人艾诚女士。从哈佛毕业到央视财经主播再到回国创业，她让世界听到了中国创业者的声音，也让人们记住了她，一位专业、自信、爱问的女性创始人。

陆　波：您一直走在公益这条路上，而且从 2015 年就开始关注乡村发展。我知道除了参与扶贫、乡村发展相关节目录制和主持，在新冠疫情暴发的时候，您曾积极参与和带动身边资源参与抗疫，包括志愿直播帮茶农卖茶等。我想请问一下，就您的观察，目前乡村振兴所面临的最大问题是什么？

艾　诚：在我看来，目前乡村发展有三个急需解决的问题：

一是人的问题。人的问题主要体现在如何留住人的问题，尤其是青壮年。一方面，青壮年外出务工的人较多。国家统计局的数据显示，2020 年，虽然新冠疫情暴发，但是我国农民工的数量依然近 3 亿，占据农村总人口的 56%。这个问题也算是"老大难"问题了，也是造成留守老人和留守儿童的原因。另一方面，通过教育途径从农村走出城市的青年人，也有很多不愿或者无法回村建设家乡，人才留不住，也是乡村发展乏力的重要原因。

如果要留住人，解决乡村衰落的问题，就要提到我说的急需解决的第二个问题，就是资源的问题。

资源的问题，主要体现在如何充分利用乡村资源，使其发挥最大效益。举个简单的例子，目前很多农产品的经济附加值仍然很低，农产品往往依托加工业和其他的产业来实现增值，而处于产业链末端的农民却只能拿一个原材料的利润值。所以这也是造成很多农民进城务工的原因。青壮年进城务工的结果，就是乡村无人建设、逐渐衰落。这也会进一步造成城乡经济增速脱节，进而加剧乡村"留不住人"的问题，导致乡村发展陷入恶性循环。

如何实现资源的最高效利用，推动乡村的产业化发展，一个很重要的点就是乡村的基建工作。这也是我要提到的第三点。需要说明的是，这里我说的"基础设施建设"并不仅仅是大家常说的道路交通、水电便利、卫生取暖、农田水利等硬件设施，还有以数字化建设为基础的管理、教育、医疗等软件建设。

近几年，我对话了很多从事数字化服务的公司，包括科大讯飞、九章云极、达观数据、商汤等。毫无疑问，数字化时代早已到来，在创投圈可以看到，数字化系列其实已经成为一个企业的"基础设施"，数字化转型、从事数字化相关内容落地的公司不胜枚举。而数字化所能助力乡村的，不仅是管理运营效率的提升，比如，乡村治理数字化、农业数字化等，还有创新产业的发展；城乡医疗、教育资源的同步，比如，农村电商等。此外，数字乡村的建设，还会造就很多吸纳就业的新空间，刚才我们在谈"留不住人"的时候，提到年轻人"无法"回乡，很大程度上是因为乡村由于发展跟不上，根本没有他们的就业方向。所以有些年轻人不是不愿而是无法回乡，而数字乡村的建设，填补了乡村这些新兴行业的空白。

所以我一直认为数字经济的发展，正是乡村振兴的一个历史性的新机遇。有了数字化助力，我相信城乡"同网同速"指日可待。这里的同速不只是网速，而是乡村发展速度。

陆　波：刚才您提到了您对话过很多创始人，他们给了您很多解决乡村发展问题的启发。除了深入接触创始人,您本身也是一位资深的投资人以及创始人。那您如何看待乡村创业项目?乡村如何才能诞生更多的本土优秀品牌?

艾　诚:我非常看好未来 10 年农业领域的投资机会。农业领域的特点是生产分散、组织性弱、经营意识不足;优点是刚需、提升空间大、成本作业优势、与生物科技领域融合创新机会多。因此,选择什么样的地区、什么样的人、什么样的技术,对于投资者尤其重要。

这里有两个主要的模式:

一是在城市人口的市场需求中,选择适合农村的产品,把分散的、碎片化的农村生产力以某种合理的、一环扣一环的成本模式集合起来,就能实现让农村的生产力参与到产业中,成为一个环节,扬长避短、拾遗补阙,在夹缝中求生存,带动农村的升级、农民收入水平提升。

二是看农村人口的市场需求。把这部分消费市场打开,这里怎么卖进去是一方面,还有一部分机会在于不是单纯卖东西到农村去,是通过进入农村消费市场,建立当地的基础设施和毛细血管网络,实现某些产品的本地化。

很多错误的商业实践是去农村割韭菜、收智商税。这种方式随着"脱贫攻坚战的全面胜利""全面建成小康社会"的实现,以及在高质量发展中促进共同富裕的战略目标之下,肯定难以为继,很多流于表面的扶贫项目也是越扶越贫。把农村生产力纳入产业环节只是一种"拉兄弟一把"、看看花花世界的方式,真正的脱贫致富,在于农业生产本身的科技化、精细化;教育为本、税收设计、政策导向、资本投入,一个都不能少。美菜、村淘、老乡鸡,这些都是从不同的角度进入这个领域的尝试,还有很多可为的角度,我们(艾问)一直在关注这个领域优秀的创业者和创始人。

战略上看得远、看到本质,这就是找到长长的湿雪道的能力;做事上忍人所不忍,能人所不能,这就是沿着雪道滚下去的能力。乡村人才,不怕吃苦受累,把这个优势发挥出来,结合正确的商业模式,就能把事业做起来。

之前《艾问人物》曾对话天鹅到家的创始人陈小华,他就是从湖南邵阳县的一个小山村走出来的。他在做的是家政服务行业,想用数字化平台赋能家政行业,链接城乡,解决乡村就业的问题。目前他创立的天鹅到家,可以说是中国家政服务业的头部企业。他的人生哲学就是"咖啡因为苦才喝",所以,他无论做什么,总要选那个更苦更累的,说这是农村经历带给他的习惯。对此,他也有一套自己的逻辑。他说,只有苦活累活才能避开巨头的竞争优势,如果都去做流量都习惯的路径,你是无法竞争过巨头的,所以他选择了一个苦的累的。

所以其实若要真正实现乡村发展,除了外部的政策、资本、教育、技术等赋能,关键是乡村内部要从精神上、行动上化被动为主动。像乡村发展基金会这样的公益组织,其实已经在提供很多机会,链接很多资源。那如何去抓住这些机遇、挖掘价值、创造价值,也是很多乡村创业者乃至乡村居民所需要思考的。

陆　波:您是乡村发展基金会的联合创始人,为何要参与创立这个组织?当时的初心是什么?您在持续关注乡村发展,那落实到公益实践上,从您的角度如何去助力乡村发展?

艾　诚:其实我从创业初期,就一直十分关注公益。一是一个媒体人的自觉,另外一个原因是,我在哈佛读书的时候,也得到过别人的资助。所以我一直坚信,成就别人才能成就自己。

所以 2014 年我回国创业的时候,一开始就设想了两个方向:一是把中国的新经济故事讲给世界听;二是要给中国社会传播更多正能量。所以当时就是创立了"艾问传媒"做品牌定位传播,同时也创立了"小红裙公益计划",关注女性和儿童成长。

后来,一次偶然的机会,我开始关注农村。2015 年,全国首档扶贫卫视节目——广西卫视《第一书记》邀请我主持。这个节目每周会邀请一位国家级贫困县的驻村书记,主要是向全国爱心企业展现农村的脱贫致富项目,每期节目还会帮助几位励志儿童。这个节目对我影响很大,几次在做节目的时候感动落泪。后来,就开始关注农村发展。

2019 年,王石、冯仑和海闻发起了乡村发展基金会,我听到之后挺兴奋的。我觉得通过乡村发展基金会，可以给乡村链接更多资源，无论是企业资源、资金还是教育资源、专家资源等。我一直认为，对于乡村发展来说，授之以鱼不如授之以渔。尤其是 2021 年我国的脱贫攻坚战取得了全面胜利之后，对于乡村来说，接下来怎么去预防"返贫"风险，怎么去缓解相对贫困，从公共服务、教育、数字化等方面缩小城乡差距等，我认为正是像乡村发展基金会这类公益组织可以去助力的事情。

其实想到不难，做到才难。对于我来说，除了日常链接一些能够助力乡村发展的资源之外，因为我是媒体人出身，我其实更注重在乡村公益领域的传播。我始终认为一个人可以走得很快，但是一群人才能走得更远。所以我更希望有更多人参与进来。

2019 年乡村发展基金会成立之后，当时已经有很多人参与，但我还是希望可以有更多人参与。我觉得乡村振兴是一个长期的事情，是需要持续投入的大工程。所以当时"艾问人物"团队策划了一系列的公益传播计划，其中就包括 2020 年上线的系列节目《艾问公益人物特辑》。这个特辑由艾问人物和乡村发展基金会联合出品、共同打造。其中，我与海闻、高敏、奚志农、陆波、陈行甲等公益人物分别进行了深度的 1 vs 1 对话，从不同的实践角度探讨了目前乡村发展的现状和未来。通过这种形式，去呼吁和感染更多人参与和助力乡村建设。

除此以外，2020 年还遇上了新冠疫情。当时我们团队（艾问人物）结合自身的特色和优势，创新了一种以"公益捐赠"换"传播报道"的方式，呼吁和激励企业积极参与抗疫。通过这种方式，既以实实在在的物资助力抗疫，又通过这种形式进行抗疫公益传播，覆盖更多人。当时小鹏汽车等企业都积极参与，通过全球采购抗疫物资，给重灾区武汉等地的百家医院捐赠医用口罩、呼吸机、检测试剂盒等紧缺物资，一起助力抗疫。

后来疫情得到了有效控制，大家开始复工复产。当时由于疫情，很多农民的农产品都滞销在家，同时，由于疫情初期出行受限等特殊状况，传播方式也在加速迭代，直播得到了飞速发展。于是我们团队开始尝试公益直播助农。因为我的家乡在黄山，也是黄山的形象代言人，所以我的第一个直播助农，就是帮助黄山的茶农直播卖茶。

　　公益直播助农效果不错，一方面直接提升了农产品的销量；另一方面也提供了一种乡村发展的思路，简单说就是"直播＋农业"的方式，其实这也是我刚刚提到的乡村数字化的一种形式。后来，2021年，我又志愿加入了第一批人民优选明星推荐官的行列，在人民日报优选平台直播连线新疆生产建设兵团和四川省屏山县等全国百城百县农产品基地，继续开展直播助农。

　　作为一个女性创业者，我一直十分关注女性群体的社会状况，所以也乐于参与、推动很多关注女性的公益活动。比如，关于中国妇幼健康传播、南非和中国女性成长等。其实从2014年发起"小红裙公益计划"，到参与中国妇女发展基金会母亲水窖，再到近两年受全国妇联宣传部邀请，参与《女性正能量圆桌派》，对话抗疫女性代表等，我发现女性群体的影响力越来越大，女性更多开始与"力量""领导力""勇敢"等词联系在一起。我觉得这是整个时代的进步，女性就该为醒目而活、为使命而生。

　　当然，尽管目前已经有了很多进步，但是女性群体的发展仍然是不均衡的。比如，乡村女性可能会由于教育、环境等限制，无法获得更多的突破和成长。

　　从这一点上来说，我认为教育和观念是突破点，让乡村女性接受创新创业的概念和观念，对她们进行角色唤醒，唤醒她们参与产业发展的激情和自信，必然会涌现很多优秀的适合带领乡村发展的女性领袖。对于儿童，毫无疑问，教育和健康是第一位的。比如，如何与城镇居民一样享受同等的教育、医疗资源，这其实还是我前面所提到的数字化的问题。我相信，乡村发展基金会，在这些领域可以做很多事情。我和艾问，以及小红裙公益，过往在地处偏僻的学校捐赠学习用品、助力乡村图书馆的建设、鼓励乡村女性等，做了不少尝试，希望以后可以把这些经验带到乡村发展基金会，一起助力乡村的女性和儿童发展事业。

　　公益这条路，一路走来，并不容易。这是一个需要你与时间做朋友的事情，需要的是长期的陪伴和坚持，其实跟投资也很像。在投资项目的时候，我们很看重创始人的愿景，你要看得远，这其实挺重要的。但是跟它同样重要或者更重要的是，你得做得到。尤其做公益，要一直坚持初心，很不容易。但是看到同行的人越来越多，看到社会因为自己的努力在一点点变得更好，我就觉得自己是在做正确的事情。

未来我希望我们能够继续创新更多"传媒＋公益"的传播和联动模式，与乡村发展基金会一起，助力乡村振兴，共同实现"农业强、农村美、农民富"。

> "真正的脱贫致富，在于农业生产本身的科技化、精细化，教育为本、税收设计、政策导向、资本投入，一个都不能少。"

2020 年 4 月 25 日发表于乡村发展基金会微信公众号，2022 年 3 月 21 日修改

刘 畅：与乡村共同成长

导　语： 本期我们请到的是新希望六和股份有限公司董事长、乡村发展基金会理事刘畅女士。作为一名 80 后的企业家，她带领新希望六和成为乡村产业振兴的排头兵，也让人们记住了这位年轻、优秀的企业家。

陆　波： 新希望六和以"农牧食品行业领导者"为愿景，业务涉及饲料、养殖、肉制品及金融投资等全产业链。您认为乡村振兴跟企业发展之间是怎样的关系？

刘　畅： 十九大报告提出：实施乡村振兴战略，要坚持农业农村优先发展，按照产业兴旺、生态宜居、乡风文明、治理有效、生活富裕的总要求，全面推进乡村复兴。推动乡村振兴，产业兴旺是重点，必须走农业现代化的道路，实现农民增收、农民致富，全生态和谐发展，最终共促乡村振兴。

作为深耕农牧食品领域的一家企业，推动乡村振兴是我们义不容辞的责任。改革开放初期，基于农民朋友希望发展养殖致富需求，新希望六和创立并成为农民朋友值得信赖的事业伙伴。在事业发展过程中，新希望六和与越来越多的利益相关方建立联系。"用生命守护生命，用希望孕育美好"，我们以更具责任感的信念和行动，用心呵护这份信赖。

当前，新希望六和以新型现代化畜禽养殖为核心，打造乡村到城市安全食品产业集群。以养殖作为一个抓手,前端从种苗到饲养、饲料抓起,后端连接屠宰、加工以及深加工和零售。以这个作为抓手,连接乡村和城市,我们要打造一个真正升级的现代化绿色安全的食品供应链。

新希望六和采用现代化养殖、构建"种养结合"模式,在大型规模化猪场均配套先进的粪污处理设施、空气过滤系统、智能环境控制系统等。通过配套大型的粪污还田设施,打通种养结合的最后"一公里",构建了种养结合的基本体系,实现了粪污资源化利用的根本目的。

同时,我们把精准扶贫融入公司事业发展,以"4+N"等产业扶贫模式,为贫困地区赋能"造血"能力,让贫困人员掌握持续脱贫技能。建立"5+N"特色培训体系,开展10万新农民培训,为乡村振兴培养现代化人才。

我们以科技创新推动产业生态迭代升级,联手事业伙伴迈向无人区。中新白羽肉鸭的培育,打开了肉鸭育种自主研发的大门;生物环保饲料持续推陈出新,成为减抗无抗时代的引领者;我们构建"数智养殖"全产业链服务体系,推动数字技术与产业融合发展;推广希望农场等模式,与农户守望相助,共建现代化养殖产业生态。

陆　波: 您一直都很热心公益事业,在此次抗击新冠疫情期间,我们了解到公司在您的带领下,做了大量的公益捐赠。您觉得企业家从事公益活动有哪些困难和挑战呢?

刘　畅: 我认为年青一代企业家做公益,不要做自己完全不能理解的东西,最好是发挥自己的优势,去整合一些社会资源,去真正需要我们的地方。

作为受益于改革开放的民营企业,新希望六和时刻铭记对国家和人民的感恩与回报。在企业发展的同时,秉承奉献之心,积极参与各项社会公益事业。多年来,持续打造了"六一心愿""暖冬行动"等系列公益活动,通过企业间联动、社会召集等方式扩大影响,赢得了社会各界的认可。

2020年新型冠状病毒疫情暴发后,新希望六和在做好自身科学防控的同时,积极捐资捐物、驰援"疫区",并有序复工复产,保障城乡居民肉食品供应，努力履行社会责任。公司通过四川省绿领公益慈善基金会捐赠现金 1000 万元，参与组建"三农防疫救助及医护关爱专项基金"，用于防疫及困难群体救助。火神山、雷神山医院在建时，公司食品板块第一时间提供 10 吨方便米饭、小火锅、火腿肠等食品，专项支援两座医院施工人员。公司还与山东健康肉产业联合会携手，开展"健康肉送健康"活动，为抗疫一线的医护家庭送去爱心。首批捐赠覆盖山东省内青岛、烟台、潍坊等17 家医院，向 376 个医疗人员家庭送去新希望六和独家定制的健康禽肉礼盒，保障口味的多样性。河北南宫、陕西西安、四川成都等城市抗击疫情捐助食品、物资。

在精准扶贫方面，我们以产业扶贫为主，教育扶贫、就业扶贫、捐助扶贫等其他扶贫为辅。以着眼于"产业为基，多方共赢"为原则，向帮助贫困户增收的目标倾斜。公司以"4+N"模式，在政府、银行、龙头企业、合作社的共同参与下，凝聚扶贫合力，发展现代化养殖产业，为农户提供启动资金、养殖技术、标准化设施设备、饲料、兽药、技术服务、订单回收等全程服务。贫困户通过参加合作社、雇工等方式，获得固定分红、劳动技能、工作收入，实现持续脱贫增收。至 2020 年年底，已累计投入资金超过 41 亿元，在四川、贵州、云南、甘肃、重庆等 15 个省（直辖市）发展扶贫项目 106 个，帮扶增收人数超过 10 万人。

陆　波：作为乡村发展基金会的新任理事，您对乡村发展基金会有什么建议和期望？

刘　畅：我认为乡村振兴关键在"人"，尤其是"职业农民"。在乡村振兴战略实施的大背景下，新型职业农民将是推动农业农村经济发展的重要力量。他们代表着未来职业农民的发展方向。农村天地广阔大有作为，新型职业农民应当在农村广阔天地发挥多方面的引领作用，让农业成为有奔头的产业，让农民成为有吸引力的职业，让农村成为安居乐业的美丽家园。因此也希望我们的乡村发展基金会未来能够在培养新型职业农民上面给予更多关注和投入。

我们在 2017 年提出了"10 万新农民培训计划"，即依托新希望三十余年扎根农业的深厚积淀，积极发挥龙头企业优势，在未来 5 年，公益培训 10 万新型职业农民，从而为建设现代化的中国乡村培养一批紧缺型人才；积极参与和带动农村一、二、三产业融合发展，为乡村振兴战略贡献力量。在农业农村部、中央统战部和全国工商联的指导支持下，至 2020 年年底，新希望六和累计开展线下培训 1513 场，培训 4.6 万人次；线上培训 102 场，培训 53 万人次。在此期间形成了"5+N"的特色培训体系，即一套标准流程、两版专业教材、三类精品课程、四个支持机构、五种师资来源及 N 个特色示范培训基地。针对农民需求和不同的农业发展阶段，打造了培养乡村发展带头人的乡村振兴"村长班"、培养青年农业技术人才的现代学徒制、线上培训绿领人才的绿领公益大讲堂等精品培训项目。

"新型职业农民应当在农村广阔天地发挥多方面的引领作用，让农业成为有奔头的产业，让农民成为有吸引力的职业，让农村成为安居乐业的美丽家园。"

2020 年 5 月 16 日发表于乡村发展基金会微信公众号，2022 年 2 月 7 日修改

王发友：以县域经济为牵引，辐射带动城乡融合，实现新型城镇化

导　语：本期我们请到的是陕西奥达投资控股集团董事长、乡村发展基金会联合创始人王发友先生。他从基层做起，打造了涉足众多产业的奥达集团。如今他致力于新型城镇化建设和推广优质教育，是什么让他选择了这两个领域？来听听他怎么说。

陆　波：您从一名建筑工人，一步步建造了如今集文化教育、建筑地产、医卫康养、现代农业、商贸研学、电子商务、产业投资等于一体的奥达集团。在发展壮大的同时，您始终记挂着家乡的发展，近年来奥达集团积极参与陕西省城乡一体化建设，通过项目带动城乡共同富裕。能否请您展开谈谈为何您说"只有真正的城乡一体化才能实现精神上的脱贫"？

王发友：1984 年，我带领乡亲到古城西安创业。我付出了几乎全部的时间和精力，精心呵护培育着它，见证了奥达慢慢长大、变强，如今逐渐成为一个行业众多的民营企业集团。在发展中，奥达把创新作为企业发展的领头雁来勇闯新的高地。

我要求集团积极参与乡村振兴事业，致力于省内县域特色产业经济与三产融合发展，在发展特色农业产业、现代农业、设施农业、农产品加工、研学教育、乡村旅游、文化传承、一村一品等乡村振兴事业等方面做了一

些探索、尝试和实践，形成了一些经验、理论和发展模式。党的十九大提出实施乡村振兴战略，乡村振兴需要城镇带动，城镇发展能够促进乡村振兴。乡村振兴的过程可以说就是以县域经济发展为牵引，辐射带动城乡融合发展，实现新型城镇化建设的过程。

奥达投资控股集团紧跟国家号召，成立项目团队深入地方进行市场调研，做好当地特色市场定位，结合区域文化和特色资源、优势产业，找出支撑新型城镇化建设长期良性发展的亮点，使得落地的新型城镇化具备自我造血功能，实现正向现金流。我想从以下几方面讲讲奥达人在乡村振兴领域的探索。

第一个，我想讲讲奥达建设的杨凌五泉古镇。它入选第一批"中国特色小镇"名单；黄陵县店头镇入选第二批"中国特色小镇"名单。我们在杨凌以"多点联动，三产融合"为布局思路。依托杨凌高新农业示范区的地缘禀赋和资源优势，秉持"农业＋"发展理念，以"一中心两园区"进行产业布局，坚持科技引领、要素集聚、多点联动，三产融合，将农业与科技、教育、文旅、体验"五位一体"进行产业组合，形成了绿色可持续发展产业链。建成的五泉隋唐小镇，以"街—场—巷—院"作为空间结构主旨，集传统农耕博物馆、现代农业展览馆、党史学习教育馆、乡村振兴展馆、劳模馆、非遗文创传播工坊、关中特色美食街、原生态食品交易场等功能区域为一体的特色村镇项目。通过"旅游＋教育"产业联动，整合旅游资源，创新旅游业态，构建区域经济发展新动能，可实现农业观光、农业体验、农产品交易、购物、游玩、餐饮等，打造多功能多产业创新型小镇和"新时代田园小城镇"。

自 2018 年起，我们连续参与承办了四届由全国工商联、陕西省人民政府、清华大学联合主办的"丝绸之路国际博览会新型城镇化与乡村振兴融合发展论坛"。在 2021 年的大会上，发布了《陕西乡村振兴发展案例蓝皮书》。蓝皮书是对陕西省民营经济围绕国家重大发展战略、投身新型城镇化建设、参与乡村振兴发展的有益探索和积极实践的总结。提供了 13 个乡村振兴建设的案例，探讨当前如何更好地参与乡村振兴、带领农村农民走共同富裕道路，为我们做好"万企兴万村"这项工作提供了借鉴和示范。

洛川苹果现代智慧物流中心项目。依托洛川国家级苹果市场批发中心，整合延安南五县的苹果生产，将现代物流和线上线下销售相结合，形成从种植、销售、仓储到物流、消费的"一站式"产业链，实现物流自动化、可视化、可控化、智能化、网络化，大大提高了资源利用率和生产效率，推动苹果产业链升级。

三原小磨香油产业园项目。三原县小磨香油距今约有三百年的历史，风味独特源于其独有的石磨工艺，无论营养成分还是色泽香气，都优于机榨香油，目前供应量已经占到了全国小磨香油的70%。2015年被确定为国家地理标志产品保护，是陕西省非物质文化遗产代表性项目。为了保留和传承传统古法榨油技艺，有效整合三原香油产业资源，打开"一带一路"香油外贸，扩展我国香油国际市场，增强三原香油产业在全国和全球市场的领导力，近年来，我们积极和当地政府合作，整合三原县200多家手工作坊和70多家企业，打造小磨香油产业园。产业园计划用地400亩，总投资10.4亿元，按照"一心、三点、一廊、两轴、四片区"来进行整体规划建设。建成香油产业加工区、物流仓储区、检测研发区、综合服务区、香油质量检验和商贸展示交易大厅、内外贸代办、物流单证和金融服务大楼等多个功能区域。

周至优质猕猴桃产业项目。我们从"品种改良、品质提升、品牌打造和标准化管理"等方面入手对陕西猕猴桃赋能、提质增效，已与四川省自然资源科学研究院签订猕猴桃新品种试种及产业发展合作协议，形成了"从种植端重塑产业链，建成优质猕猴桃三品四化示范基地"的产业合作共识（品种、品质、品牌，标准化、规模化、产业化、市场化）。加强猕猴桃种植管理、新品种推广、土壤改良，引进猕猴桃新品种培育、杆架及配套设施改良等新技术、新方法；发挥科技优势，立足新优品种推广，在周至县马召镇创建了一个高标准的猕猴桃科创产业园。把猕猴桃产业做精做细、做大做强做优，研发猕猴桃相关食品和营养保健品，打造猕猴桃产业园旅游观光基地和劳动教育基地，并建立完善相关配套设施和商业服务。以新品猕猴桃产业为龙头，带动果品加工、乡村旅游、研学教育、酒店餐饮服务等三产协同融合发展，打造优质猕猴桃全产业链，实现陕西区域猕猴桃

033

产业高质量发展，助力乡村产业振兴。

这是我和奥达人在乡村振兴方面做的一些尝试。相信在国家乡村振兴战略指引和万企兴万村的实际行动下，有各级党委、政府的领导和支持，我们只要确定目标、找准点位、用对方法，一定能在乡村振兴的道路上取得新成效。紧紧围绕"产业振兴、人才振兴、文化振兴、生态振兴、组织振兴"这个方向，推动县域经济发展，带动乡村旅游、特色农业新型城镇等融合发展。

陆　波：您曾说，治穷要治本，而治本则要重视教育。在您的带领下，奥达集团多年以来积极进军教育领域，投资办学，助力优质教育资源普及。您觉得公益可以从哪些方面入手，改变教育资源不均衡的现象？

王发友：随着国家扶持民营企业的一系列政策措施的出台，企业迎来了新的发展机遇。2015年以来，集团与万科等优秀企业深度合作，互学共赢，谋求新发展。企业深化改革转型，发展逐步由规模速度型向质量效益型、由经营型向股权投资型转变。当前，形成了"以产业投资为基本模式，以全面支持发展县域经济为重点"的发展思路，形成板块众多、门类齐全的多领域、多方向的全面发展布局。

此外，创业伊始，我积极参与社会公益事业，以一颗炙热的爱心来回报社会。集团积极参与事关国计民生的建设项目和社会公益事业，为社会做贡献。优质教育是市民群众关注的焦点，为了促进优质教育的普及，集团联合举办西安铁一中分校、西安铁一中滨河学校。西安铁一中滨河高级中学已成为西安市城东区域优质教育的引领学校；此外还建设了富平中学等，为普及优质教育做出了积极的贡献。

陆　波：陕西杨凌是中国第一个农业高新技术产业示范区，也是您的故乡。这些年，您应该是亲身体会了家乡的发展变化。您对于我们基金会如何助力乡村发展有什么建议或期待？

王发友：杨凌是我的家乡，这里有我深爱着的土地和家乡父老。多年来，我一直在思考如何回报家乡。经过多方调研和与相关专家的探讨、论证，最后结合家乡的地理位置特点和优势，决定通过建设特色古镇来带动家乡发展，这是我建设杨凌五泉古镇的初衷。此外，我们也在尝试通过多样的方式助力乡村发展。杨凌区 2020 年第一批重点项目——秦农科技智慧产业园已建设完工开园；杨凌五泉研学基地获得"陕西省大中小学劳动教育实践基地""陕西省研学实践教育基地"等资质。我们将为杨凌打造一座集现代化智慧农业连栋温室、高科农业技术交流服务平台、配套设施农业工业园为一体的智慧农业科技产业园。

推动中国乡村发展，为乡村发展培养人才，是一个重大历史命题，也是中国企业家的使命所在。我期待乡村发展基金会在未来围绕农村创新创业、农村经济社会发展等需求进行探索，为乡村全面振兴、实现"农业强、农村美、农民富"的目标任务做出更大的贡献。

"乡村振兴需要城镇带动，城镇发展能够促进乡村振兴，乡村振兴的过程可以说就是以县域经济发展为牵引、辐射带动城乡融合发展、实现新型城镇化建设的过程。"

2020 年 5 月 23 日发表于乡村发展基金会微信公众号，2022 年 3 月 21 日修改

赵少康：产业兴则农村兴

　　导　语：本期我们请到的是陕西中博农业科技发展有限公司总经理、乡村发展基金会联合创始人赵少康先生。2020 年 4 月 20 日，习近平总书记到访陕西省柞水县金米村，一句"小木耳，大产业"让人们记住了柞水木耳，也记住了这位乡村创业的海归少帅。

　　陆　波：您本身是学习金融学出身，又在国外深造多年，是什么让您决定回国进入农业领域发展，并通过木耳来帮助农民致富呢？您又是如何摸索出现在"园区＋公司＋基地＋农业合作社＋贫困户"的生产经营模式的？

　　赵少康：当时是 2017 年，我作为陕西省工商联执委，在省工商联组织的一次活动中，来到柞水一些比较边远的贫困乡镇参观考察。也许是因为当时的画面给我的冲击感很强烈——一边是千岩竞秀的乡村自然风景，一边是薄弱落后的设施条件和封闭贫穷的贫困群众，让我见识到了农村比较贫困疾苦的一面，内心特别震撼。从那次以后我就成了柞水的"常客"，除了借助网络、报刊等媒介了解柞水，还经常深入柞水了解情况。我本身是做企业的，所以去柞水也会更多注意当地的产业基础和现状。当时柞水木耳已经注册国家地理标志产品商标，家家户户或多或少都会种植些木耳。通过大量的市场调研，我意识到这是一个可以兼顾企业发展与群众致富的双赢事业。

最初建厂的目的只是想把这些零零散散的个体种植户组织起来，我们为贫困户提供产前、产中和产后的技术支持和服务，降低他们的生产成本和风险。但是因为人多且分散，工作量很大，后来就让贫困户与有能力的农户组成农民专业合作社，我们直接为合作社提供技术支持和服务，降低合作社的运行成本和风险。前期有产业收益的希望，中间有企业帮扶，加上政府的扶持等，才能形成良性循环的产业生态圈。因为学的是金融学，我也明白产业与时俱进的重要性，只有提升木耳产业的科技含量，同时创新产业的发展模式，才能实现共赢。慢慢地就从"公司+贫困户"发展到以"园区+公司+基地+合作社+贫困户"的生产经营模式。

陆　波：在推广木耳的过程中，中博为种植户们搭建起电商销售通路，有效打开了市场。在这个过程中，中博也积累了丰富的经验，不知道能否与我们分享一下？在未来，中博是否正在酝酿新的助农创意呢？

赵少康：我们的电商模式可以归纳为政府推动、市场运作、企业规范、微媒助力的"四位一体"模式。

所谓政府推动，首先表现为政府的主动作为。2019年的丰收节公益直播，柞水县利县长依托互联网平台为群众推销本地的优质木耳，促进了整个柞水县电商扶贫的大发展。

市场运作，就是根据电商平台的经营性质，充分发挥其在服务当地网店运营中的主导作用，使农产品的销售与电商平台均能受益，进而提高电商平台参与扶贫的积极性。

企业规范就是保证企业对网店的经营规范管理和服务，对外树立特有的品牌信誉和诚信形象。

微媒助力就是充分利用新媒体的传播功能，借助微信公众平台、抖音、商业网站等共同发声，形成宣传柞水特色品牌、美好生态的强大合力，让更多的人了解柞水，了解柞水木耳，提高当地的知名度。

未来希望可以融入更多新的元素，大发展方向是走"互联网+公司+合作社+农户"模式。组建以企业、合作社为支撑，淘宝店铺、微店等为基础的农副产品销售网络。

　　陆　波：可以看到，中博很重视对人才、技术的长期投入，曾对西北农林科技大学捐赠 200 万元，用于生命学院食用菌研究中心建设。加入乡村发展基金会，您对基金会有着什么样的期望呢？

　　赵少康：对于扶贫这一大问题，企业的力量终究是小的。希望加入乡村发展基金会后，可以联合更多的企业一同致力于探索用创新的方式促进贫困问题的解决。贫困乡村发展产业扶贫项目需要解决小农户规模化、生产经营能力、信任与合作、市场运营能力以及初始的资金投入五个内外部因素。这些都离不开政府还有乡村基金会的运作，产业扶贫正好也是形成政府、市场、社会三位一体互动和联动的重要结合点。我认为实践中，尤其应重视利益联结、市场联结和农民的组织化联合三个机制的建设，多方配合，实现共赢。

　　"做好乡村振兴这篇大文章，要抓住产业这个'牛鼻子'。只有产业兴旺了，乡村振兴才有强大物质基础，老百姓才能过上好日子。产业兴则农村兴。"

2020 年 6 月 1 日发布于乡村发展基金会微信公众号

凌　克：从硬件和软件两方面着力，推动乡村发展

导　语： 本期访谈的嘉宾是金地集团董事长、乡村发展基金会联合创始人凌克先生。金地集团是中国较早上市并全国化布局的房地产企业之一，其经营理念是"科学筑家"。作为集团的创始人和掌门人，凌克先生是怎样看待乡村振兴的呢？

陆　波： 您在 2019 年的《致股东》中表示：金地集团将有计划、分步骤地在医疗养老、文化旅游等产业领域探索实践。这是否意味着金地将会在乡村进行产业布局呢？您认为城市发展与乡村发展之间的关系是怎样的？

凌　克： 乡村振兴的产业兴旺是以农业供给侧结构性改革为主线，未来实现农村一、二、三产联动的产业格局。除了一产主业要加快实现由农业大国向农业强国转变外，在二产和三产领域会衍生出产业投资机会，如文旅产业和康养产业。涉及产业业态包括休闲观光、森林人家、康养基地、乡村民宿、特色小镇、康养养老、共享经济、创意农业、特色文化、社区农业等，均符合金地集团新业务战略发展的需要。

以康养产业为例，金地正在农村集体建设用地上建设颐养公寓、康养机构。对于老年人，尤其是需要康复、照护的老年人，农村自然环境更宜居、生活成本更易负担。一方面，从城市到农村，是人口的流动；另一方

039

面是土地、人工等要素的逆流而上，更充分地实现了资源的梯度利用。目前针对农村集体建设用地的政策细则尚未出台，土地取得方式需要在政府协调下，与村镇主体合作，共同推动相关项目落地。

城市与乡村是一体两面的关系。总体而言，在城市的聚集效应下，单位产出、能效、生产组织是要强一些的，乡村发展要充分借助城市发展的外溢效应。

首先，农村应当积极参与城市的产业生产部分。除了农业人口进入城市产业链外，农村的适宜资源、要素也要积极加入产业生产中来。近年来，政府陆续出台农村方面的政策，农村土地制度改革、农村集体产权制度改革，推动资源要素流动、推动公共资源配置更好地在城乡配置。

其次，农村可承接城市的消费升级需求。目前我国居民消费重心正在向健康、文化、娱乐、教育和信息等发展型和康乐型消费转移。尤其是全社会信息、教育、养老、健康、文化等服务型消费需求快速增长。结合农村的农业资源、文化旅游潜力和绿水青山的环境优势，如果能够尽快有效地服务好居民的消费升级需求，必将成为我国经济高质量增长的重要动力。

新农业与文旅休闲产业正在成为人们休闲消费的一个新热点。金地进入新农旅，立足于以农业为基础，以休闲为目的，以城市游客为目标，农业和旅游业相结合，第一产业和第三产业相结合的新型产业。科学开发休闲农业产品，可以达到改善农业生产结构，活用及保育自然与文化资源，提供田园体验的机会，并可以增加农村就业机会，促进农村社会经济的发展。

还有就是，农村自身的产业整合与能效提高，往往也可以利用城市发展起来的新平台、新技术。比如，农村电商，就深刻改变了农村地区产业结构和供给结构，逐步释放农村经济蕴藏的巨大潜力。农村农产品与城市直接对接，缩短了供应链的同时，也给农民带来了更高更直接的收益；同时一系列"淘宝村""电商村"的出现，对于实施乡村振兴战略和精准扶贫具有重要意义。

国家的乡村振兴战略提出了"产业兴旺、生态宜居、乡风文明、治理有效、生活富裕"的总要求。"坚持城乡融合发展"作为基本原则之一，将会更好地推动城乡要素自由流动、平等交换，推动新型工业化、信息化、城镇化、农业现代化同步发展。整体而言，城乡融合发展为产业兴旺提供了更多的市场驱动和投资支持。乡村振兴及其产业发展拥有政策、资源、市场等多重驱动，乡村是一个可以大有作为的广阔天地。

陆　波：金地集团曾跻身《福布斯》2018年全球最佳雇主榜单，特别重视企业文化建设。请问：参与公益事业，在金地的企业文化中发挥了怎样的作用？

凌　克：金地之所以能够跻身《福布斯》2018年全球最佳雇主榜单，是因为金地有优秀的雇主品牌。长期以来，金地坚持股东、客户、员工和社会四维平衡的价值导向，为客户提供卓越的产品和服务，为员工提供广阔的发展空间，为股东和合作伙伴创造持续稳定的收入，对社会承担应尽的责任。由此也形成了金地"用心做事，诚信为人，果敢进取，永怀梦想"的企业文化精神。

在内部员工成长方面，金地致力于打造员工共同成长、创造共享的"家文化"。员工个人的发展成长离不开平台提供的锻炼机会、文化牵引、组织赋能等。具体而言，离不开完善的培养体系、内部激励和勤勉做事的企业文化。员工参与创造的融洽团队氛围及有序工作节奏，无形中加强了员工对金地的归属感和文化凝聚力，也给金地的组织价值提供了持续的源动力。

在外部企业社会责任方面，作为一家读书人经营的企业，金地相信一切的美好都应始于孩子，始于教育。多年以来，金地联动员工、业主、供应商以及社会各界力量，通过定向捐建、学生结对资助、一对一帮扶、关爱留守儿童等多种形式的"小桔灯"公益助学行动，帮助潮汕、清远、海南等地区和家庭的孩童实现梦想，改变孩子们的成长轨迹和人生道路。这种始于内心的关爱行动和情怀，是金地人"用心做事，诚信为人"的真实写照，反过来提升了员工归属感和文化认同感，"小桔灯"也由此成为一代代金地人心中独特的公益助学品牌。

金地还通过参与网球慈善事业来激励员工果敢进取，永怀梦想。早在 2010 年，金地就与深圳市政府合作成立了"弘金地爱心基金"。这个基金旨在资助有网球运动天赋的贫困学生进行专业的网球运动训练和文化教育，为国家培养高水平的网球人才。2010 年、2016 年和 2018 年，金地先后组织专业的选拔队伍分别去甘肃、河北南宫以及内蒙古包头、辽宁辽阳和湖北京山等地区开展选拔工作。共选拔出了 17 名适龄女童，将她们安排在深圳弘金地（国际）学校就读，聘请资深教练团队给她们提供专业的网球训练课程和文化课的学习。

现在这批弘小苗已经在国内大小网球赛事中崭露头角。曾经担任一号女单代表国家青少年队出战世界青少年杯（U14 组）亚太区网球选拔赛夺得季军的董娜以及获得国内外多项青少年赛事单双打冠军的车玉娇都是弘小苗的成员。

金地为这些年轻球员的培养付出了大量的心血，球员们也以优异的成绩回报了金地的期望。这些奋斗的事迹激励我们的员工，要果敢进取永怀梦想。进，是人生和事业的积极状态；取，是目标必达的决心和要求。敢于打破常规，乘时而进，不断继往开来、追求卓越。永怀梦想是不断追求优秀、追求从优秀到卓越的动力，是金地人对自己、对未来的承诺。

陆　波：乡村发展基金会致力于"发展新农业、建设新农村、培育新农商"。您对我们有何期待与建议？

凌　克："发展新农业、建设新农村、培育新农商"，要从硬件和软件两方面着力。硬件就是要引进和利用现代化的产业资源，在提升农村生产力的同时，也强化升级农村产业链条的组织。金地借鉴自身在产业园方面的经验，推动的"深河创谷产业园"是深圳对口帮扶河源重点项目，占地面积 78136 平方米，总投资 4.1 亿元。项目包括众创产业空间、总部办公、孵化器、加速器等。

园区引入优质产业资源及企业客户，立足河源传统优势产业，对口帮扶促进当地产业升级。园区入驻企业广东省科学院河源研究院，对口帮灯塔盆地建设现代农业综合改革试验区。还引入经通空间技术公司，从事测绘航空摄影、摄影测量与遥感，利用无人机、无人船实现现代农业勘测、农业种植播种。除了这些农业技术企业以外，还有一批农产品、水产品加工贸易的总部企业，直接组织、引导、帮扶当地农业生产和农村建设。

在软件方面，乡村振兴的出发点和落脚点都在"人"这一主体上，人才是第一生产力资源，只有发挥各类人才在乡村振兴中的引领、示范和带动作用，将人力资源转换为促进经济发展的第一资源，才能为乡村发展提供内生动力，更好地推动乡村建设提质增效与乡村振兴。

目前乡村振兴的人才回流面临着农村收入低、教育落后、配套设施落后、上升空间有限等突出问题。人才振兴需要解决人才从哪里来的问题，还需要关注如何留住人才的问题。

乡村发展基金会的乡村发展研究院、乡村发展千人计划、教育扶贫百人团、乡村发展产学研联盟、中国乡村发展论坛、全球现代农业游学计划等项目，构建了一个完整的人才培育体系，能够缓解乡村振兴人才匮乏的当务之急。

期待乡村发展基金会各类人才项目在未来能够培育扶持出更多乡村振兴领军人物，引领、示范和带动更多的人参与到乡村振兴的历史性发展机遇中。

"在城市的聚集效应下，乡村发展要充分借助城市发展的外溢效应。从硬件和软件两方面着力'发展新农业、建设新农村、培育新农商'。"

2020 年 7 月 4 日发表于乡村发展基金会微信公众号

张文中：数字化是实施乡村振兴战略的重要抓手

导　语：本期访谈的嘉宾是物美集团创始人、多点DMALL董事长、乡村发展基金会联合创始人张文中博士。从非典肆虐到新冠暴发，他带领物美超市，为稳定北京市场、保证商品供应做出重要贡献；从身陷囹圄却心怀光明，到冤案平反后再出发，他用实际行动赢得世人的敬重。他倡导以全面数字化推进商业流通现代化，认为数字化是实施乡村振兴的重要抓手。

陆　波：物美集团是我国最大、发展最早的现代流通企业之一，也是千家万户的"米袋子、菜篮子、果盘子"。作为物美集团创始人、多点DMALL董事长，您怎么理解国家的乡村振兴战略？在您看来，"消费扶贫"如何助力乡村振兴？

张文中：物美在全国有2000多个商场，是我国最大的生鲜农产品商业流通企业之一。今年是脱贫攻坚收官之年，也是乡村振兴战略的启航之年。乡村振兴战略是我们物美人共同奋斗的目标。近年来，物美大力开展农超对接，为消费者提供高品质、低价格的优质农产品，蔬果产地直采的比例达70%以上，帮扶产地建立分级、加工、包装、预冷等，有力促进产地标准化、规模化、集约化发展。

数字化是实施乡村振兴战略的重要抓手。物美以全面数字化、线上线下一体化大力推进生鲜农产品变革，推出"每日鲜"包装菜、净菜，建设数字化供应链和冷链物流体系。以数字化抓食品安全质量，物美麦德龙建立的麦咨达全程可追溯体系已经覆盖了 4500 多种产品、3 万多农户。从田间地头到货架、餐桌，努力让百姓吃得更放心、更方便、更新鲜。多点DMALL 提供全渠道数字零售 SaaS 解决方案，服务合作 100 多个大型零售企业、1 万多家实体店，提高企业效率，改善用户体验，开拓包容性、可持续性增长新模式。物美、多点共同努力，为乡村振兴做出实实在在的贡献。

消费扶贫是一项系统工程、长期工作，需要社会各界广泛参与，需要全面提升农产品供给水平和质量，开发当地特色农产品品牌，提高农产品竞争力，形成可持续性的减贫动力，促进贫困地区自力更生，拓宽脱贫致富之路，实现农户和消费者共赢。

陆　波：新冠疫情期间，为保障民众生活需要，物美集团始终坚持服务，在保价格、保质量、保供应、保安全方面做出了重要贡献。您认为，企业家应怎样处理商业利益和社会责任之间的关系？

张文中：疫情期间，我们努力践行"面对生命、唯有良心"的企业核心价值观，得到了党和政府以及社会各界的充分肯定。我们强调做食品超市是良心活。如果基本的副食品、生活必需品保障出了问题，就会影响社会稳定。老百姓最需要的时候，我们绝不能退缩，要对得起良心，挺身而出。广大物美人连续奋战服务顾客，保价格、保质量、保供应、保安全，努力让百姓安心、政府放心。新华社、中央电视台、《人民日报》等媒体也多次报道物美/多点积极履行社会责任。这也更加坚定了我们打赢疫情防控人民战争必胜的决心和信心。

企业家精神的核心是创造和创新，企业家要为企业、为社会创造价值，为消费者提供好商品、好服务，让百姓购物安心放心。中国的企业家是改革开放的产物，更肩负着时代的使命。在做好企业的同时，要积极履行好社会责任，为实现中华民族伟大复兴做出应有的贡献。

陆 波：乡村发展基金会致力于"发展新农业、建设新农村、培育新农商"。作为中国商业流通现代化的推动者，在培育新农商方面，您对我们有什么具体建议？

张文中：作为乡村发展基金会的联合创始人，我们有四点建议：

一是培训提升。乡村振兴关键是人的发展。在当地政府支持下，组织一些长期有针对性的农业专业技能提升培训，丰富培训内容，如种植、包装加工、食品安全等，培养农业骨干和致富带头人。

二是推动产地基础设施建设。在当地建立初级加工、冷链等基础设施，提高农产品在产地分级分拣、加工包装、农残检测的能力，减少流通环节损耗。

三是推动农超对接、线上线下一体化销售。发挥桥梁纽带作用，在政府领导下，探索新业态、新模式，帮助当地农业生产主体实现品牌化、标准化、规模化。

四是组织专家学者、企业家到有关地区考察调研，集思广益，为当地乡村振兴产业发展建言献策，融智聚力，共促发展。

"消费扶贫是一项系统工程、长期工作，需要社会各界广泛参与，需要全面提升农产品供给水平和质量，开发当地特色农产品品牌，提高农产品竞争力，形成可持续性的减贫动力，促进贫困地区自力更生，拓宽脱贫致富之路，实现农户和消费者共赢。"

2020 年 7 月 11 日发布于乡村发展基金会微信公众号，2022 年 8 月 23 日修改

黄德林：坚守初心，探索可持续发展之路

导　语：本期访谈的嘉宾是星河控股集团董事副总裁、乡村发展基金会联合创始人黄德林先生。他是标准的"地产二代"，在商界历练十余年，思维视野开阔；他行事低调沉稳，热衷教育公益却极少发声。作为一名80后海归，他怎么看待乡村振兴，为什么要参与其中？

陆　波：您在城市长大，后来去国外留学，请问您对中国的乡村是否了解？透过乡村振兴战略，看到了什么？

黄德林：我对中国的乡村有一些了解。现在的乡村和过去的乡村是不一样的。城市化进程加快了乡村的没落，这是一场对农民、农村的改变，传统的乡土中国因此土崩瓦解。也有人认为这是一次历史机遇，农业农村现代化的新纪元，将从此开启。无论是哪种答案，中国农村都不再是原来的模样，它已经走到了一个决定未来命运的十字路口。

透过乡村振兴战略，可以感受到国家对乡村经济振兴的决心和力度。2015年中央一号文件要求，坚持不懈推进社会主义新农村建设，让农村成为农民安居乐业的美丽家园。2017年，党的十九大报告中提出乡村振兴战略。报告指出，农业农村农民问题是关系国计民生的根本性问题，必须始终把解决好"三农"问题作为全党工作的重中之重，实施乡村振兴战略。

从乡村振兴战略中，有以下几点感受：

1. 工业化进程发展了城市，乡村振兴和复兴是全面实现中国梦的重要步骤之一。

2. 我国基本国情决定，乡村现代化是建设全国现代化的必然要求。

3. 乡村振兴是新时代乡村发展的新动力，建立内生增长的机制是思路。

4. 提高贫困群众的内生动力和发展能力，是打赢脱贫攻坚战的根本之策。

陆　波： 星河控股已在全国兴建了三十余所学校，教育事业方面的捐资约 18 亿元。为什么一家地产集团那么重视教育？

黄德林： 以初心践行教育，以实际行动支持中国教育事业发展，这是星河创始人、董事长黄楚龙先生的理念。作为一家地产集团，如此重视教育，原因有以下几点：

第一，教育是国家的根本，孩子是祖国的未来。

少年强则中国强。星河控股董事长黄楚龙曾经讲过，教育是国家的根本，孩子是祖国的未来。星河对教育的投入，是造福千秋万代的一件大事。

十年树木，百年树人，教育是一个国家的未来。三十余年来，星河教育的足迹踏遍全国多个城市，大力支持中国教育事业发展，累计捐资建校、公益助学超 30 亿元。

2021 年，伴随普惠教育快速发展的铿锵足音，星河首座自营普惠幼儿园——惠阳星河幼儿园迎来首批新生。一座承载着"办好学前教育、实现幼有所育"理念的学校、一份被赋予"星润三载，幸福一生"光荣使命的学校，掀开了星河办学的新篇章。踏着时代的节拍，星河坚守教育初心，联合名校助力教育公益事业，激活城市创新动力，全力支持中国教育事业的蓬勃发展！

第二，取之于社会，回馈于社会，以人为本，教育为先。

"诚信壮星河，品牌献祖国。"坚守这样的理念，星河在企业健康蓬勃发展的同时，始终以人为本，积极肩负起对员工、对客户、对合作伙伴的责任。与此同时，在企业文化的熏染之下，星河坚持履行社会责任，饮水思源回馈社会，多次荣获"鹏城慈善企业"称号。

过去一年间，以"双减"为代表的一系列教育政策密集出台，意在撬动基础教育的整体变革，重构以育人为中心的教育生态，推动基础教育高质量发展。改革风疾，促进教育均衡与优质发展成为我国教育大计的两个核心元素。

多年来，星河控股集团通过携手名校、捐建学校、社区共建等多种方法扩大优质教育资源均衡配置，因地制宜加快中小学扩容增位，不断创新优质教育资源服务社区的方法和路径。

2021 年岁末，"共建教育社区，同创美好生活"的星河教育共同体应时代而生。

星河教育共同体由华南师范大学与星河控股携手倡导、各方参与，以"高校学术引领、教育部门主导、社会组织参与、公益组织投入、基础学校依托、星河全力服务、社区协调共享"为机制，通过不断整合社会各方力量，形成一个更加开放、多元的平台，更大限度地拓展学校的边界，将政府、学校、家庭、企业等各类社会组织进行连接，为促进教育改革和发展贡献力量。

第三，星河独特的企业文化，以一己之力实现公益事业接力。

星河有自己独特的企业文化，在董事长黄楚龙的带领下，"诚信、创新、责任、共赢"贯穿于企业发展始终，成为企业的灵魂。对于教育事业的支持也是星河独有的文化理念，依托优质高校资源加快培育和打造高水平基础教育学校，办好社区的每所学校，满足人民群众对更高层次、更优质量教育的需求，让优质教育资源分配更加均衡，是星河控股投身教育事业的初心。目前，星河在教育领域已经实现学校班级超 800 个，招收学生超 2.3 万名。星河教育"十四五"规划显示，预计 2026 年将实现办学规模翻番，即 1000 个班级、4.6 万的学生总量。星河以实际行动，积极推动区域教育品质提升和均衡发展，让"终身优质教育"场景覆盖每一位社区居民、延伸至全国星河社区。

正如星河控股集团董事长黄楚龙所言，"大家好，才是真的好"。在创造企业利润的同时，星河将对员工、对合作伙伴、对社会、对祖国的责任摆在首位，以城市运营引领者为己任，科技与教育共举，生态和经济齐飞，加快城市更新的步伐，推进让城市更美好的项目落地。

陆　波：作为乡村发展基金会最年轻的联合创始人之一，您加入机构的初衷是什么，希望发挥怎样的作用？

黄德林：我加入机构的初衷简单，决心坚定。

1. 传递力量，将星河公益之路继续下去

善为至宝，一生用之不尽；心作良田，百世耕之有余。具有可持续发展能力的公益事业才更具有慈善的深度和广度。星河始终积极响应国家号召，立足实际、聚焦发展、创新经营，把企业做优做强的同时，切实履行社会责任，加大扶贫工作力度，助力脱贫攻坚，推动区域经济繁荣发展，2021年度荣获"广东省扶贫济困红棉杯金杯奖"荣誉。

2. 坚守初心，探索可持续发展之路

在公益实践的创新探索过程中，更加注重公益价值的传递与公益事业生态造血自生能力的培养，怀抱初心，坚守初心，赢得员工、合作伙伴、媒体、公众的更多认可，探索可持续发展公益事业的路径。

乡村振兴不仅仅是中国城乡平衡发展的要求，同时也是城乡居民充分发展的需要。如果乡村发展好了，城市居民在闲暇有个去处，城乡互动就会增加。人们除了专业化分工提高效率之外，会在城乡互动中找到社会整合的另一种效率，生活品质才会提高。

加入乡村发展基金会后，我希望能在生活水平和文化互动方面给乡村经济发挥一点作用，提供一些帮助。从振兴乡村、提升部分乡村人民的人均收入，到提升部分乡村人民的生活水平，再到提升部分乡村人民的思想观念，围绕乡村振兴战略，优化收入体系，探索创新模式，为乡村经济快速发展传递一份积极正向的力量和实实在在的帮助。

"'人无信不立，业无信不兴'，不只是古训，更是当代市场经济的精髓所在。坚守企业经营本质，不以'短、平、快'的方式片面追求规模与速度，星河控股展现出价值创造的卓越能力，实现企业百年基业，是星河在新时代品牌张力的丰富体现。星河控股三十余年来初心不改，始终着眼于建立企业的公益文化内涵和品牌 DNA，在星河文化的传承中，希望能带动更多力量，践行公益价值理念，用实际行动回馈社会，让星河公益之路越走越长。"

2020 年 9 月 3 日发表于乡村发展基金会微信公众号，2022 年 1 月 28 日修改

王 军：激烈的城镇化过去了，温和的城镇化开始了

导　语：本期访谈的嘉宾是原陕西省西咸新区党工委书记、乡村发展基金会联合创始人王军先生。他有文化、讲情怀、懂理论、会实操。他带领西咸新区完成了创立组建、升级国家级新区、定位田园城市发展模式的前期使命。谈及国家的乡村振兴战略，他有深入的思考和独到的见解……

陆　波：2021 年中央一号文件指出：民族要复兴，乡村必振兴。在您看来，国家为何要在此时提出乡村振兴战略？

王　军：我认为，乡村振兴是城镇化发展到一定程度的必然，两者并不是非此即彼，而更像是互补、承上启下。改革开放以来，我国城镇人口从 1.7 亿激增到 7.7 亿，城镇化率从 1978 年的 17.5%，到现在的 65% 左右，年均提升超过 1 个百分点。从世界范围看，我国政府最伟大的成就，就是领导和推动了人类历史上最大规模的城镇化运动，也是最大规模的人口迁徙和社会变迁。当前，我国城镇化表现出四个显著特征：

一是经济增速趋缓。改革开放以来，我国城镇化率每年增加约 1%，经济增速约 10%。2011 年，我国城镇化率超过 50%，城市人口首次超过了农村人口；与此同时，年经济增速放缓到 10% 以下。

二是城镇化发展由卖方市场向买方市场转变。作为过去 20 年一直在城镇化一线——开发区的建设者，我感受尤为明显。过去 30 多年，我国城市

化发展迅速，房子建了不愁卖，开发区建了就有人气，城市边际扩张，投资小、见效快。政府投资能力极大提升，拉动了 GDP 和固定资产投资，但也产生了交通拥堵、环境污染等各种"城市病"，我将其概括为三个透支：透支了环境红利、土地红利和人口红利。城乡平衡被打破，现在到了非调整不可的时候了。

三是以电商为代表的互联网和大物流进入农村。由此带来的综合影响持续加剧，将从根本上改变传统的城乡二元对立格局，使我国的城乡统筹发展融合发展成为可能。电商下乡是很了不起的事情，不仅大幅降低交易成本，方便农副产品进城，改变城乡商贸结构；更重要的是，电商下乡使得城乡距离和信息不对称的壁垒被打破。新中国成立以来，我们梦寐以求的缩小三大差因此成为可能。小城镇可能成为创业的天堂，边缘乡村可能成为旅游度假的胜地，进而吸引城市资本和消费的回流。互联网的普及带来了业态的变化，以社区为单位的物流配送体系越来越发达，城乡商业发展呈现新形态，城乡间出现人员、资本的双向流动。城乡不再是此消彼长的对立关系，而是形成互相依托双向流通的融合包容关系。

四是随着对农村地区资源价值的重估，资本、科技和劳动力等要素由农村向城市单转移向双向转移发展，速度和规模逐渐提升。这一趋势的出现，不仅是经济利益使然，还是人们对乡村价值的重新发现和认识，包括文化层面和价值观层面的重新发现和认识。

陆　波：当年您主政西咸新区时，将该区建成为全国首个以创新城市发展方式为主题的国家级新区。您怎么理解乡村振兴与城镇化之间的关系？

王　军：有人说乡村振兴就是把资金投向农村、扶持农业，我不这么认为。我认为乡村振兴是城乡包容发展。过去的城镇化，是以拆迁农村、消灭农村、减少农村人口为方式的城市化，城市摊大饼发展，乡村被成片推倒，一直向外延展，用城市改造农村、用城市征服农村。

新一轮的城市化不是把乡村和城市对立来看，而是将村镇纳入城市生态体系，融合发展，包容发展。融合和容合并举，形成点状布局的市镇体系。特大城市、中小城市、镇、村，融合发展，形成城市圈。大城市、中小城市及村镇点状布局的市镇体系，成为一个有机的生态体系。

应当把乡村作为城乡一体化的特殊功能区来发展。有的城镇可以建设成为产业功能区；有的可以发展旅游、发掘文化，成为文化旅游功能区；有的可以利用天然条件，成为康养社区；在规划区内，大量的农田、果园被保留下来，成为城市的农业公园。把城边村作为城市的功能区，而不是城市的改造对象。

实现乡村振兴，共同富裕，最重要的是使农村的劳动力和产品进入商品经济，与经济主流城市经济接轨。首先是加强农村的基础设施建设，重点发展快速交通连接城乡；同时，逐步提升村镇的公共服务和社会保障水平。

以我们在西咸新区做出的尝试为例，我讲三个观点：

一是坚持三个遵循：遵循山水格局、遵循历史文脉、遵循现代规划理念。据此，我们提出构建由特大城市、中等组团城市、优美小镇和村落布局的点状的分布体系，加快五个组团核心板块的建设，将境内大遗址保护区和渭河、泾河、沣河作为城市的生态通道，实现组团间的绿地分割。发展复合型都市农业成为城市的生态功能区，从而出现开放的田园、紧凑的城市、大开大合的空间布局，同时实现节约用地和承载人口和生产力两个目标。

二是注重城乡包容发展，实现市镇体系间错位发展、有机融合。解决城镇化存在不同程度城乡二元对立的问题。新型城镇化必须坚持以人为核心，促进城乡包容发展，抓住互联网时代城乡商业格局调整的契机，推动城乡一体发展。基本建设和公共服务适度向农村倾斜，逐步提高区内镇村的基础设施配套，推进基本公共服务的均等化。关于这一点，在理念上大家可能都认同，但在实际操作过程中，面对一个片区现实利益取舍的时候，决策者是不是真的相信这一理念，并愿意真的去落实这一理念，就是一个很有挑战性的问题了。

三是鼓励和引导城市工商资本和消费下乡，推广互联网小镇等模式，在城市群、大城市周边建设"互联网+"产业、生态宜居小镇。把点状布局的市镇体系结合起来，通过众创空间、特色小镇、综合园区等综合性平台的建设，实现外来工商资本与本地生活方式关联。此外，支持城市工商资本进入农村农业，开发农村建设用地，对传统农业进行现代化改造，把民俗文化、休闲旅游、绿色有机等要素与现代农业相结合，依托电商下乡，更好地服务城市，使农业成为复合型的高附加值产业，使农村成为城市功能的延展。

乡村的社会配套达到一定水平后，城市精英人口有可能回到乡村。这需要从制度上、观念上和政策上认真地给出回应。比如，在媒体上引起热议的告老还乡制度，在我看来，已经具有可行性。这些本地化的社会精英的回归，不仅会给乡村带来经济发展的资源，更重要的是可以实现乡村基于在地文化的开放，逐步推进乡村的现代治理和社会更新。

未来，老龄人口将越来越多。我建议，大家退休后，可以把城里的房子租出去，到农村找一个小院子住，既舒服又便利。以西安周边乡村为例，一小时能到市中心，半小时能到三甲医院。

总结下来，乡村城镇化发展遵循三点：第一，城乡包容发展而非城乡兼并；第二，城乡融合互补发展，而非大拆大建；第三，把农民作为城镇化的主体，而非城镇化的对象。

我起了一个名字——"温和的城镇化"。激烈的城镇化过去了，温和的城镇化开始了。

陆　波：自成为乡村发展基金会联合创始人以来，您多次为基金会建言献策，非常感谢。关于乡村发展基金会在乡村振兴中可以做什么，您有什么建议？

王　军：关于乡村发展基金会在乡村振兴中可以做什么，我建议：基金会应从政府不同的角度考虑，推进乡村振兴。最近，我走了不少地方——贵州、湖南、陕西，各地对乡村振兴的理解，特别是扶贫攻坚胜利后，差异性很大。据我了解，很多地方政府推动乡村振兴，还停留在就乡村抓乡村的思维中。基金会有很多专家学者，又有延安大学和北大这两个平台，可以在乡村振兴的思路和规划上下功夫，为乡村振兴指指路，画画蓝图，发挥智库的作用，为地方政府提供咨询。

另外，基金会可以在发现典型、推广典型、培养典型方面着力。按照新思路，起点要高，入口要小，发现范例，研究范例，推广范例。比如，可以通过推广某个地方电商带动乡村振兴的范例，特别是贫困地区。通过发展现代农业科技，从自然经济进入商品经济，最大化地发掘农产品的价值。因此，对乡村振兴思路的研究、典型的推广，乡村发展基金会能发挥自己的优势，是可以去践行的方式。

> "总结下来，乡村城镇化发展遵循三点：第一，城乡包容发展而非城乡兼并；第二，城乡融合互补发展，而非大拆大建；第三，把农民作为城镇化的主体，而非城镇化的对象。"

2021 年 5 月 14 日发表于乡村发展基金会微信公众号，2022 年 1 月 12 日修改

许智宏：现代农业要不断满足人民日益增长的美好生活需要

导　语：本期访谈的嘉宾是植物生理学家、中国科学院院士、乡村发展基金会联合创始人许智宏先生。作为植物生理学家，他荣获中国植物生理与植物分子生物学学会（CSPB）2020年"终身贡献奖"；作为原北大校长，他气质儒雅、和蔼可亲，被学生们称为"许爷爷"；年近八旬，他依然时刻关注中国的现实社会问题。随着国家实施乡村振兴战略，他从专业角度展开了新的思考和新的探索……

陆　波：一个国家只有立足粮食基本自给，才能掌握粮食安全主动权。我国耕地面积为18亿亩，人均耕地面积不足1.35亩，不足世界平均水平的40%。面对如此国情，要实现粮食自给，作为植物生理学家，您有何建议？

许智宏：面对我国地少人多、人均水资源紧缺又分布不匀的国情，要确保14亿人粮食自给，不是件容易事。得益于改革开放以来，多年的农业农村改革、科技进步以及政府和全社会对农业投入的增加，我国的粮食生产已连续6年保持在6.5亿吨以上。2019年全球粮食产量27.22亿吨，中国6.64亿吨，美国约5亿吨。全球77亿人口，人均350公斤/年；中国14亿人，人均475公斤/年，远高于全球人均400公斤的国际粮食安全的标准线。我国粮食生产产需基本平衡、供应整体充裕，可以说我国的口粮绝对安全是有保障的。

问题在于，随着人民生活水平的提高，食品结构已发生很大的变化。反映在对蔬菜、水果和动物产品（肉蛋类、奶制品、水产品）的需求大幅增加。为满足城乡居民的需求，不仅需要土地，也需要大量的饲料粮（玉米、大麦、小麦、高粱、蚕豆、豌豆等，约占饲料的50%）。我国每年进口大量大豆，去年已达1亿吨。进口大豆基本用于生产大豆油，生产大豆油后的豆粕，基本上都用于饲料生产了。2020年，受非洲猪瘟疫情影响的生猪生产持续恢复、家禽存栏高位等因素拉动，全国工业饲料总产量达1.26亿吨，同比增长10.4%。从这个意义上说，粮食安全也包括了饲料粮的安全。所以，虽然居民的口粮有保障，如果加上饲料量的需求不断增长，我国对粮食的总需求还会增长。

现代农业，目标就是要不断满足人民日益增长的美好生活需要。为此，我想，一是要继续确保粮食生产。根据世界粮农组织的资源，粮食总产增长的80%依赖于单产的提高，单产提高的60%～80%源于良种贡献。农业现代化，种子是基础。今年的中央一号文件，明确提出要打好种业翻身仗，加强农业种质资源保护开发利用；对育种基础性研究以及重点育种项目给予长期稳定支持；加快实施农业生物育种重大科技项目；要尊重科学、严格监管，有序推进生物育种产业化应用。随着人民生活水平的提高，我国农业生产已从温饱型转向不光要确保有足够的粮食让人民吃饱，还要吃得安全，吃得营养健康；农作物的育种目标也由追求高产，转向高产、优质、抗病虫害和耐逆境、环保（少用化肥和农药）。而且应考虑现代品种要适于田间的机械化操作，提高劳动生产力。还要考虑食品加工业的需求以及特殊人群，比如，糖尿病人的特殊需求。这给从事育种研发的科学家提出更高的要求。

二是要切实推进农业生产的结构性调整，发展草牧业，提高草食牲畜，特别是牛、羊在肉类生产中的比例。我国是世界草地资源大国，面积居世界第三，有60亿亩草原和草地，天然草原占据我国国土面积的41.7%。目前，约有90%的天然草原处于不同程度的退化状态，草原植被矮疏，地表裸露，水分养分散失，生态功能和生产力被严重破坏。发展草业和科学合理利用草原，加强对优质牧草品种的选育，加速发展草牧农业，从而将传统的"以粮为纲"的种植结构调整为"粮食作物—经济作物—饲草"的三元种植结构。因此，我们需要一大批善于草地经营、牧草改良和育种的专家和科研人员。

陆　波： 科学技术的重要性为大家所共知，但我国年轻人投身科学的比例并不高，公众参与科学的意愿也并不强。作为一个资深的科学家，处于这样一个媒体非常活跃的时代，您觉得，科学家应该怎样向青少年普及科学知识，怎样吸引更多的青少年热爱和从事科学研究？

许智宏： 我国正在建设创新型国家的征途上，现代科学技术的发展已极大地影响了人类社会发展和生活的方方面面。习近平总书记高度重视科技创新和科学普及，强调"科技创新和科学普及是实现创新发展的两翼，要把科学普及放在与科技创新同等重要的位置"。科学家作为社会群体中知识水平最高的人员，在从事科学研究的同时，有责任向公众普及科学知识，提升公众对科学的认知，弘扬科学精神，传播科学思想、倡导科学方法，以推动全民科学素质持续提升。

现代科学技术的风险，使得社会和公众对科学技术的预期出现了很大的落差。科学原本被认为是确凿无误的，科学证据被认为具有完全的确定性。因此，当科学技术的风险事件发生时，社会的失望情绪在所难免。加上部分网络媒体的误导，这也会导致社会对科学、对科学家的观点失去信心，进而对科学技术本身及其所带来的结果产生怀疑。因此，科学家要善于引导公众理性对待科学技术发展中的不确定性。

科学家应利用各种机会多到青少年中去，到中小学中去，用同学们易懂的语言，做科普讲座，讲好科学和科学家的故事；带领青少年到大自然中去，到社会实践中去，使青少年从小就培养热爱科学的情怀。

陆　波： 现今，农林院校很多，各个高校也在培养农业相关人才，可是，市场上还是缺少有实战经验、能解决实际问题的农业相关人才。面对如此形势，乡村发展基金会该怎样设定人才培养目标和培养模式？

您有什么建议？

许智宏：全面建设社会主义现代化国家，实现中华民族伟大复兴，最艰巨、最繁重的任务在农村，最广泛、最深厚的基础也在农村。2019年教育部启动"新农科"的建设。新农科是指利用生物技术、信息技术、工程技术等现代科学技术改造现有涉农专业。新农科专业包括生物技术育种、智能农业、农业大数据、休闲农业、森林康养、生态修复等新产业、新业态急需的新专业。

新农业亦可称为现代农业。现代农业是相对于传统农业提出的，指广泛应用现代科学技术、现代工业提供的生产资料和科学管理方法的社会化农业。按照这样一种构架，未来的农业所需的人才显著和过去不同，它需要跨学科的综合性人才，不光要懂得育种和品种的特性、懂得田间管理，更重要的是要有经营头脑。实际上，现代农业需要有各种学科背景的人参与。深入实施乡村振兴战略，需要培养致力于乡村发展的各类人才，既有扎实的理论知识，也有丰富的实践经验。

中国各地农村的情况不同，发展的模式显然也不可能千篇一律。中国农村孕育的丰富的文化多样性，也是我们发展乡村旅游的一笔宝贵资源，应切实加以保护。我想这也是乡村发展基金会的期望。

> "现代农业需要有各种学科背景的人的参与，深入实施乡村振兴战略，需要培养致力于乡村发展的各类人才，既有扎实的理论知识，也有丰富的实践经验。"

2021年6月12日发表于乡村发展基金会微信公众号，2022年1月17日修改

第二篇　人才振兴

孔东梅：乡村需要教育来实现观念的改变

导　语： 孔东梅是东润公益基金会创始人、理事长，是乡村发展基金会联合创始人，同时她还有一个特殊的身份——毛泽东主席的外孙女。她对慈善文化和家风传承有自己的见解和坚持，并身体力行地走在公益慈善的道路上。从北京东润菊香书屋到东润公益基金会，她多次奔赴新疆、贵州、四川等地，实地考察公益项目。在她的带领下，东润公益基金会一直深耕教育领域，给困境中的孩子带去温暖和希望。疫情发生后，她带领基金会迅速行动，积极投入抗疫。2021年，东润公益基金会凭借"东润抗击疫情医护保障及子女教育专项基金"项目在抗击新冠肺炎疫情慈善领域做出的突出贡献，获民政部颁发的第十一届"中华慈善奖"。

陆　波： 您的人生经历可以说是非常丰富，赴美留学、从零起步组建泰康人寿保险公司，后又投身公益慈善领域，创办北京东润菊香书屋有限公司，成为东润公益基金会理事长。您是怎么做到不断创新自我、挑战自我的？

孔东梅： 可能是因为成长环境的原因，我的父母亲从不替我描绘人生画像，而是鼓励我以自由的思想去追求自己的梦想。在学习和择业方面都是自己去做决定拿主意，父母也非常尊重我的意见。这种解放天性的教育方式很大程度上成就了后来的我，让我不安于舒适，喜欢探索自己的极限。

在事业上我会不断突破自己的舒适圈，每次做选择的时候都会给自己设定一个目标，通过一步一步的努力去实现那个目标。当然其中也很艰辛，也吃了很多苦。

尤其是在创业的那个阶段，大学毕业后，成为泰康人寿保险公司创始人之一。那时候从文秘到业务部门几乎所有工作我都做过，很辛苦，基本上每天都要忙到晚上9点以后，这个时期也是我成长最快的阶段。随着泰康人寿变成十几万员工的大企业，我也经历了脱胎换骨的变化。这段时间的成长也为我后来创立北京东润菊香书屋有限公司、创办东润公益基金会打下了基础。

成立基金会后，我发现管理好基金会是很不容易的事情。职业认知、专业素养、知识积淀以及团队调度的能力都不可或缺，需要不断地学习调整。而且我始终强调的就是工作一定要做扎实，我对所有公益项目的安排和要求，就是务求细致和扎实，细到每一个孩子的名字、每一个数字、每一个家庭等。

走到今天，我越发坚定了一个信念，做公益就是脚踏实地，不追求虚幻华丽的数字。即便培养帮扶的只是少数人，只要对孩子们真正有所助力，那这件事就没有白做，同样有价值、有意义。

陆　波：可否与我们聊一聊您眼中的中国乡村，以及您认为作为公益组织，最需要我们做的是什么？

孔东梅：目前我国对乡村振兴的支持力度非常大，全民一心打赢脱贫攻坚战是一项非常了不起的事业。如今乡村学校盖得越来越多、硬件设施越来越好，有些甚至可以媲美城市学校，互联网教育资源的投入和普及也在逐渐铺开。

在每一个时期、每一个阶段，公益组织如何及时转变思想、积极地融入国家治理体系中，成为社会力量的一分子，是一项需要长期思考和不断创新的过程。

首先，东润公益基金会一直深耕教育领域，找准自己的立足点、聚焦要解决的社会问题。从项目创立伊始，我们就希望可以打破一些疆界，希望能对少数民族边远地区的贫困生、城市打工子弟、乡村留守儿童等群体的问题有所助力和推动。对困境儿童在音乐、艺术和美育方面的帮助和支持也是我们探索和努力的方向之一。

这个过程非常不容易，但只要用心去做，孩子们回馈你的一定是惊喜和欣慰。

比如，每年高考结束我都会收到消息，又有新的一批"东润启航"项目资助的优秀学生考上了大学。这是特别令人高兴的，虽然这些孩子从小生活在偏远的边疆地区，但他们求知欲都很强，特别爱思考、爱学习。他们就像默默生长在岩缝里的无名小花，只要你给他们一点儿阳光雨露，他们就能量十足，尽情绽放。

另外，我们并不固守其中某一方面，而是希望通过实践，加强这些领域的横向交流和多维互动。东润公益基金会发起开展的一些公益项目，也是紧密结合当地特色来策划设计，尤其注重孩子的美育教育。

东润公益基金会的项目涉及的新疆、云南乡村地区的孩子，本身就有很好的传统优势。他们在某些方面的艺术表现力可谓与生俱来，我们要做的就是帮助他们保护和传承好本民族传统的艺术文化，同时又将全新的教育理念和创新思维，以及人文素质方面的一些培养方式和方法逐渐带到这些边远地区，让这些要素成为他们学习成长中的一种有力补充。

我们希望通过我们的尝试和努力，能够帮助这些孩子快乐地长大，将来可以顺利融入社会生活，发展成为具有健康和完整人格的全方位人才。

当然，除了教育领域，东润公益基金会也一直以赈灾济难为己任，在国家有难、人民有需要的危急时刻，我们义不容辞。

2020年新冠疫情暴发之初，东润公益基金会就第一时间响应，设立"东润抗击疫情医护保障及子女教育基金"，先后资助了1613名一线医护人员、979名医护人员子女，并积极筹措物资，累计投入善款超过5000万元。也因此获得了民政部颁发的"中华慈善奖"，我们感到非常荣幸，也深知公益之路任重道远。

对于年轻的公益组织来说，在遇到社会公共卫生突发事件时，如何在人力和资源都十分有限的情况下，找准自身发力点，及时调动团队响应，成为政府、企业等抗疫中坚力量的有力补充，有效参与融入社会治理当中，是值得我们不断思考并总结的。

公益不仅是提供实际的帮扶，也是在社会和人群中传递向上、向善的精神和希望。

当我们给困境中的师生送去帮助，他们获得的不仅有知识、有温暖，更有这些知识与温暖带来的动力。当我们给优秀的医护人员和他们的家人送去关心、关爱，不仅是为他们加油鼓劲，也希望全社会都能看到并尊重和弘扬这种无私无畏的医者精神。

当下，巩固脱贫攻坚成果，有效衔接乡村振兴，为国家每一个时期的发展建设贡献一份专业力量，又是摆在公益组织面前的新课题。

边远地区教育的软实力还相对匮乏，这里面存在着很多现实问题，乡村振兴需要教育来实现观念的改变和发展进步。比如，除了给身处困境、品学兼优的学生帮助外，我们还会关注到乡村老师的生活保障，会奖励那些长期坚守、扎根在教学一线的优秀教师，让他们获得荣誉感和社会的敬意。资助一个学生可以改变一个学生的未来，支持一个老师可以改变一群学生的未来。

回顾过去几年，东润公益基金会一步一个脚印地前进，未来也会继续作为社会的一分子，积极地融入国家治理体系中，发挥自己的光和热。

陆　波：作为毛泽东主席的外孙女，您对革命老区一定有着我们普通人体会不到的感情。延安是革命的摇篮，如今也是我们乡村发展基金会的一个重要基地，这是否是您最终选择乡村发展基金会的原因之一呢？

孔东梅：那肯定是的。作为老一辈革命先辈的后人更应该铭记"行程万里，不忘来路；饮水思源，不忘初心"。延安精神不仅是自力更生、艰苦奋斗，更是全心全意为人民服务的精神。我也是在这样的家风熏陶下成长起来的。我们的家风就是认真做事，低调做人。我的外公要求我们，必须戒骄戒躁，要经常为他人着想，全心全意为人民服务。为人民服务就是要务实，就必须摒弃浮华的东西。所以，当下我做公益，只是希望能通过自己的微薄之力，帮助更多的人。

因为要经常到革命老区调研走访、传播中国红色经典文化和历史，也出于这份对革命老区的特殊情感，从我踏入公益慈善行业开始，就特别关注那些革命老区的教育情况。延安是革命的摇篮，是乡村发展基金会的一个重要基地，更是东润慈善基金会的项目重点，我们会特别关注像井冈山、四川甘孜等革命老区的孩子们。

由于地理位置、教育资源有限等原因，有的孩子学习条件依然艰苦。他们眼睛里充满对知识的渴望和对外界的向往。这些年来最打动我的，就是那些孩子眼中闪烁的那种希冀和憧憬，是始终推动我不懈前进的最大动力。

所以，回到我们做公益的本源和初心，公益这项事业确实是非常伟大的。我希望能不忘初心，将红色精神、红色文化更好地传承下去。

"希望我们的乡村发展基金会能够联合更多的爱心企业和公益人士参与，以脚踏实地的工作态度和方式，使我们的工作真正惠及更多的乡村青少年，推动未来中国乡村的振兴和发展。"

2020 年 1 月 10 日发表于乡村发展基金会微信公众号，2022 年 1 月 26 日修改

高　敏：体育的核心是人，乡村振兴的关键也是人

　　导　语： 本期访谈的嘉宾是北京星能公益基金会理事长、乡村发展基金会联合创始人高敏女士。她是中国著名的"跳水女皇"，曾 70 多次站上世界大赛的最高领奖台。出乎很多人的意料，如今她全职从事公益，助力中国体育的最基层。奥运冠军为什么投身公益，又因何关注乡村发展？

　　陆　波： 您曾被 BBC 评为"体育史上最伟大的 100 位运动员"之一，退役后面临多种职业选择，为什么要成立星能公益基金会，而且还是全身心地投入其中？

　　高　敏： 希望影响更多的人认识体育、推动体育。体育是一种精神。我发起星能公益基金会是希望以体育人的身份，让有影响力的体育人、企业家和社会人士为中国青少年素质教育，尤其是通过运动为青少年（素质、抗逆力）做点儿事。

　　体育者，以体育人也，不仅是增强体质，更是培育品格。蔡元培早在百年前就指出体育对于培养健全人格不可或缺。通过参与体育，人可以增强意志力和韧性，习得与他人协作的能力，培养团队意识，获得自我和他人的认可，学会坦然面对失败，所有这些对于人生都是极为有价值的。

　　目前中国提升青少年体质的问题已经到了刻不容缓的程度。中华民族伟大的复兴，不仅是中国的财富有多少，还包括整个国民的身体健康，尤

其是青少年身体健康和身体素质，这都包含在中华民族伟大复兴的进程之中。如果青少年的体质问题解决不了，就有可能影响中华民族伟大复兴的历史步伐。目前，中国有 2.8 亿青少年，这些学生的体质受上一代影响很大。在我国，大部分家长从小学到大学至少受到 14 年的体育教育，但并没有养成体育运动的习惯，也没有体育技能储备，在辅导孩子的时候，就缺乏经验和技巧。

陆　波：星能公益基金会由 120 多位奥运冠军和世界冠军组成，您认为体育明星能为乡村发展做些什么？

高　敏：体育的核心是人，乡村振兴的关键也是人。乡村体育资源发展的均衡，会为乡村振兴结出更为甜美的果实。

体育是现代的人本之育，能够帮助乡村更好地融入现代社会。去年 9 月，中共中央、国务院印发《乡村振兴战略规划（2018—2022 年）》，提出要强化农民的社会责任意识、规则意识、集体意识和主人翁意识，将有效化解群众矛盾、实现高效分工合作，从而推进农村精神文明建设，提升农民精神风貌，不断提高乡村社会文明程度。

体育是公认的绿色产业，与乡村振兴的生态底色匹配，这是体育能够在乡村大有可为的根本原因。发展体育可以改善乡村产业发展和环境整治"两张皮"现象，走出一条经济生态化和生态经济化协调发展的新路，推动乡村的可持续发展。

陆　波：您是怎么与乡村发展基金会结缘的？作为北京片区的召集人，您有什么想法和计划？

高　敏：受王石先生的邀请加入联合创始人团队，特别期待接下来星能公益基金会和乡村发展基金会的合作。感谢王石先生的邀请，相信我们的合作能够更好地推动中国乡村青少年素质教育的发展，为乡村体育运动发展和推动乡村师资力量的均衡出一份力！

作为北京片区的召集人，我更愿意尊重基金会发展需要的计划，愿意配合陆波秘书长的工作。

"体育的核心是人，乡村振兴的关键也是人。乡村体育资源发展的均衡，会为乡村振兴结出更为甜美的果实。"

2020 年 6 月 28 日发表于乡村发展基金会微信公众号

吴 昊: 中国乡村健康发展本质上是人的发展

导 语: 本期访谈的嘉宾是首都体育学院教授、乡村发展基金会联合创始人吴昊先生。作为多支国家运动队的科研专家,他参与了近几届奥运会的备战工作;作为旋文化博物馆的创建人,他对生命的本质不断探究;作为从黄土地走出来的"陕西娃",他有着浓浓的故土情结。让我们听听享有跨界智慧的吴教授如何看待乡村发展……

陆 波: 您长期研究运动营养与人体运动能力发展,那么针对普通人、现代人在主动健康方面,您有什么建议?您又是如何看待乡村健康发展的?

吴 昊:谢谢秘书长,我一直努力让自己成为一名体育科学工作者,主要研究经历也聚焦在检测人的运动能力,以及研究通过营养和恢复方法来提高运动能力方面。过去二十多年里,还担任过多支中国国家队的科研领队、科研教练工作,见证和直接用科技保障了中国队多块奥运金牌的历史性突破。在 2008 年北京奥运会以后,研究方向调整,把我们国家队奥运科技攻关层面的很多促进人体运动能力与获得健康促进的方法与技术,如呼吸肌群训练器专利、抗缺氧配方发明专利等越来越多地应用在大众健身与全民健康领域。

今年新冠疫情十分严重的时候,记得是 2 月 28 日,乡村发展基金会特地安排我做了直播，题目是"抵御病毒侵袭，我们的免疫力准备好了吗？"第一次尝试直播，没想到有超过 16 万人在线观看和互动。这个公益效果得感谢基金会、搜狐和听众。我想这是因为在疫情中我们的话题涉及了疫情隔离煎熬着的每个人的主动健康问题，包括运动促进健康、营养促进健康的问题，以及如何运动＋营养协同进行健康促进的事。网络直播后还有很多人具体咨询有关耐力运动与营养的误区和建议等。我们运动人体科学追求的是用非医学药物的方法让人的体能、机能都健康地达到自己最好的状态。当下全球疫情还在延续，感同身受。一个人比不了解病毒更可怕的是，不了解自己的运动健康和促进方法。多数人运动的追求多停留在运动训练本身上，直到伤病发生了才意识到。

我认为，运动营养与恢复认知的不足，是我国主动健康领域认知的短板和发展的羁绊。首先是传统观念与文化局限，诸如劳心者治人、万般皆下品、学而优则仕等，都是和现代身体锻炼的体育文化相悖的。大家都知道的 WHO（World Health Organization），是"世界健康组织"，我们翻译成"世界卫生组织"。把健康促进等同于医药卫生，健康似乎没有体育啥事儿。现在，体育强国，主动健康，不是群体选择题，而是一道生存题！回想100 年前孙中山先生"强国强种"的呼喊、蔡元培"完全人格，首在体育"的教诲，还有毛泽东提出的"德智皆寄于体，无体是无德智也"，习近平总书记提出的"体育强，中国强"，古今中外的伟人大都是极为重视体育的。

2019 年中国发生了三件大事：一个是国务院颁布《体育强国纲要》；一个是武汉召开了军运会；一个是武汉暴发了新冠疫情。原计划举办的2020 东京奥运会也因新冠疫情推迟一年。

这几年，无论是马拉松流行，还是"三亿人上冰雪"，在目前运动科学普及严重不足的前提下，运动伤病层出不穷，我们看到很多马拉松爱好者因为筋膜炎、因为关节劳损受伤而放弃运动。看到冬天雪场很多冰雪运动的初学者不是韧带断，就是骨折，在北京的都努力想找人进积水潭骨专科医院，其他发达国家发展体育运动是看不到这种情况的。有运动训练的动机和行动，没有运动恢复的知识和条件。难怪国家体育总局局长曾在大会上激动地说，运动营养与恢复，中国"几乎从来没有"，确实振聋发聩！

　　自助者，天助之！决定个人健康的四个重要性递增的个人要素是运动、营养、睡眠和心态，影响个人健康还有几个自己可能不好控制的要素：基因、环境和护理等。主动健康里的四大基础支撑包括运动、康复、营养与心理（动机），运动仅仅是主动健康的开始，第一步。运动的形式很多，对大多数人来说，重视耐力运动能力基础是最重要的。因为从生理学角度看，在耐力运动下，人的血液再分配表现得最显著。而人的血液再分配则是运动产生健康的重要机理之一。因此心肺耐力被称为呼吸、体温、脉搏和血压外的"第五大生命体征"，与耐力运动有关的营养则是生命健康发展的基础。这里大家还特别注意人生命两头的需求——儿童和老人训练潜力和需求最大：一个在增长敏感期和一个在衰退抵抗期。

　　中国乡村健康发展本质上也是人的发展。现代农民和家庭也需要主动健康，也需要运动人体科学理念与方法的普及。当然，主动健康的新时代革命，这一次的轨迹可能是"城市包围农村"。

　　陆　波：您创建的旋文化博物馆是用自己的热忱、能力和知识为社会做贡献。疫情期间，王石先生还特意去参观，并给予充分肯定。您为什么要做这件事？您认为体育运动科学能为乡村发展做些什么？

　　吴　昊：说到旋文化博物馆，是源于个人26年来的喜爱、思考、观察与整理的一个集中呈现。这个话题还得回到一些基本问题。自己用业余时间探索建立了旋文化博物馆，实际上是受到地球物理专业的父亲在地球演化和博物学方面的影响。在从事运动科学专业之余，我几乎每天都在进行一个追寻已久的想法，或许是一次寻找打开世界万物之门钥匙的探险。从身边的旋现象到探知存在与能量的科学轨迹、宇宙的密码与秩序，我认为这一切，恰恰都与人、与文明有关，与体育的历史、现在和未来有关。感谢基金会王石主席专程访问旋文化博物馆并积极肯定了我的尝试和努力。

　　回到乡村发展的主题，我认为，中国发展的关键问题必然包括农村问题，更包括农民的健康发展问题。所有现代体育与文化，运动促进健康也都是农村发展，消除城乡差别，经济繁荣与生态保护一体化所需要的。

　　中国的高原面积广袤、高原生态多样性丰富，广大农村和少数民族地区依托自然优势，滋养绿色生命和人类健康是一个重大使命，低氧促进健康行动必将赋予人民美好健康生活的新能量、新选择和新未来的事业。今年8月，我作为唯一的体育专家，受九三学社中央直接邀请，和几位中科院环保院士一起，在四川阿坝藏族自治州高原现场参加了"黄河上游川甘青水源涵养区生态保护和高质量发展协商协作研讨会"，我的主题报告就是"乡村振兴视角下的生态体育：低氧运动与健康促进"，现场报告内容受到与会领导和川甘青代表的热烈讨论。因为国际最新研究和我们备战奥运会高原训练的多年经验和研究共同发现：2000～4000米的中高海拔低氧环境较易被人体适应。平原人在此高原环境中短期生活可减轻体重，降低空腹血糖，改善血脂谱，可能降低代谢综合征和／或动脉粥样硬化相关慢性疾病患病风险。低氧促进健康的国际最新成果和康养科技将给高原地区带来高质量发展的新方向和新机遇。

党的十九大和十九届二中、三中全会精神指出，大力发展以人民为中心的体育，全面深入实施全民健身国家战略，坚持服务群众、贴近生活、重在建设、注重实效、因地制宜、多办实事，千方百计破解群众的健身难题。《"健康中国2030"规划纲要》《关于加快推进健康与养老服务工程建设的通知》《文旅康养提升工程实施方案》等国家战略文件陆续出台，全民健康是建设健康中国的根本目的。要使全体人民享有所需要的、有质量的、可负担的预防、治疗、康复、健康促进等健康服务。

特别是全民大健康上升为国家战略，这就给广大高原农村地区、民族地区带来了主动健康服务与康养旅游的新的重大机遇。高原环境，兴利除弊，因地制宜，我国高原民族地区发展从"外源动力"到"内源动力"，奥运科技和低氧运动科学推动下的乡村振兴战略落实，一定会促进高原特色生态体育高质量发展。可以尽快开始高原低氧环境做健康促进的研究、产业与服务，在高原农村地区设计和开展低氧促进主动健康的康养旅游试点项目：自然低氧促进主动健康，让非高原的人获得健康变得休闲、自然和简单。低氧与运动健康科技作为第一生产力，吸引高原农村人口培训就业，减少过度放牧生态破坏，建设生态体育与低氧健康促进园，为高原训练与健康的研究和服务、为主动健康提供科技服务。科技带动劳动就业的同时，经济发展，生态保护共同推动实现健康产业，用运动科学新科技创造新业态，同时满足民生需求与生态需求，才能获得新的高质量发展。

在广大高原农村地区，运用生态体育理论和运动科学方法是同时响应了青山绿水的"生态保护"和"健康中国2030"两个国家战略，充分结合天然生态环境——以2000米至4000米高原的低氧特殊环境为干预前提条件，结合国内外最新低氧与健康研究成果，奥运会备战科技体转民，积极设计开展低氧促进健康的科学康复新疗养，以人们的慢病康复与体重控制管理为重点服务内容，以国家级专家医师、体能教练和运动科学专家为核心团队，探索精准康养旅游的规划和试点落地操作，突出低氧主动促进健康的特色，协同建设发展。

总之，随着现代社会的发展，以人为本的乡村振兴中有奥运会前沿运动科学团队的参与，可能会在乡村发展创新探索中看到不一样的农村产业和绿色崛起。

陆　波：感谢您作为体育科研专家加入乡村发展基金会，您对我们有什么期待和建议？

吴　昊：我认为，中国全面发展的关键问题依旧是农村问题，更是农民的人本的健康发展问题。全民健康是健康中国战略的根本目的，要使全体乡村人口享有所需要的、有质量的、可负担的预防、治疗、康复、健康促进等健康服务。"体育强，中国强"，用我们体育科技的第一生产力聚焦乡村发展和农村振兴的主题，体育从来不是都市的专属，所有现代体育科技与文化，运动促进健康也融入农村发展，这可能是减少城乡差别，经济繁荣与生态保护一体化的内在需要。乡村基金会跨界的智慧一起聚焦乡村振兴，只会做得更多，更好，更深刻！

"我认为，中国发展的关键问题必然包括农村问题，更包括农民的健康发展问题。所有现代体育与文化，运动促进健康也都是农村发展，消除城乡差别，经济繁荣与生态保护一体化所需要的。"

2020年9月19日发表于乡村发展基金会微信公众号

郭广昌：做好扶贫的关键是秉持创业初心

导　语：本期访谈的嘉宾是复星国际董事长、乡村发展基金会联合创始人郭广昌先生。他主修哲学，却投身商海；他酷爱太极，却雷厉风行；他关注社会公益，带领复星致力于健康扶贫。疫情期间，他领导复星迅速响应、主动作为，做出了积极贡献。他又将目光投向乡村振兴……

陆　波：您认为，改革开放以来，中国有四次机遇，复星创立 29 年来最大的成功就是抓住了机遇。您怎样看待乡村振兴这个重大机遇？

郭广昌：中国改革开放 40 年，因为计划经济体制的打破，因为众多社会领域的放开，才让企业家有机会在某一个或几个领域有所成，这是时代给予的机遇。但是，我们每个人面临的挑战是，当机遇来到面前的时候，往往难以意识到这是机遇。复星从 1992 年开始创业，是抓住了一些机遇，但也有很多时候并没有意识到机遇就在眼前。这一次中央宣布全面脱贫，中国开始乡村振兴，对企业家来说当然又是一次机遇。在这个机遇中，复星到底能做什么？这依然是一个需要我们面对、探索与挑战的课题。我们会认真对待，认真思考，认真答题。

陆　波：2020 年新冠疫情肆虐，对全球经济社会发展造成巨大影响。您领导复星，在全球采购、航空运输、生产供应、物资保障等方面积极主动作为，全力支援抗疫一线。您多次提到复星在这次疫情中学到很多，可否分享一些这方面的内容？

郭广昌：通过 2020 年的抗疫，我相信大家都能看到，来自中国的全球化企业，不仅仅对中国弥足珍贵，对世界也弥足珍贵。为什么复星在这次抗疫过程中，不仅能迅速调集国外物资支援中国，如把瑞典的呼吸机调到中国，还能够迅速调集中国物资支援全球，通过中外合作，快速开发中德合作疫苗？这些都是基于复星的全球化能力。未来，我们仍会坚持不懈地深化复星的全球化能力，围绕"全球＋中国"双轮驱动的发展战略推进各个产业的进一步落地。

除此以外，我们也在总结为什么复星能够在这次抗疫过程中做出一些成绩？我觉得有这样三件事情或者说三种能力是比较重要的：专业能力、资源能力和组织能力。就是这三种能力，使我们能够迅速调动全球资源，把最急需的红区防护物资在第一时间送到一线的医护人员身边。其实这三种能力也是做企业所必需的。做公益的时候，商业的逻辑也是必不可少的。

复星能够有这么迅速的行动，离不开我们的全球合伙人和全球各地的同学们。我非常感谢他们的付出，也为他们感到自豪。同时我也深深地体会到习近平总书记所说的："这是一个'人类命运共同体'的时代。"复星的全球同学们也会继续凝聚全球的力量和智慧，为全人类的命运而共同奋斗。

陆　波：复星基金会 2017 年就启动了乡村医生健康扶贫项目，致力于解决乡村医生群体普遍面临的"进不去，用不了，留不住"的困境。最近，您又加入乡村发展基金会，支持教育扶贫和乡村振兴。您为什么特别关注这两个人群？您认为做好这两件事的关键是什么？

郭广昌：我来自浙江农村，对"村医"特别有感情，也深知村医的不易，我们小时候都得到过乡村医生的帮助。要解决中国基层医疗的问题，首先要解决的是老百姓看病的问题。乡村医生是农村医疗和公共卫生服务的关键力量。我希望通过乡村医生计划，让更多的乡村医生能更好地守护乡村里的那些老人和小孩。

关于教育扶贫。扶贫必扶智，治贫先治愚，百年大计，教育为本。做好这两件事情的关键，就是秉持创业的初心。大多数企业家创业，并不是盯着钱，而是希望用自己的力量改造和发展社会。复星在创业之初就确定了"修身、齐家、立业、助天下"的价值观，归根结底是为了"助天下"。怎么助天下？医疗和教育是两个根本，是社会公共服务最主要的两个领域。粗略来分，医疗为了身体完整，教育为了精神完整，而两者又密不可分。我们做乡村医生项目，除了老百姓的身体健康，也在支持农村教育发展。在乡村医生项目之前很多年，我们就在海南设立了面向贫困高中生的助学金项目，也在上海设立奖助金支持低收入家庭的孩子们。

"医疗和教育是两个根本，是社会公共服务最主要的两个领域。粗略来分，医疗为了身体完整，教育为了精神完整，而两者又密不可分。"

2021 年 3 月 13 日发表于乡村发展基金会微信公众号

潘江雪：将爱和梦想播撒到乡村孩子心中

导　语： 本期访谈的嘉宾是上海真爱梦想公益基金会理事长、乡村发展基金会联合创始人潘江雪女士。她曾是金融业高管，转而做全职公益人，一做就是十多年；为更好地做公益，她潜心学习非营利组织管理知识，将德鲁克理念奉为圭臬；她善于和政府合作，善于利用市场资源，进行规模化运营，将商界经营理念运用到公益事业中，对中国公益模式的开拓做出了贡献。值此国家全面推进乡村振兴之际，真爱梦想基金会迎来了新的机遇和挑战……

陆　波： 相对而言，乡村教育条件落后，乡村孩子如果完全在高考的指挥棒下跟城市孩子竞争，必将处于劣势。在您看来，什么样的教育模式，更有利于乡村孩子的成长和发挥他们独有的优势？

潘江雪： 大多数人都会有这样一个想法——只要有钱，贫困孩子就能进入校园，知识就能改变他们的命运。然而对于大多数农村孩子，高考这个指挥棒显然不够用，仅有学科教育造成的结果显而易见：离开校园之后的他们依旧迷茫地站在人生的十字路口，对这个世界的认知和视野依然狭隘、封闭，对自己的未来没有信心。

怎么办？我在2008年创立真爱梦想，尝试促进儿童素养教育在全中国的推行。通过系统化提供公益产品和服务，帮助无论是偏远乡村的孩子，还是城市农民工的孩子，都能基于自我意识的觉醒，探索更广阔的世界和更多的人生可能性。

13年来，我们已经将儿童素养课程送进中国4300多所乡村和城镇的学校，服务超过400万名师生。并且通过跨越行业边界的组织协同方式，链接社会资本、学校的老师和当地政府。拿出时间、资金甚至当地的教育政策，以确保"梦想中心——儿童素养教育"项目获得持续的改进，与地方教育生态共同发展。

真爱梦想只专注一件事：就是以梦想中心为载体，丰富和拓展义务教育阶段的素质教育。在这个过程中，真爱梦想打造了"三位一体"的教育公益服务体系。硬件上建设梦想中心，软件上提供梦想课程，服务上以五年为一个周期，培训梦想教师，发挥杠杆效应，推进区域合作，改善教育生态。

于是，在那遥远的地方，一度破败的校园里，出现一个神奇的地方：在那里，没有黑板，不要考试，小组合作，每个孩子都有同样的机会畅所欲言。他们的意见被充分尊重，平常严厉的老师摇身一变，成了他们做梦都想不到、温柔得像妈妈一样的梦想老师。这就是我们的梦想中心，贫乏中的丰富，困境中的绿洲，素养、创建、大胆的温床，爱的发射机。一句话，见证真爱与梦想的实验室。

如果说梦想中心和梦想课程着力解决孩子们爱学的问题，梦想教练计划（教师培训）、梦想盒子（线上交流社区平台）、持续五年的运营服务，就是帮助老师提升教育教学的专业能力，促进教书育人价值意义认同，解决"乐教"的问题。

2016年9月，中国学生发展核心素养发布。2018年10月，在全国教育大会上，习近平总书记明确指出，坚持中国特色社会主义教育发展道路，培育德智体美劳全面发展的社会主义建设者和接班人。我们这些年鼓呼的中国儿童"素养教育"，和总书记的要求高度吻合，就是让孩子们"上好学、学得好"，自信、从容、有尊严地成长，不管他来自城市还是乡村。

只有将爱和梦想的种子，播撒到孩子心中，让他们不断变得自信和快乐，不以山海为限，在精神、文化、想象、勇气上脱贫，孩子才能摆脱大山的桎梏，遥远而大美的远方才能真正切断贫困的代际传播，乡村振兴才能走在坚实的土地上。

陆　波：真爱梦想基金会的教育产品非常独特，有吸引力，与商业机构、地方政府教育部门深度合作的模式也非常独特和有效。请您谈谈，真爱梦想基金会是如何迅速扩大规模的？

潘江雪：真爱梦想从孤点式开拓，到集中连片式发展，靠的是机构透明度、团队的专业高效，以及跨界共治。什么叫跨界共治呢？我们邀请国家级教育专家持续设计与更新课程，说服捐赠人捐出资金和资源，带动当地政府出资采购，支持梦想中心连片发展，一个县一个区地推动区域覆盖。我们的服务还包括培训一线教师，请他们中的佼佼者加入梦想课程的创造与升级。

2012 年开始，基金会尝试与"梦想中心"所在地政府合作，由教育局和真爱梦想 1∶1 配资，兴办"梦想中心"教室。政府参与进来，就会对学校问责，校方的重视程度不言而喻。事实证明，这样的合作模式很有保障，合作地区的开课率基本达到了百分之百。

这个被称为 PPPS（政府、企业、社会合力服务学校）的跨界赋能模式，2013 年开始在山西省运城市盐湖区得到深入。真爱梦想和盐湖区出资近千万元，用 4 年时间，把梦想中心建设到这个区所有符合条件的中小学，并给老师提供了培训。经过 7 年探索，在与数百个区县开展配资共建、PPPS 模式日臻成熟的基础上，真爱梦想将合作的视野从一个个区县扩大到一个省。2020 年 6 月 23 日，江西省教育厅与真爱梦想签订战略合作协议，计划用 4 年时间，分别投入资金 1 亿元，在江西全省兴建梦想中心 1000间。同时在基础教育、师资培训、教研教学方面展开合作，并拓展体美卫领域的教育尝试。目前这个计划进展良好。

现在，越来越多的地方教育部门主动与真爱梦想合作，积极配资共建梦想中心。在中国的城市和乡村，越来越多的社区和枢纽型基金会也在和真爱梦想合作，共建社区版梦想中心。所以我想我们还在发展的早期，未来的规模化之路还很长。

陆　波：真爱梦想基金会培养乡村的孩子，乡村发展基金会通过乡村发展研究院培养大学生和青年创业者。您觉得二者之间有何联系，有什么合作的可能性？

潘江雪：过去 13 年，真爱梦想将传统扶贫帮困的慈善模式，变成使命为先、公开透明、专业高效、跨界赋能的专业公益，赢得了社会尊重，并连续多年蝉联"中国最透明慈善基金会榜"榜首。凭借公开、透明、专业、高效，带动了中国公益行业健康发展、交流合作。

说到使命为先，在创立之初，创始团队就确立了"发展素养教育，促进教育均衡，帮助中国孩子自信、从容、有尊严地成长"的使命。我们以国家和民族的需要为准严格要求自己，立足长远，不断学习，积极行动。我想这种精神可以供大学生和青年创业者借鉴。

伙伴们应该看出来了，真爱梦想并非传统意义上的扶贫帮困式公益组织，而是坚持用企业家精神和商业标准，寻求理性有效的社会问题解决方案，为教育公益事业注入信任的血液，奠定了可持续的基础。帮助国家，以标准化、高效率的服务将资源配置到扶贫战略最需要的地方。

公信力是社会组织的力量源泉。参照上市公司信息披露模式，真爱梦想每年都举行年报发布会，全面披露资金募集、行政费用、项目数据、资产构成、审计报告等全部信息。爱心无价，但爱心需要成本，建立严格的财务预算管理制度是提高公益服务效果的重要保障，也是建立和巩固社会公信力的根本出路。很多捐赠机构选择真爱梦想，正是因为看重我们的信息透明和专业高效。

后精准扶贫时代，国家重心转向乡村振兴。真爱梦想将携手年轻的伙伴们，继续沿着民族复兴的伟大征途，继续建设我们赋能教育的公益连锁店。欢迎有志青年加入真爱梦想，也欢迎像乡村发展基金会这样的公益团队与真爱梦想合作，共创善意中国的光辉未来。

"只有将爱和梦想的种子，播撒到孩子心中，让他们不断变得自信和快乐，不以山海为限，在精神、文化、想象、勇气上脱贫，孩子才能摆脱大山的桎梏，遥远而大美的远方才能真正切断贫困的代际传播，乡村振兴才能走在坚实的土地上。"

2021 年 3 月 31 日发表于乡村发展基金会微信公众号

丁文锋：乡村要振兴　人才是关键

导　语：本期访谈的嘉宾是中央党校（国家行政学院）教授、中国西部人才开发基金会理事长、乡村发展基金会联合创始人丁文锋先生。他曾任教、从政，后回归学术界，且热心公益。他既有深厚的经济理论功底，又有丰富的农业经济管理经验。因为乡村振兴，因为人才培养，我们找到了共同的话题……

陆　波：作为一名学者型的领导，您一贯注重治理效能。在您看来，如何通过提升治理效能，实现乡村振兴？

丁文锋：乡村振兴的实质是乡村发展、乡村的现代化，要实现这个目标，正像习近平总书记在 2018 年的一个批示中所强调的，乡村振兴要遵循乡村发展的规律。这个规律可以理解为乡村的发展和现代化的过程，实际上是乡村的生产力和生产关系、经济基础和上层建筑、传统和现代互动的过程。在此过程中，治理问题攸关重要。同时整个乡村的发展、乡村的现代化又对治理提出了更高的要求。

所谓治理，是一种多元主体协商共治的模式，这与传统的乡村管理中那种管理者和被管理者划分得比较清楚的模式是不同的。按照现代治理的理念，还原到我们中国本土中，治理就是在党的领导下，实现多元主体的协商共治。乡村的发展就要向这个方向去发展。

　　当前要实现乡村治理效能提升，需要乡村组织的振兴，建立良好的组织体系。在加强党的领导、党建引领的前提下，社会各方积极参与，特别是调动农户和企业的主体积极性，来实现乡村的五大振兴。进一步看，在乡村的五大振兴中、在乡村治理效能提升的根本动力方面，人才振兴最为关键。

　　陆　波：祝贺您新任西部人才开发基金会理事长！贵基金会致力于为西部大开发和乡村振兴提供人才和智力支持。您觉得，怎样才能实现乡村的人才振兴？

　　丁文锋：中国西部人才开发基金会成立于 2006 年，已有 15 个年头了。15 年来在全国各地特别是东部爱心企业——包括国有企业、民营企业的捐赠和支持下，把募集到的资金主要用于西部地区的人才培养，用今天的话也可以说是用到了乡村人才振兴的领域。基金会的公开透明度指数一直走在全国前列，今年连续第 9 年排在第一位。从留守儿童，到教师培养，再到大学生就业，做了不少公益项目，获得了多项中国慈善大奖。现在，基金会已经把服务西部大开发战略和乡村振兴战略写入章程，把活动范围从西部扩大到全国与乡村振兴相关的项目中去，主要聚焦乡村的人才振兴。

　　乡村振兴的过程也就是现代化的过程。现代化首先是人的现代化，关键是人的现代化，因此要紧紧抓住人才振兴这个关键去促进乡村振兴和整个农业农村的现代化。目前来讲，我们认为乡村人才振兴要实现错位发展。以中国西部人才开发基金会为例，我们把工作重点放在治理人才的培训和能力提升方面，包括乡镇长、村长、村党支部书记、企业人才、大农业产业的科技人才、数字经济人才、农村急需的教育医疗卫生人才等各方面的治理人才。为此，我们立足于整个国家的"东""西"交流、"东""西"协作、共同富裕，在全国范围内募集资金，建立乡村人才振兴的专项基金，助力国家乡村振兴和国家现代化。

　　陆　波：乡村发展基金会和西部人才开发基金会不约而同地聚焦乡村的人才振兴。在您看来，两家基金会有什么合作契机？

丁文锋：乡村发展基金会成立以来做了很多有利于乡村振兴、乡村发展的公益项目。特别是在延安大学成立研究院，直接为西部、为乡村振兴培养人才，这是应当充分肯定的。下一步，两个基金会应当密切合作，加强交流和沟通，通过在人才培训和振兴方面的合作带动全面的合作。

在人才培训方面，中国西部人才开发基金会是国字号的公募基金会，可以选择一些好的公募产品，通过不同形式向海内外募集资金，共同选定、参与、合作一些好的项目，用于乡村振兴、乡村发展特别是中西部地区的乡村发展。

总之，我作为一个出生和成长在西部的农家子弟，志愿奉献公益慈善事业，愿与大家一道，为西部大开发和乡村振兴做出不懈的努力，为国家现代化事业贡献毕生微薄之力！

同时，资金的募集和有效利用也是非常重要的。我认为可以借鉴一些成熟的慈善组织的方式，比如，联合媒体和知名人士举办慈善晚会或论坛等。一方面让更多的人了解我们、加入我们；另一方面也能借助他们扩大基金会、研究院的影响。此外也可以发动我们的联合创始人资源，通过丰富的形式，让基金会深入乡村，从点到面地扩大基金会的辐射地域和人数。总的来说，就是既要从基金会的长期目标角度进行纵向发展，也要扩大基金会的区域和传播方式，进行横向的扩张。

"乡村振兴的过程也就是现代化的过程。现代化首先是人的现代化、关键是人的现代化，因此要紧紧抓住人才振兴这个关键去促进乡村振兴和整个农业农村的现代化。"

2021 年 5 月 29 日发表于乡村发展基金会微信公众号

卢　迈：缩小城乡差距要从关注乡村儿童做起

导　语：本期访谈的嘉宾是中国发展研究基金会原副理事长、乡村发展基金会联合创始人卢迈先生。青年时期，他在杜润生门下研究农村发展，曾参与探索农村改革试验区。过去 20 多年，他带领中国发展研究基金会承办中国发展高层论坛，与世界对话，谋共同发展。前一刻，他还和某位世界 500 强跨国企业的一把手谈笑风生；后一刻，他已经奔赴边远山区，帮助那里身处困境的儿童。乡村孩子，永远是卢迈先生心中的牵挂……

陆　波：您是中国发展研究基金会原副理事长，对中国社会发展的问题非常关注，也做出了很多贡献。中国发展的过程中，有许许多多需要关注的方面，也有很多需要关注的人群。为什么中国发展研究基金会特别关注孩子，尤其是乡村的孩子？

卢　迈：谢谢。基金会（本文中所说基金会均为"中国发展研究基金会"）关注农村儿童，是从关注公平的人类发展这个主题开始的。2005 年，我们在《中国人类发展报告 2005：追求公平的人类发展》报告的调研过程中发现中国要实现社会公平就应该重视能力培养，要重视教育，同时要重视儿童的营养健康。

在理论研究之外，我们发起了一个包含了四个子项目的社会政策创新项目，其中包括当时贫困地区儿童营养改善计划。

在针对脱贫地区儿童营养改善计划的调研中，基金会调查组到农村寄宿制学校走访，发现学生食堂存在不少问题。于是从 2007 年开始，基金会设立为期 5 年的学生营养健康试点，对 2000 个孩子的午餐、500 个孩子的衣物实施补助，针对两个组别进行对照研究。

这是基金会第一次引入对照实验的办法来做政策研究。在此过程中，基金会积累了大量经验，比如，如何筹集资金，如何拟订计划，如何和地方政府合作，如何与学者、国际组织合作，如何做好研究报告，等等。

试点取得了成功，引发媒体关注，央视也对项目进行了报道。2011 年，中央出台"农村义务教育学生营养改善计划"。多年来，在中央财政拨款的支持下，4000 多万孩子从中受益。

"营养改善计划"正式成为国家政策后，从 2015 年开始，受教育部全国营养办委托，基金会建立"阳光校餐"数据监测平台，评估营养改善计划实施情况。我们认为，作为一个非营利组织，要通过进行社会创新、动员自身力量、利用信息化手段，通过企业、社会的支持，来完善政府政策、助力公益项目落地执行。

我国城市和乡村之间存在巨大差别。城市人均收入和乡村人均收入倍差是两到三倍，由此带来的影响表现在城乡发展的方方面面，要想解决很不容易。

我们认为，关键还是要投资于人，投资于儿童的营养健康、教育。营养健康、教育两方面的工作做好，儿童人力资本水平提升，有助于提高整个国家的人力资本水平，更好地实现共同富裕的目标。

2006 年走访调研，2007 年启动试点，2011 年成为国家政策，营养改善计划至今走过 10 个年头。2017 年的评估显示，学生的成长情况，尤其是贫困地区学生生长迟缓的状况明显得到改善。

2021 年，"农村义务教育学生营养改善计划"实施 10 周年之际，教育部财务司会同基金会联合开展了政策实施效果的调查评估工作。基金会在原 832 个国家级贫困县通过问卷调查、数据收集、实地考察等方式获取了第一手材料，深入研究分析形成了《农村义务教育学生营养改善计划评估报告（2021）》，相关政策建议报送中央后得到采纳。自 2021 年秋季学期起，营养改善计划膳食补助标准由每生每天 4 元提高至 5 元。

基金会关注的另一方面是贫困地区儿童的学前教育。实际上，我国学前教育的普及率早已超过 85%，但我总在思考：乡村的，尤其脱贫地区、少数民族地区的怎么办？我们做了统计，乡镇幼儿园的学生数超过乡镇居住的儿童数，也就是说，很多村里的孩子在乡镇上幼儿园。

不是所有的乡村家庭都有钱去乡镇上学，不是所有的乡村家庭都能有人接送孩子，我们不能忘了最需要关怀的底层孩子。

基层，尤其村一级需要更多关注。基金会重点关注在村儿童，因为这些孩子还很小，去乡镇上幼儿园既不方便也存在安全隐患。因此，我们发起"一村一园：山村幼儿园计划"，通过在村里办幼儿园，减少家长送孩子的时间和路途上的风险。此外，我们发现一个现象：在村幼儿园里，不管是家长还是老师、学生，都对身体或智力不健全的孩子没有排斥。

基金会在全国 30 个县进行了项目试点，当地政府也相应地增加了教育投入。比如，毕节市的七星关区，建山村幼儿园近 300 所，给教师——或者称幼教志愿者月工资 3000 元以上并缴纳三险，累计每年为学前教育投入 4000 万元财政经费。这是我们非常乐意看到的情况。在新疆，我们看到自治区政府在南疆普及学前教育做出的巨大努力和明显成效，其他地方也应该下这样的决心，做这样的努力。

在推进项目的同时，基金会也发现了一些值得关注的社会现象，引发了我们的思考，并进一步通过实践解决。作为一个研究型非营利性组织，能够推动社会进步、推动社会变革，我们觉得非常有意义。

直到现在，学前教育普及率仍然亟待提升。要解决这个问题，需要多方努力。我们也希望乡村发展基金会、王石主席及 100 位联合创始人，为此多加呼吁、奔走。

陆　波：您在公益界为人所知，是因为您长期关注民生，特别关注儿童乡村儿童的教育问题、营养问题；您在商界也为人所知，是因为中国发展高层论坛，您曾担任论坛秘书长。您觉得有哪些国际上的乡村发展的经验可以供我国借鉴，可以使我国更好地推进乡村振兴？

卢 迈：1986 年，我参加中国经济体制改革研究所组织的对匈牙利和南斯拉夫的考察。看到在城市建设方面，我们和南斯拉夫有差距，但差距没那么大，差距最大的还是在乡村。南斯拉夫乡村农业机械化率很高，而我国当时的农业生产机械化率还很低。解决城乡差别问题，各国有个一般规律——先把农村人口减下来，然后提高农民收入，改善农村生产生活条件。

当前，解决城乡差别问题，国家主要抓两方面。

第一，抓城市化，城市要更加开放。目前的开放还有很多需要改进的地方，配套政策还跟不上。比如，在大城市农村务工人员仍存在学区内无住房、孩子上学成问题的现象，这在一定程度上阻碍了农村人进入大城市。这样的制度障碍还有不少，所以要像改善营商环境一样，改善农村务工人员在城市中的生存环境，提升针对他们的公共服务水平。

第二，抓乡村振兴。把乡村建设好，让农民安居乐业，让想回乡村创业的年轻人能找到施展的空间。我们已经看到了很多积极的变化，民政方面的进步尤其快。以养老为例，在青海乐都，65 岁以上的老人每周可以聚一次，一起吃饭、交流、分享。社工每月会进行一次上门服务，帮老人做理发之类的事情。有了这个开始，未来，养老服务会越来越好。

此外，解决城乡差别还要从孩子做起。帮助乡村儿童成长，让他们有上高职、上大学的机会；让他们能够加入劳动力市场，有工作、有收入；如果要回乡创业，也能在学校学到一技之长。

陆 波：基金会项目《老百姓的中国梦》在哈佛大学肯尼迪政府学院举行了发布会，取得了很好的效果。您以及您所在的基金会在发出中国声音、讲好中国故事方面，有非常好的尝试，也取得了不俗的成绩。对于乡村发展基金会以及更多新成立的、在基层做事的基金会，应该怎样在国际舞台讲好我们的故事？关于讲好中国故事，您有什么建议？

卢 迈：谢谢关注《老百姓的中国梦》这本书和这个课题。基金会设立这个课题，就是为了向世界宣传中国所取得的进步，传递中国老百姓的想法，促进与美国以及其他国家的沟通。

总书记在 2012 年提出"中国梦",中国梦有两方面:一个是民族复兴;一个是人民幸福。如果单从民族复兴、国家富强的角度讲中国梦,一些国家会有危机感;但如果讲的是老百姓的中国梦,就相对容易被接受。其实,老百姓的中国梦和民族复兴、国家富强的中国梦是一致的。

我们做这个课题本着实事求是的精神。首先,我们和零点有数公司一起做了一个调查,了解民众消费和需求的变化;同时我们随机选择了 100 位来自不同的年代、有着不同的教育水平的中国人进行案例调查,并从中选出 41 个结集成书。我们相信普通中国人的经历能够从一个侧面生动反映整个社会、整个国家发生的变化。

其中有一个案例:一位老人和孙子生活在城市,孙子上学,他捡破烂供孙子读书。等孙子长大结婚时,他决定自己回老家,不久后被发现自杀了,人们推测他是为了不拖累孙子。这不是个例——很悲惨,也很难接受。把这事写进书里并不是抹黑中国,而是讲述一个实实在在的中国。中国有一些悲惨案例,但更多人的生活状态像另外一个案例:一位老人每月能领 400 元的养老金,家里养着猪,田里还有粮食收成,他身体康健,家庭和满,幸福感很强。

中国还处在发展阶段,政治、经济、社会、文化等方面都还有很多不足需要解决,我们需要给世界展现一个真实的中国。所以,公益组织要对外讲好中国故事,我有这样几点建议:

第一,聚焦公益慈善。这是我们和外方能够找到共鸣的地方,无论对方信仰什么宗教、持什么政治观点,在公益、慈善方面总是共通的。

第二,实事求是,既讲进步也讲问题,相互借鉴。社会是由人组成的,人的本性基本相通。毕竟,发达国家在很多领域都早走一步,我们遇到的一些社会问题,可能他们也遇到过、解决过。借鉴对方的成功经验,与我国实情相结合,也许能更好地找出解决方法。

第三,要把握好"怎么讲"的度。不要抹黑,说中国什么都不行,但是也不要一味地说我们一切都很好。不需要取悦于别人,也不能骄傲自满,要不卑不亢。

发布会最让我印象深刻的是,很多国际朋友都来参会,包括诺奖获得者菲尔普斯等人。他们为什么会花时间参加一本书的发布会？因为他们缺少中国的信息，缺少了解中国的途径，希望通过看这本书，听一听评论，掌握中国的情况。

基金会出版这本书只是讲好中国故事很小的一个部分，我们还需要更多的人和机构参与进来，需要从国家层面继续努力。

国际上抹黑中国的声音不少，这给我们造成了恶劣的国际影响，也消耗了相当多的外交资源、经济资源。调查显示，世界民众对中国的好感有所下降，2021 年美国人对华好感比例是 22%。拿美国来说，美国 3 亿人，22% 就是五六千万人，我们需要把与这部分人的沟通做好。

所以，我建议公益组织们多讲故事，争取让对中国已有好感的人成为我们的支持者。通过讲述真实的中国，把好感率扩大。美国对中国好感率最高的时候是 40% 多，下一步应该把那部分人也争取回来。用中国故事，树立中国形象，助力中国与世界沟通交流，实现人民幸福、民族复兴、国家富强的中国梦。

> "我们认为，关键还是要投资于人，投资于儿童的营养健康、教育。营养健康、教育两方面的工作做好，儿童人力资本水平提升，有助于提高整个国家的人力资本水平，更好地实现共同富裕的目标。"

2021 年 8 月 21 日发表于乡村发展基金会微信公众号，2022 年 8 月 17 日修改

冯 仑：在地化草根创业是乡村发展的重要领域

导　语：本期访谈的嘉宾是御风集团董事长、万通集团创始人、乡村发展基金会创始人冯仑先生。作为学者，他是法学博士、畅销书作家；作为国家干部，他曾任职中央党校、中宣部、国家体改委、海南省改革发展研究所；作为企业家，他创建万通集团、参与创建民生银行；作为公益先行者，他先后参与发起了二十多家基金会，从故宫文物保护到阿拉善沙漠治理、从儿童先天性心脏病到环境与社会可持续发展，倾注了大量的心力。如今，他又把目光投向乡村的草根创业者……

陆　波：您参与的公益机构很多，关注的社会问题也很多，为何对乡村振兴产生兴趣？参与创建乡村发展基金会，您的初心是什么？

冯　仑：三年前，我和王石一起做阿拉善环保生态公益项目。在这个过程中，相关项目的推进引发我们对乡村发展的关注。

因为要做生态保育，以及节能炉灶、苹果等产业扶贫项目，我跟王石去了几趟延安。

在调研和走访的过程中，我们发现：乡村的生态问题，如果单纯地以生态项目来推进，是孤立的，而且是不彻底、不完全的。应该以乡村经济的发展和收入的全面提高为基础，文明程度提高以后，在乡村发展的过程中解决生态问题。

举例来说，一个地方，如果经济都没有充分发展，就去给农民讲秸秆不能焚烧，要环保，要利用新的能源系统，如用太阳能、风能取代煤炭和秸秆，农民往往是很难接受的。即使接受，也难以持续。事实上，在我们推进项目时，很多农民是接受我们的理念和倡导的，但是我们离开后，因为缺少了外在因素，他们又回到原来的状态。这是王石他们在甘泉、黄陵的实践。

三年多以前，我在陕西渭南的一个村子里做扶贫项目，在一个农民家里住了四五天。在这期间，我经常跟当地的村民进行交流。经过交流发现，在农村最核心的问题还是经济发展，经济发展最核心的还是人才。

比如说，我住的那一户村民，女主人是残疾人，需要靠轮椅行动。但正是这样一个缺陷，给了她一个机会——她能够天天在家里待着，通过网络了解外界，通过网络增长眼界和见识，她成为村里的网络能人。然后她接触到了电商，学习了如何通过网络做生意。现在，通过网络，她的日子过得一点儿不比别人差，小孩在县城上学，城里也有房子。所以，我们看，通过一些方式，发掘了她的能力，不仅能够解决她的经济问题，还帮助周围人发展，带动了周边的经济，这是令人欣喜的。

在这个村子，我还接触到几个务工、当兵回来的年轻人。相对而言，他们更富有开拓精神和进取精神。为什么这么说？第一，同样是农民，他们更愿意种植蔬菜等有高经济价值的作物，比如种小番茄；第二，传统的农民思想相对保守，而他们有需求，也愿意贷款，有承担风险的心理预期；第三，他们主动参加农业技术培训，学习科学的专业技能和农业知识。正是这样，他们在经济上取得了不小的成绩，而且也带动了村里的年轻人，促进了整个村子的发展。

之后，有一次跟王石讨论乡村如何可持续发展时，我就跟他讲了这两个故事。我们一致认为，乡村要实现可持续发展，就要去激发和提供条件来培训像他们一样的乡村创业者和致富带头人。怎么做呢？我们决定和延安大学合作，创办一个学院——延安大学乡村发展研究院。依托这个学院，打造人才培养基地，持续提供智力资源。进而我们想到，学院的创建、运营和持续发展，都必须有经济上的可持续的支持。于是，我们想到一个方法，创设乡村发展基金会，这就是基金会的缘起和背景。

要说我们的初心，那就是：通过乡村发展基金会的支持，持续地为乡村发展提供智力资源，提供培训基地，提供政策建议。同时，为乡村致富带头人、乡村创业者提供更好的机会和更有力的支持。而这些，我们都想通过延安大学乡村发展研究院去做。

在创建基金会的过程当中，王石提出一个想法：找 50 位企业家，提供他们各自企业的资源，把少数人的力量变成多数人的力量；再找 50 位知名人士，所谓知名人士，是指有技能、有知识、有影响力的人。50 位企业家和 50 位社会名人、能人，结合在一起，就是 100 个人的力量汇聚起来，然后，就能使我们最初的想法得到更广泛的响应和更有力的推动。

所以乡村发展基金会和别的基金会最大的不同在于：它是王石、我和海闻三个人发起成立的，但是，基金会的发展和壮大，就是把 100 个人的力量汇聚起来，结合周边企业、所在地的资源，一起参与，一起推动。用这样一股大的力量来持续地推动乡村发展，助力乡村振兴。

乡村发展基金会团结 100 位联合创始人的力量，主要提供两个支持。第一，智力。所谓智力，包含观念、文化、政策建议、体制方法等智力资源输出的产品和方法。第二，人才培养，培养乡村致富带头人、乡村创业者、乡村管理人才和延安大学乡村发展学院招收的硕士生、博士生以及基层干部。

持续推动人才培养和人才建设，是基金会最重要的一个工作方向，也是基金会的发展重点，同时，契合我们的初心。

陆　波：您说过，创业是一种特别的人生。在乡村振兴的大背景下，对于在乡村创业的年轻人，您有什么建议？

冯　仑：其实，对于乡村的创业者，我直接接触的并不是很多，刚才讲的，是我的一些观察和了解。我想从两方面来谈这个问题：一方面，是乡村本地人的创业。这类创业更多的是解决当下的生计发展和当地资源的有效使用。比如，我待的那个村，村民大都做挂面，别的村子有的种核桃，有的种石榴。乡村本土的创业者，更多的是要利用好本村的优势资源，解决基本的经济发展，提高收入，然后带动村民致富。所以，这类创业规模可以不大，但要良性运营。之后，可以利用电商及其基础设施，包括物流、冷链、支付等，逐渐扩大规模。拿单一产品的电商来说，比如苹果，我了解到，延安的苹果，通过电商得以发展成为品牌。户太八号葡萄，也是通过电商扩大规模的。这是一类创业者。

另一方面，我接触到的绝大多数的乡村创业者，他们大部分从事的是现代农业。即用工业化的方法，用大规模的投资，来带动现代农业的发展。比如新希望，它是产业化农业，饲料、养殖、深加工等形成一个产业链，这又是一类。

这两类在乡村发展的创业人群，后一类和其他的创业人群，应该说没什么两样。不管是 VC 也好、PE 也好，还是并购，都有相似性，都要遵循产业发展的基本路径和方法。

我现在更关注的不是后一类创业者，而是前者——在乡下的，我们称为草根创业的这类人群。他们围绕着本地的、有限的资源，利用现代的、科技的和互联网的手段，来进行在地化的创新创业。在地化的创业，需要更好地运用本地资源，包括自然资源、人力资源以及乡土优势，提升本地产品的价值。

比如说，我前一段时间去过江苏句容的一个"豆腐村"。这个"豆腐村"是谭木匠带领村民发展起来的。豆腐本来就是当地的传统产品，谭木匠带领村民，提升豆腐的品质，倡导环保的理念，重视生产和销售，将豆腐打造成品牌，远销上海、南京。这样，不仅增加了自己的收入，也反哺当地的村民。村民富裕之后，再开展种植、养殖，发展农业旅游观光等产业。谭木匠花了十几年时间，就依托于一个豆腐，使整个一个镇——茅山镇发生了巨大的改变，经济发展，人民安居乐业。

这就是特别典型的、利用本地资源的在地化创业，成为致富带头人。然后通过本地资源的发掘，发展相应的特色产业，带动本地经济发展，使村民得以受惠，而且可持续。我更希望支持这一类的创业者。乡村发展基金会，未来也要对这样的创业者给予更多的支持和帮助，也应该培训和发掘这样的人才。

在乡村，这一类的创业者，创业规模未必大，创业人数肯定多。要培养他们把本地资源善加利用，合理提升，快速见效，使本村本镇本乡的经济大幅度改观。在这方面，我特别希望能够贡献自己的一份力量。所以，前一段时间，我不仅参加了茅山论坛，而且为他们引入一些资源，包括民宿、乡村旅游、餐饮街等，希望进一步推动茅山镇的发展。在我看来，在乡村发展当中，在地化的草根创业是一个非常重要的领域。

在地化的草根创业机会非常多，市场也非常大。这就需要乡村发展基金会和延安大学乡村发展研究院，在人才的发掘和培训上，扩大关注视野，给予这样的创业者更多的机会，投入更大的力量。

陆　波：您一向重视和强调价值观的作用。您觉得，乡村振兴所需的人才需要树立怎样的价值观？乡村发展基金会应该如何加以引导？

冯　仑：创业能否坚持，能否持续取得成效，除了很多具体的技术产品，还有公司管理的方法以外，价值观非常重要。这个价值观主要体现在这几方面。首先，我们要知道什么是价值观。价值观，说来道去，其实就是处理问题的方法。企业创新创业，使命是做事的理由，阐释为什么要做这个事，愿景就是想做成什么样。那么，价值观就是怎么去做。因此，我认为创业者的价值观就是要回答这样一个问题——创业该如何去做。

我认为，在地化的草根创业的价值观有三个：第一，用科学的方法。就是要讲究科学，科学技术要摆在第一位。科学方法加上现代技术，是时代赋予我们的机会，帮助我们更容易把事情做对。比如，我刚才提到的茅山镇的豆腐。豆腐有很多做法，有土做法，也有运用科学技术的做法。

第二，要有公而忘私的初心。创业时，出发点不完全是自己要致富，还要想着帮助周围的人，解决他们的就业，提供生计安排，提升他们的生活水平，也就是我们常说的利他主义。"穷则独善其身，达则兼济天下。"其实，利他，最终会利己。你处处为别人着想，最后别人也会处处为你着想。在乡村能够持续创业、能够成功，这一点非常重要。就像豆腐村的参与者，十多年来，他们的个人生活都非常简朴，他们把所有的精力、人才、能力、资金都投入乡村发展当中，所以得到了当地政府的支持和村民的认可，此后的事情也进行得很顺利，这就是利他终利己的典型。

第三，可持续。包括环境的可持续、自然的可持续、人才的可持续、商业模式的可持续等，即要有长期发展的理念。举例来说，有一座山上的石头有不错的价值，要把它全部挖掘出来，就把山炸了，这是短期发展的理念。可持续的做法是在保存山体完整的同时，开发石头的价值。不是致富就完事了，要致富可持续。

运用科学技术，利他，同时可持续，这是我对于在地化的草根创业提倡和主张的价值观。

乡村发展基金会如何加以引导？我认为，关键要遵循一个原则：项目要产品化，产品要互联网化，这是非常重要的。所以，公益理念一定要变成公益产品，产品还能通过互联网来直接触达目标人群。我做公益这么多年，先后参与20多个公益组织，有些做得好，有些做得差一点儿。好和坏之间的差距就在于——在公益过程中，项目是否产品化，产品是否互联网化。所以，未来乡村发展基金会需要把每个项目变成产品。所谓产品就需要标准化，这个标准包含质量的标准和规模的标准，形成标准就有可能复制，可复制才可推广；产品还应该互联网化，能够通过互联网传播，能够触达目标人群，然后影响民众的公益思想，达到价值倡导的目的。而且，利用这些机会，可以使基金会的每一个项目都有更多的人参与，同时也能够带动更多相关领域的发展。我觉得，这是乡村发展基金会未来特别需要重视的地方。

陆　波：您对中国民营企业的生存发展有长期深入的研究。您认为，在当今时代，民营企业家应该如何通过公益慈善参与社会财富的第三次分配？

冯　仑：第一次分配属于劳动、土地和资本等要素的分配；第二次分配则是政府税收和收税以后转移支付及公共福利；而第三次分配就是公益慈善。

我们做企业的早期，也曾认为公司主要的成绩就在于大家一起抓住机会，做好项目、完成营销、获取利润。但在这个过程中，我们逐渐认识到：

光知道在月光下数钱叫暴发户，只有把这个钱和别人的关系搞清楚，然后关注社区、关注员工、关注环境……这个钱才叫作善款，企业才是叫好企业。最后在死的时候，才会被别人评价为一个好人。

我们当然希望做一个好企业。所谓好企业、好企业家，就是能够承担社会责任。而这个责任，用一句简单的话来说，就是"没事找事，把别人的事当自己的事，把自己的事不当事"。

做公益是善事、好事和正事。企业把自己养活后，就应该回报社会，开始做公益，就是积极参与第三次分配。要知道，真正的大智慧都是在做利他的事情，在利他的过程中才能实现建立自我，追求无我。

事实上，很多民营企业一直在做这件事。到目前为止，全国有超过8000家公益基金会。其中三分之二是由民营企业发起和成立的，每年捐款和募款超过1000亿元，解决或者逐步改善了很多政府没来得及管或者不该政府管的社会问题。

做公益是改革开放以来民营企业做得特别对的一个事。企业家把自己的精力、资源和能力贡献于公益，履行社会责任，这样才能够在做好第三次分配的同时，持续推动社会公平以及共同富裕。

我觉得，公益事业的终极目标就是形成社会的良善风气。有了这样的社会风气，加上所有人的共同努力，共同富裕这一美好的理想和目标，就一定能实现，社会就会变得越来越美好。

"在地化的草根创业机会非常多，市场也非常大。这就需要乡村发展基金会和延安大学乡村发展研究院，在人才的发掘和培训上，扩大关注视野，给予这样的创业者更多的机会，投入更大的力量。"

2021年11月5日发表于乡村发展基金会微信公众号，2022年1月17日修改

王　石：乡村振兴应该从教育入手

导　语： 本期访谈的嘉宾是万科创始人、董事会名誉主席、乡村发展基金会创始人王石先生。他是创业英雄，从零起步创建万科，打造成为世界五百强；他是运动健将，两次登顶珠峰，滑翔机、滑雪、赛艇、攀岩样样精通；他是公益达人，最多时曾在国内外 40 多家公益机构担任领导职务……近日，他代表中国企业积极参与了在格拉斯哥举行的联合国气候大会，又赴迪拜、新加坡考察。归国隔离期间，在线接受了本次专访。

陆　波： 2018 年年底，您发起并创建乡村发展基金会的初衷是什么？为什么要联合 100 名企业家、社会知名人士做这样一件事？

王　石： 我的父母都是从农村出来的，我虽然在城市长大，但也有在农村生活的经历，和农村是有天然情感联系的。后来看到了城市的壮大、农村的衰落，就想改变这种状况。

一般来讲，城市有相对较好的教育资源、公共服务。大家愿意去城市生活，但即使发达国家，也有少部分人住在农村，更不要说中国，还有大约 30% 的人在农村。从中国现状看，不但不会放弃，还要努力振兴农村。因此，我们发起成立基金会，初衷是通过参与扶贫工作，探索农村如何更好发展。

2017 年，我从万科退休，退休之前我就有个想法——怎么能在农村振兴领域做点儿事。我觉得更多应该从教育入手，要找一位教育家，就想到了海闻教授。海闻曾经担任万科的独立董事，我对他很了解，听说那年他要从北大汇丰商学院退休，借这个机会，我发出邀请，他就答应了。

又需要一个可以合作的学校，就想到了延安大学。为什么是延安大学？我们之前打过交道。20 年前我参与联合国一个扶贫项目——清洁炉灶项目，其中，有一个项目要落地延安的甘泉县石门镇南沟门村，当年延安大学就支持了我们。而且在当地推进项目，取得村民信任是大问题，很自然就想到延安大学。

在陕西成立基金会，我立马想到冯仑。他是陕西籍的知名企业家，而且，我们一起做 NGO、做慈善。我们 2000 年发起成立中城联盟，2004 年一起加入阿拉善 SEE 的创立，2010 年一起参与壹基金的工作。一路走来有 20 年了，有信任、有默契，这次还是一拍即合。

（续问：那您后来又怎么想到要去联合 100 名企业家、社会知名人士做这样一件事？你们三位还不够吗？）

做农村教育扶贫，是非常大的工程，三位当然不够！

我创立乡村发展基金会，是想在退休状态下，把能动用的资源都动员起来，参与乡村发展。但我个人之前参与、发起的 NGO 和农村有关的不多，资源是不够的，所以要发起百人团。

为什么叫百人团呢？"百人"不是指具体的人数，而是个统称，表示有很多志同道合的人，一起参与做好一件事的意思。他们中，有一半是我比较熟悉的，一半是我不熟悉的。

比如袁隆平先生，杂交水稻之父，我知道他，但他不一定知道我。2019 年，我专程前往长沙，邀请他担任荣誉主席，他很爽快就答应了，还是咱们一块去他家里发的证书。那天正好是他 90 岁生日，让我备受感动的是，袁先生不仅接受邀请，还要帮着介绍各个农业大学的学术带头人、院长，让我认识了一些有学术地位、有国际影响力但没打过交道的人。

再比如李小云老师，一听背景介绍，我就很佩服，也知道了李小云有个项目——河边村。当地交通非常不便，如果为了看一个项目，我一般是不会去的。基金会有很多项目，看都看不过来，但小云老师太重要了，为了讨好他、感动他（笑），我专门到西双版纳，去河边村，来回至少三天。我去了，看到了，感动了。他不是靠给钱扶贫，而是把村庄调动起来，参与到扶贫工作中。这么不容易的一件事，被他做成了。小云说在昆明还发展了几个乡村，虽然我相信他，但难免会想：会不会太多了？毕竟，河边村5年才形成规模，这么快就推开了？到之后一看，小云用的是四两拨千斤的方法，没有花太多钱，也不大兴土木，而是恰到好处地把各种资源调动起来。关键是，昆明政府非常支持，对小云投了信任票，这非常重要。我做农村扶贫项目20年，对此深有体会。

陆　波：在公益领域，您倡导和推动了很多项目，比如沙漠治理、文物保护、拒食鱼翅、垃圾分类，等等。现在，您把乡村发展作为公益的新方向，原因是什么？

王　石：原因有三。第一，我的父母都是农村人，父母的父母更是农村人，我的血脉和农村是相连的。每年我都会回到农村，亲近农村。第二，我们知道，中华人民共和国成立之初的重点是发展城市，农民省吃俭用交公粮，支持工业化、城市化。中国能有今天的成就，农村做出了巨大牺牲。现在，国家提出脱贫攻坚、乡村振兴，作为城里人、作为改革开放的受益者，我应该积极响应。

第三，受到褚时健先生的启发。他开始创业的时候，我去看他，这位曾经每年给国家创造几百亿税收的企业家，正在为一台水泵的价格讨价还价，就为了省20块钱。这种细致、执着、充满韧性的精神感动了我。面对逆境和低谷，他的精气神是足的，脊梁骨是直的。我见他时，他大谈特谈橙子结果后的场景。要知道，当时他已经74岁，橙子结果要6年之后，那时候他都80岁了，一般人想不了那么远，但他却对6年以后的事情充满信心。当时我就想，我要是退休了，怎么安排退休生活？看到褚先生在逆境当中，不但没有消沉，还能为社会做贡献，我下定决心：退休之后要二次创业，其中就包括乡村公益。

我退休之后，做的第一个农业相关的公益项目，是和新疆建设兵团合作，在戈壁滩开垦农田，这是一次让我重新审视农业现状的经历。要在戈壁滩发展农业，就需要解决水、种子等一系列问题。我花大量精力去了解以色列的滴灌技术，去寻找适宜在戈壁环境中生存的种子。最终结论是：到戈壁滩上种庄稼没有必要。因为当前中国存在不少抛荒地，需要先解决抛荒地的问题。

于是，我又改变公益方向，做联合国清洁炉灶项目。我是该项目在中国的推广人，到村里向村民讲清洁炉灶，我说："你们现在烧柴火，对生态环境不好。给你们推荐一种行之有效的炉灶，我们送，不用花钱。"费尽唇舌，村民还是非常抵触。后来了解才发现，村民知道我王石是做房地产的，他们很自然地想：你是不是打着清洁炉灶的幌子，要在这里开发房地产？这是公益行动面对的最大障碍——信任。如何取得信任？很简单，一心一意地做、坚持做。

后来，因为褚时健先生，我开始关注农村和农业。

我希望通过我的努力，让大家更了解农村。从我的人生经历看，始终和乡村保持联系，对我认识社会、认识城市、认识世界，非常有帮助。未来，城市资源还会向农村倾斜。如何倾斜？如何去做？不了解就可能成为空谈。

我曾经说过，我70岁之后要重点关注农业。而农业和生态是密不可分的，这就是我要做、要关心的。如果年轻人有兴趣，把时间和精力投入农业中，我非常愿意和他们一起奋斗。农村可持续发展，如果没有年轻人参与，是难以想象的。我希望能为年轻人提供更广阔的农村发展前景，解决他们的后顾之忧，让更多年轻人愿意在农村奋斗。

这就是我70岁以后将公益重心放在农村的原因。

陆　波：乡村发展基金会成立快三年了，为筹建延安大学乡村发展研究院募款、组建教育百人团、创立明日地平线教育品牌、开展嘉种计划社会创新实践……可谓有声有色。在您看来，乡村发展基金会这三年的收获与成就有哪些？未来的方向是什么？

王　石：收获是有了，成就还说不上。

刚开始，我们资助了一个项目（星能冠军助学项目）。经过深入了解认识到：虽然这个项目和乡村教育有关，但如果一直这样资助，我们的钱很快会花光，效果未必好。经过商议，我们决定：今后不再做具体项目资助，而是把钱用在教育扶贫，打造延安大学乡村发展研究院。

当时想的是两方面：一是带学生，先是硕士生、博士生，之后再是本科生，建立一个针对农村的学院；二是做短期的在职培训。为什么这么做？因为我们发现，农业大学、商学院都在培养面向农村的人才，但学生毕业之后，很多留在城里，回到农村的人很少。

我们希望培养扎根在农村、愿意留在农村的人。乡村发展，最缺的是人才。

乡村发展研究院是新成立的，由海闻教授做院长，一些研究项目已经开始。但是招生不是很顺利，又遇到疫情，这是意想不到的。我们就开展了一个利用百人团资源、线上的教育项目，把原来走进大学校园的演讲，变成线上公开课。从2020年2月份开始到现在，做成了一种比较固定的、连续的、线上的模式，不仅有公开面向广大网友的"明日地平线大讲堂"，还有专门面对大学本科生的"明日地平线通识课"。尤其是通识课，先是在延安大学开展，之后又推广到黄河科技学院。明日地平线这个项目，我还比较满意。

研究院也开始办一些短期的新农人培训，有效果，但还是不够。我们还是要尝试和国内其他高校合作，不局限于延安大学，也不局限于一个地域，要更多整合百人团的资源，寻找合适的高校进行推广。

应该说，从去年四季度开始，我们有了一些新的尝试，就是嘉种计划。因为受疫情的影响，嘉种计划第一期还没有完成。这个项目是我们和国家乡村振兴局、甘肃省渭源县委、县政府合作，通过秘书处的力量，以及各方面的配合，开展基层乡村振兴人才的培训。现在看来，这种摸索很有意义。

还有一个项目，是乡村发展研究院和陕西省委组织部联合举办的，针对选调生的培训。

在分工上，秘书处重点负责明日地平线和嘉种计划，乡村发展研究院重点负责选调生和新农人培训。目前，两条线同时推进，都进行得比较顺利。我们的目标也很明确：重点就集中在甘肃和陕西。

当然，我非常清楚：还远远说不上取得什么成就，正在往前做。

陆　波：您刚去格拉斯哥出席了联合国气候大会，后来又在迪拜考察农业。您觉得这些对我们国家的乡村发展有什么启示？

王　石：这次出国考察重点是关于如何应对气候变化，农业原本不在计划中。当然，气候变化不能说跟农业没有关系。

参加完COP26之后，我到迪拜参观世博会。对方临时安排了考察农业项目，这让我感到很意外。因为迪拜所在的阿联酋是地处沙漠的国家，而且迪拜的城市建设世界闻名，当地的农村农业比较少。他们安排我看的是什么项目呢？我一看，是农业大棚。真正启发我的不是项目本身，而是迪拜人的长远思考。他们在做什么？在引进人才，这家农场的总经理是法国人，在摩洛哥做过类似项目。我们知道，摩洛哥曾经是法国的殖民地，也是沙漠国家。所以他对于在干旱地区开展农业很熟悉。在迪拜，最重视的就是引进人才。

一提到迪拜，大家肯定会想到现代化，认为在那里做农业就应该是现代化的、标准的农业大棚。我看到的却不是，而是塑料棚，处于我国北方农村的干打垒和温室玻璃棚中间的状态，比原始的要先进，但绝对不高档。这样的大棚，耗能不高。再一个，因地制宜，很多大棚是在降温，因为是沙漠地带。能耗小的方法都不是什么高大上的，而是中东农业过去的、传统的一些方法和现代的大数据、互联网结合起来。我觉得中国现在缺这些。我们把很多传统的东西丢掉了，要不就进行不下去，要不就过于现代化，很可能无果而终。

这期间，我也思考了一些问题：应该如何把乡村发展与碳中和结合起来？就想到甘肃渭源，如果在渭源做，怎么往下走？从立项上来讲，还是要靠我们培养的这些乡书记、村长，由他们来立项，乡村发展基金会给他们嫁接资源。所以我和秘书处交换了看法。

秘书处和渭源方面一接触，发现：渭源在大力推进乡村振兴的过程中，一些大型国有企业已经在做一些工作，比如说碳减排、光伏发电，已经签了一些合同。我了解之后发现，我们也可以帮着做点儿事情。最近，我们还开了一个讨论会，有咱们的联合创始人李铁，还有万科公益基金会团队，一起讨论具体项目如何落下来、落实到乡村去。

> "我们希望培养扎根在农村、愿意留在农村的人。乡村发展，最缺的是人才。"

2021 年 12 月 12 日发表于乡村发展基金会微信公众号

史耀疆: 呼吁重视乡村婴幼儿早期发展

导　语：本期访谈的嘉宾是陕西师范大学教育实验经济研究所所长、乡村发展基金会联合创始人史耀疆教授。他一直关注婴幼儿 0 ~ 3 岁阶段的早期发展，尤其关心乡村婴幼儿的教育公平问题。他带领团队在田野调查和政策模拟实验的基础上，在"婴幼儿早期发展""营养、健康与教育""农村现代信息技术应用"等领域开展了 60 多项行动实验研究。他在国内外知名学术期刊发表中英文学术论文 200 余篇，参与撰写并向国家及省级政府决策层提交 32 份政策建议。在他看来，投资乡村婴幼儿早期发展对于实现乡村振兴有重要和长远的作用。

陆　波：人的成长分为很多阶段，为什么您特别关注 0 ~ 3 岁这个阶段？您的团队从 2012 年开始就一直在做农村婴幼儿早期发展阶段的行动干预，有哪些发现和收获？

史耀疆：谢谢您对我们多年研究的关注！当下我们都在讨论乡村振兴的问题，讨论中国应如何缩小城乡之间的差距。当然，这一问题非常重要。但如果我们不解决好人力资本差距的问题，未来我们还是会面临收入差距的困境。诺贝尔经济学奖得主詹姆斯·赫克曼（James J. Heckman）教授也曾用"差距的铁规律"来说明过这一问题。

我们可以通过对比韩国和墨西哥这两个国家的发展，来进一步理解我刚才所说的人力资本差距对于国家未来经济增长与社会稳定发展的重要意义。

1990年韩国和墨西哥的人均GDP基本在同一水平。30年过去了，韩国远超墨西哥并成功迈入发达国家行列。当然，韩国的成功得益于诸多因素，但最根本的一个原因是什么呢？

20世纪80年代，在韩国，无论是城市或农村，95%以上的孩子都能得到高中阶段教育。而在墨西哥，城市中虽然有80%的孩子能上高中，但在农村这一比例只有40%。所以，在我看来，韩国的成功主要源于它早早地为其发展做好了人力资本储备。而墨西哥没有，从而掉入我们常说的"拉美陷阱"。

那么，人力资本差距的问题该如何解决呢？我认为最好的办法就是教育。教育是促进社会公平、提升人口素质的根本途径。过去30年，我国人均受教育年限取得长足进步，但城乡间、民族间仍存在不均衡。中国现在的教育投入增长非常大，到2020年教育已经占到了我们GDP的4.2%。可问题是，我们从幼儿园到大学各个阶段都有投入，但对于0~3岁婴幼儿的教育财政投入很少。

回到您的问题，为什么我们特别关注0~3岁这个阶段。原因在于0~3岁是个体发展投资回报最高的阶段。在这个阶段，孩子的大脑快速发育，他们的听觉、视觉、语言、认知、运动和社会情感能得到最佳发展。这一点，在国际儿童早期发展领域内早已成为共识。

那么我们国家婴幼儿早期发展情况如何呢？我们结合以往的数据发现，样本农村地区的孩子在6个月大的时候，他们的认知滞后比例和样本城市地区的孩子几乎没差别。等到这些孩子3岁的时候，城市孩子的滞后比例是14%，农村孩子的滞后比例却超过了一半。这是为什么？

为了弄清其中原因，2012年年初，我们在陕西宁陕县对月龄在6~12个月的孩子的营养健康状况做了一个测试。结果是这些孩子的缺铁性贫血率高达50%。基于这一认识，我们将"补充营养"作为第一个突破口，开始了我们后续的一系列随机干预实验，希望能够找到一个提高农村地区婴幼儿早期发展水平的有效方案。

我把我们在过去 10 年时间里进行的行动研究总结为 6 个阶段：

第一个阶段是发营养包。2012 年到 2014 年，我们在 300 多个村里发放富含铁及微量元素的营养包，想看看它对孩子的认知发展有没有帮助。结果是如果从 6～12 月龄开始，每天给孩子提供一个营养包可以在短期内改善他的认知，但是长期无效。我们分析，如果想长期提高孩子的认知发展水平，只有营养是不够的，还需要养育环境上的刺激，比如跟孩子做游戏、读绘本，等等。

所以，在第二个阶段，我们集结了国内外 40 多位专家，开发了一套《婴幼儿早期发展活动指南》。在这套"指南"里，按孩子的月龄共设计了 248 个游戏活动和绘本。然后，结合这套"指南"对商洛地区的 70 名计生专干进行培训，让他们每一周带着游戏包和绘本到农户家里教家长如何跟孩子做游戏、读绘本。第二周，把上一周的游戏和绘本收回来，换成新的。根据孩子的月龄一直这样往下做，一直做到 36 个月。从结果来看，这种干预方式显著提高了孩子的认知发展水平，而且如果母亲是监护人，不是爷爷、奶奶的话，这种影响会更强。

但这种养育师入户指导的干预成本比较高，平均每月 450 元 / 家庭。所以第三阶段，我们通过在农村人口集中的区域建"养育中心"的方法来降低干预成本。根据我们在陕南地区 100 个村里做的随机干预实验的结果来看，这一方法不仅让农村孩子的认知发展水平有了显著提升，干预成本也降到了每月 300 元 / 家庭。

2017 年，我们和宁陕县政府、湖畔魔豆公益基金会一起在宁陕县做了一个整县全覆盖的项目，开始了第四个阶段的探索。这个项目就是将"养育师入户"和"养育中心"两种方式结合起来，在建养育中心的同时，对于距离中心远的家庭或不方便来中心的家庭进行养育师入户指导。最后我们发现这一模式的干预成本变得更低了，每一个 0～3 岁的孩子一年只要投入 2000 元（平均每月 166 元）。根据我们做过的一次成本效益测算，假定中国政府投入 450 亿元，每年大约跟进 50 亿元左右的资金，就能在全国 832 个县里实现宁陕模式的复刻。

在推进宁陕项目的过程中，我们发现中国婴幼儿早期发展领域的人才缺口非常大。国家想要在该领域实现发展，就要有从事该领域的人才，而第一步就是拥有一套完整、科学的培训教程。所以，2018 年，我们开始了第五阶段的研究，联合国家疾控中心、首都儿科研究所、华东师范大学教育学院、国家卫健委等的 40 多位专家，共同开发了 11 门儿童早期发展系列的人才培养课程。在这里，我也要特别感谢北京三一公益基金会、北京陈江和公益基金会以及澳门同济慈善会提供的资金支持，感谢联合国儿童基金会的项目材料分享。

记得之前咱们乡村发展基金会在延安大学开会，我开玩笑地说："乡村振兴要从妇女怀孕抓起。"当然，这也是句大实话。在我看来，孕期的健康问题不解决，我们的人口质量是不可能提高的。所以自 2020 年起，我们团队针对这一问题开始了第六个阶段的探索，让经过培训的乡镇基层干部对当地农村妇女从备孕开始进行每两周一次的入户指导，包括怎样服用叶酸、怎么保持饮食的多样性、怎么预防流产、分娩的一些准备等。除此以外，我们还开发了相应的手机 APP，为孕产妇提供科学、定制化的营养健康指导。目前我们这个项目正在陕西的 10 个县进行，预计 2023 年年底完成。

陆　波：您在陕西宁陕县开展的"养育未来"项目取得了很好的效果。在这个项目中，当地政府、基金会、研究机构这三方各自的角色定位是什么？您认为，向全国其他地域推广的难点在哪里？

史耀疆：说到政府、基金会、研究机构这三方的角色定位，我常用"政府主导、公益支持、专家支撑"这句话来总结。具体到"养育未来"项目里，我们三方的分工是宁陕县政府成立"养育未来管理指导中心"，负责人员的招聘与管理。我们负责人员的培训，湖畔魔豆公益基金会提供必要的资金和技术支持。根据这么多年的经验，我想政府的主导作用是顺利推进项目的重中之重。因为如果没有当地政府的支持，我们做任何事都很难成功。

对于您提的第二个问题，我想现阶段我们在推广时，经常会面临着以下五个难点。

第一个难点，缺认识。就像我之前说的，0～3岁是个体发展投资回报最高的阶段，但大部分政府管理人员普遍没有认识到投资婴幼儿早期发展的重要性。

第二个难点，缺人才。我国0～3岁婴幼儿早期发展领域的人才缺口很大。现在很多人盲目地将3～6岁的幼儿教育进行降级去做0～3岁教育，这是非常错误的做法。因为从学科体系、科学发展的角度来讲，这是完全不同的两个阶段。

第三个难点，缺方法。虽然我们团队在这个领域里做了一些尝试，但本土化的、被科学验证的、行之有效的方法还是太少了，中国需要更多的像我们这样的团队。

第四个难点，缺证据。很多人可能不觉得证据是一个问题，但实际上证据很重要，并且最高等级的证据是随机干预试验。美洲开发银行有这样一个理念："没有证据就没有改善。"这17年来，我们团队做过的这60多项随机干预实验的结果更让我相信这句话。

最后一个难点，缺产业。不论是城市还是农村，婴幼儿早期发展产业的推进都比较困难。虽然城市家长能够付出的钱较多，但这里面被坑蒙拐骗的情况也数不胜数。在农村想要发展这一产业就更困难了，主要是因为农村家长的支付意愿很弱。对于这些地区，我想最主要的还是实现公共服务的全覆盖。

陆　波：乡村发展基金会致力于以人才培养促进乡村振兴。您有多年的乡村教育项目实践经验。您觉得，乡村发展基金会要如何设计公益项目，才能更好地为乡村培养人才？

史耀疆：我觉得这是非常难的一个问题，可能是我回答不了的一个问题，我只能是尝试性地说一说我的感受。

我觉得最根本的点在于，做公益我们需要关注社会发展的根本问题，而不是热点问题。现在有些人做公益的时候，会去做一些他喜欢的问题，而不是社会发展需要的问题。还有一些人做的公益项目，自认为在解决一个社会问题，但可能对别人而言是在制造一个问题。要鉴别社会发展的根

111

本问题其实并不容易，想把钱花得有意义也需要更高的道行。

回到您的问题，关于如何设计公益项目，我想我的建议包括以下几点：

第一，理清问题的成因。当我们发现社会发展中存在的根本问题后，需要进一步聚焦问题，思考问题的根源是什么。

第二，梳理在该问题上其他人已经做了哪些探索，方法和结果如何。专业领域把这个叫系统性文献综述，科学研究就是站在别人文献的基础上，再往前走一步，公益项目也是一样的。

第三，进行科学的影响评估。乡村发展基金会的成员都是来自中国各行各业的成功人士，所以，我们所做的项目更应该进行严格的科学评估。如果我们做的公益项目没有科学评估的支撑，在同行、在后人看来都是非常不专业、不具说服力的，我想这也是我们所有乡村发展基金会创始人不愿意看到的结果。

> "当下我们都在讨论乡村振兴的问题，讨论中国应如何缩小城乡之间的差距。当然，这一问题非常重要。但如果我们不解决好人力资本差距的问题，未来我们还是会面临收入差距的困境。"

2022 年 3 月 19 日发表于乡村发展基金会微信公众号

田同生：推广跑步运动　振兴乡村学校

　　导　语：本期访谈的嘉宾是北京略博管理咨询公司创始人、马拉松推广者、乡村发展基金会联合创始人田同生先生。他曾是资深的管理咨询专家，现在致力于推广马拉松运动；他上学时体育课不及格，从55岁开始跑步，13年时间完成了130多场马拉松，带动成千上万的人参加跑步运动；他对全球各大城市的马拉松赛如数家珍，对于在中国的乡村开展体育运动也念念不忘……

　　陆　波：您从55岁开始跑步，不仅改变了自己的人生走向，也影响和带动了许多人。那么，您走上运动道路的初心是什么？为什么要推广马拉松？

　　田同生：2008年10月，我去攀登西藏的一座8012米的雪山——希夏邦马峰，由于各种原因，导致我在距离顶峰还有500米的地方放弃了。

　　我们这支业余登山队共有10个人，王石他们9个人都登顶了，就我一个人没有登顶。回到北京后，我开始练体能。人家说，你10公里如果能跑进1小时，体能就没有问题了。我去试了试，别说跑10公里，跑几公里都不行。我最初跑步并不是为了健康，而是想着重新攀登8000米的雪山。

　　有人跟我说："跑步是这样，不能太快。"我说："我也不快。"他说："你按照呼吸的节奏，也就是按照聊天的节奏。每个人节奏不一样，要找到自己的节奏。"我一听就明白了，就好像登山一样，每个人的节奏也不一样。

之后，我开始按照他说的呼吸的节奏，能聊天的速度跑步。调整好了节奏，那一天跑得非常舒服，一口气跑了 5 公里，没过多久，我就能够一口气跑下 10 公里。

跑了一段时间之后，发生了一件事。我太太到医院做检查，怀孕了。结婚好几年，一直没怀孕，跑步之后，怀孕了。跑步之后，我原来臃肿的身材不见了，站着讲好几个小时的课也不累。

跑步的初衷，本来是想登山，后来发现跑步带来的乐趣更多。很多企业家觉得跑步对他们自己、对员工健康非常有帮助，就请我去做演讲，带着员工一起跑步。

慢慢地我把跑步变成了公益活动。以前是做管理咨询，现在开始全国各地飞，到处推广跑步，我觉得挺有成就感的。

不管到哪里，先带着好几十人，找个运动场跑起来。后来，又确定了目标，影响 100 个有影响力的人，让有影响力的人跑起来。影响了郁亮，影响了毛大庆，这就是多米诺骨牌的效应，我推一个牌，牌再推另一个牌，影响力就放大了。

中央电视台在评选 2014 年体坛风云人物时，有一个未名人士体育精神奖。全国海选出 10 个人，我是其中之一。没想到我这个从小到大的体育差生，后来能站在体育的一个最高领奖台上。

渐渐地，从国内跑到了国外，开始跑世界马拉松大满贯。在 2017 年和 2018 年的纽约马拉松赛事中，我是连续两届的中国旗手。

我和女儿十川合作出版了《百马人生，从 55 岁开始》《百马人生，跑向波士顿》《百马人生，跑向东京》《百马人生，跑向纽约》系列绘本。

陆　波：在我国的广大乡村中小学，体育还是一个不被重视的学科。您觉得，应该如何在乡村中小学推广"以体育人"的理念？在您看来，乡村振兴和体育之间有着怎样的关系？

田同生：跑步十几年来，我发现这项运动开展最好的是非洲。你会看到各种马拉松领奖台上，站上去的都是穷人，而不是富人。跑步这项运动，几乎不需要外在的场馆条件，有一条路就能跑步，土路跑起来更好，这是其一。其二，交通不便，海拔比较高、道路崎岖的地方还容易出现跑步成绩很好的运动员。"贝科吉"是埃塞俄比亚的一个小镇，海拔 2800 米，人口 1.7 万。这个小地方出了 4 位奥运会冠军，贝克勒和迪巴巴都是从这里走出来的，他们分别是男子 5000 米、10000 米世界纪录保持者和女子 5000 米世界纪录保持者。那里原本非常贫瘠，现在已经把跑马拉松变成乡村振兴的产业。当地的年轻人都是靠跑步、跑马拉松，买了房子、改善生活的。我研究这个案例后，觉得在中国的偏远山区也可以学一学，我想在中国找到这样一个案例。

我读了《中国青年报》一位女记者的文章，讲到了四川大凉山美姑县海拔 2400 米的地方有个云端小学。学校就盖在山顶上，教室下面是云彩。场地有限，修篮球场只能修半个，一个篮球场都修不下。学校门前修了一条土路，学校校长是一位支教女老师。女老师在哈尔滨上大学的时候好像还有点儿抑郁，后来开始跑步，慢慢喜欢上了跑步。在大凉山支教，由于条件限制，其他的运动做不了，她就每天跑步。女老师跑步，孩子们觉得挺好玩，就跟着一起跑。一溜烟跑下去了，再跑上来，这样下山上山跑一趟就是 10 公里。女老师每天给孩子们补一个鸡蛋，补充蛋白质，孩子们身体会长得好。

我找记者要到了女老师的微信，开始和老师联系。女老师说："最近孩子们跑不了步了。"我问："为啥？"老师说："天气冷了，孩子们穿的都是棉鞋，他们没有跑鞋。"我就让老师统计了孩子们的鞋号，通过公众号从跑友中给孩子们募捐跑鞋，有很多人响应。甚至有人说："我没有小号的鞋，我给孩子们买新鞋吧。"就这样，跑友们给孩子们寄去一大批跑鞋。

后来，老师和我说，第二年她的支教工作就结束了，她想在离开学校前，带着孩子们跑一场马拉松。孩子们年纪小，可以跑个半马。可是疫情之下，马拉松都停办了，老师就带着遗憾离开了云端小学。

转眼到了 2021 年，李宁公司赞助了青岛马拉松。他们看了我写的文章后，想请四川美姑县云端小学的孩子去青岛，给他们创造一个机会，让他们圆一下跑马拉松的梦想。我一听，这个想法太好了。最终，孩子们去青岛跑了马拉松，拍了好多照片，孩子们玩得特别开心。这不就是个乡村学校和跑步有关系的案例吗。

在中国，像大凉山这种学校有成百上千所吧。最重要的是一定要有一个有爱心的校长，有爱心的老师。

去年，我们发现北京五环边上有个打工子弟小学，学校虽然有运动场，但是破破烂烂的，别说跑步了，走路都会绊倒。我和毛大庆一起呼吁，毛大庆影响了一个企业家，那个企业家拍胸脯说学校跑道他包了。今年春节之前，他就把学校的跑道做好了，非常漂亮。春暖花开的时候，我们要去那所学校做个跑步活动。

陆　波：您想推动 100 个有影响力的人跑 100 个马拉松；乡村发展基金会也想通过 100 位联合创始人的影响力，让更多的人关注乡村，振兴乡村。可否请您结合在马拉松推广方面的经验，谈谈在宣传和推广方面，对乡村发展基金会的建议？

田同生：我觉得十年来在推广大众跑步运动的过程中有一点重要的感受，那就是一定要树立老百姓身边看得见、够得着的标杆。如果没有大众标杆，再好的事情也是推不动的。

比如说，我在推广跑步运动的过程中就从来不用王石做标杆，王石没有示范作用。为什么？人家都说王石就是神，是超人。要找那种前后反差特别大的人，比如说郁亮，他原来是个胖子，体重比较大，也有三高等，后来通过跑步减掉了 12 公斤体重。郁亮这个标杆，对于那些职业经理人的示范作用要比王石好。我刚才讲过的大凉山美姑县云端小学案例，是非常具有示范作用的。穷山区，没有任何的运动条件，在一个支教老师的带领下，孩子们就跑起来了。

我能带动那么多人跑步，绝不是因为我跑得有多快、有多牛，而是因为我从小到大都是体育差等生，并且 55 岁才开始跑步。很多人会这样想：你 55 岁都能跑，我才 35 岁，我才 45 岁，我也一定能跑。原来体育差也能跑马拉松，我也是体育差等生，我也能跑。很多人是从我身上，映射出他们自己，使他们产生内在的驱动力。

之前，我们从媒体上看到的标杆，都是用来跪拜的，不是用来模仿的。我记得 20 世纪 90 年代，王军霞就在跑 10000 米，还得了奥运会金牌。我从来没看见过有哪个胖子或者三高的人是因为看了王军霞得金牌，而去跑步的。王军霞那是东方神鹿，那是天赋，我们普通人只能膜拜，没法学。所以，我在推广跑步的时候，绝不找高大上的，而是找矮胖丑的，矮胖丑才是大多数。我在推广"让孩子们跑起来"的时候，也有人推荐人大附中。我说人大附中用不着我去推广。我要找乡村的学校做跑步运动推广。乡村学校振兴也是乡村振兴的主要内容。我觉得，要树立有示范效应的标杆，这是第一。

仅有一个标杆是不行的，一定要打造出十多个标杆。我现在碰到的问题，就是卡在标杆的数量上，目前只有美姑县云端小学。当初，我发现了这个支教女老师，她每天会带着孩子们跑步，通过运动激发孩子们的大脑，还给孩子们吃鸡蛋，给孩子们补充蛋白质，这个支教老师很有执行力。

这个案例告诉我，推动"让孩子们跑起来"，就要发动乡村学校的支教老师。支教老师跑起来，然后就能带领着孩子们一起跑起来。发动大批乡村学校支教老师跑起来，这件事就靠谱了，这是第二。

第三，跑步是个科学的事情，因此还要讲究方法。去年，我和金飞豹一起创作出版了《让孩子们跑起来》这本书。用通俗的语言和大众跑者的案例来叙述跑步的方法。这本书中会有一些跑步训练工具，读者看一下就很可能学会。很多的朋友都用买书这个实际行动支持我们，有买 10 本的、20 本的，也有买 100 本的。目前，我们正在紧锣密鼓地写作第二本书，这本书也是推广跑步的，是面向爸爸妈妈们的。

四川美姑县云端小学的标杆已经成型了，由于多种原因，推动这个标杆碰到了瓶颈。我希望乡村发展基金会能够把四川美姑县云端小学的案例作为基金会的案例。尽管案例是我发掘出来的，但也是基金会的案例，我们要把这个案例宣传出去，让它发扬光大，能够得到快速的复制。

大凉山彝族的乡村学校能做，回族的乡村学校能不能做？中国有 56 个民族，每个民族能不能都打造出一个美姑县云端小学，通过跑步运动振兴乡村学校？或者每个企业家都去对口一个乡村学校，推动跑步运动。

　　"大凉山彝族的乡村学校能做，回族的乡村学校能不能做？中国有56个民族，每个民族能不能都打造出一个美姑县云端小学，通过跑步运动振兴乡村学校？或者每个企业家都去对口一个乡村学校，推动跑步运动。"

2022年3月26日发表于乡村发展基金会微信公众号

杨 团：乡村振兴是中国最大的公益

导　语：本期，陆波秘书长访谈的嘉宾是中国社会科学院社会学研究所研究员、乡村发展基金会联合创始人杨团老师。她长期致力于多个领域的社会政策研究，著述颇丰；她连续 12 年主编《慈善蓝皮书》，对中国的公益慈善组织有全面、系统的了解；她创办农禾之家近 20 年，为破解"三农"难题做了大量有益的探索。在众人眼里，她既有研究者的洞察力，也有公益人的行动力；她评价自己"是一个肯思考的行动者"。

陆　波：早在 2018 年，您就提出"乡村振兴事业是中国最大的公益"。当时，您是依据什么做出了这样的判断？

杨　团：这要追溯到 2002 年，我在投入第一个乡村合作组织试验的同时，就在思考公益与慈善的关系，一边思考一边行动。我从实践中感受到公领域和私领域并非黄河为界一刀切开，而是在不同状况下、不同事物中，政府与社会组织与市场，形成了符合当时实际的不同主体不同程度的组合。这类不同组合的机制性关系，也许可以用一种相对抽象的简化方式表达。我先是将这个公私组合、政商组合的观点讲了出来，然后写了"探索第四域"的论文发表，提出除第三域（公共性和市场性都弱的 NGO 域）外，还有第四域，即公共性和市场性都很强的事业域，可将公共目的与市场手段结合起来。这篇论文后来在中国社科院获了奖。

2009 年，我作为《慈善蓝皮书》的主编，为该书的第一卷撰写导言——"中国慈善事业的伟大复兴"。为了解释公益和慈善的关系，我提出原本属于私域的个人之善和慈善结社。在国家、市场这些范畴强大起来后，激发出巨大的能量，形成了新的社会性公益范畴，即第三域。第三域的出现，改变了传统私域、公域界分的理念、观念和话语体系，成为横跨公、私域的不"公"不"私"、有"公"有"私"的部门——一个具有创新力的社会部门。而这个社会性公益是民间公益，也是现代慈善，现代慈善与民间公益的含义可以等同。因此，在现代，从事慈善活动的民间组织也就成为民办公益组织。也就是说，传统慈善向现代慈善迈进中，新诞生的现代慈善组织就是公益组织。

而慈善组织与公益组织的基本分野，在于谁是组织的主体，这个主体建立组织是出于志愿还是强制。民间建立的慈善组织是公益组织，是因为志愿求公益；政府建立的公益组织不是慈善组织，是因为强制求公益。

也就是说，在 2009 年，我已经将公益范围按照主体性分为政府公益和民间公益了。那么各个主体都进入的公益，即政府公益、企业公益、社会公益都在内的公益，就是中国大公益。

2010 年，我开始拓展大公益的外延，提出它具有包容性和超越性，既可包容国家公益，还可超越种族、超越国界，成为共同应对人类各种危机和灾难的世界大公益。

当时，国际社会已经危机频发，不仅自然灾害，还有经济危机，1997 年的亚洲金融危机和 2008 年的国际金融危机，等等。国际社会也启动了 G8、G20 等组织应对各种新产生的多元问题。当时我以为，打破常规认知，建立新思想、新体系以化解危机，已经呼之欲出，即"大危机孕育大公益，大危机启迪大公益"。2014 年，"2014 灵山公益慈善促进大会"在江苏无锡举办。会前讨论时，我就提出世界大公益的命题，认为中国要率先做世界公益大国。会后就这个主题写了一篇小文，刊载在《新京报》上。

我在社科院做的第一个乡村合作组织试验，始于 2002 年。2005 年，和社科院参与这个试验的几位学者，一起组建了"农禾之家"这个专门支持援助农民合作的公益组织。当时很多公益界朋友都认为我的这种作为不算公益慈善，应该算农业农村经济。我明白这怪不得他们，而是受多年来全社会对于公益慈善狭隘认知的影响。那时，将农业农村经济与农村社会的组织化完全分离甚至对立起来，农业经济只有完全依靠农业公司才有前途，小农户的自主生产和合作组织已经过时，该被取代等言论甚嚣尘上。也就是说，我们这个团队支持小农户组织起来的试验，在哪个领域都得不到公正的评价。

2017年10月，党的十九大提出乡村振兴国家战略，要实现小农户与现代农业发展有机衔接，并号召全党全国全社会支持乡村振兴。我当时非常兴奋，自己十多年来创立"农禾之家"，率队做乡村农民合作组织试验，就是为给小农户找到以再组织化实现三农兴旺发达之路，让占中国人口一半以上的几亿农民和我们一起共富，这才是今后几十年中国成为世界强国之根本。这难道不是中国最大的公益事业吗？我当即就从自己多年形成的大公益理念出发，首先在我的工作领域和对外讲演、讲课中，将这个观点讲出去。再后来，国际国内发生一系列大事，全球面临百年未有之大变局。党中央提出以国内大循环为主，应对国内外一切复杂局面，这更加拓展和深化了乡村振兴的作用，让乡村振兴大公益的内涵更加丰富了。

我想，西方发达国家的模式早已形成，虽然后来也有变化，但是基调无法更改了。而源于乡土、立足乡土、超越乡土的中国正处在伟大变革和伟大创造的时代，乡村振兴、城乡融合必将奠定未来中国的历史模样。

陆　波：这些年，您深入祖国各地乡村，开展了大量的调研和实践工作。您认为，要实现乡村振兴，最核心的问题是什么？应该怎么解决？

杨　团：最核心的问题是党如何抓住乡村集体和集体经济的重建和发展。只有发展壮大新型集体和集体经济，带动个体经济发展，才能实现村民共富和村庄共治，从而实现国家的整体治理现代化。

首先，得明晰新型集体和集体经济的精髓，不能走错了方向。我用最简单的话语，将这个精髓概括为"村社一体，以公统私，公私兼顾"。其次，当方向确定之后，用什么方法达至目标、确保方向，就成了至关重要甚至是生命攸关的大事。在新型集体和集体经济的操作机制上，我发现，各地做得好和比较好的村和乡，都是基层党组织直接领导集体经济和村庄事务。党支部、村委会、集体经济组织三驾马车合一，建立起土地为本、经营村庄，自主决策和有效落实的工作班子。但这样的乡和村还是少数，大多数的村和乡的集体经济还处于无所作为和无人作为的状况。尽管全国49万多的村庄都按照中央的要求建立了村级集体经济合作社或股份合作社，并在农业农村部门登记赋码，也有了银行账户，但是按照上级要求必须保有现有集体资产，所以只能负盈不能负亏，尚不能作为市场主体进入经营。为解决集体不能负亏与市场经营必然有亏有盈的两难命题，烟台市委组织部以党支部领办合作社的方式，赋予党支部书记以村集体资产受托人身份，将集体资产入股专业合作社，运用市场机制进行经营。四川省成都市郫都区的战旗村自1965年以来，八任党支部书记为壮大村集体经济，一任接着一任干。自2002年以来，更是把全村土地的经营权回收到集体手里，活用土地产权进行村庄整体经营。他们在实践中总结出经营与管理集体经济的成套新方法。村集体设立土地经营合作社与村集体资产投资公司，分别对农业经营与非农经营两大领域进行统一管理。这两家村集体直管的法人机构下，有众多独立核算的经营实体，都得接受村集体直管法人机构的统一监管。2019年，战旗村按照国家要求建立村集体经济股份合作联合总社后，就将这套成熟的集体经济管理方式与新型集体经济联合总社直接接轨，解决了联合总社只能做资产管理不能经营的难题。

关于新型集体经济组织在市场中如何运作，如何实现其在乡村多种经济成分中的领头作用，我认为，这是亟须在乡村振兴的理论和实践两方面进行有效探索的重大问题。不仅需要全国人大、政府有关部门、研究界等多方努力，更需要总结村、乡、县在集体经济发展实践中的创新性经验。现在的问题是，集体经济组织仅以集体资产增值为目标，与村委会代表的村集体完全分立，割裂了村庄内生的经济与社会生活的整体性，进而妨碍了村庄作为一个独立自治的集体发挥主体性作用。政府直接控制集体经济组织，要求集体资产只能增值不能亏损。这种与市场运营规则相悖的方式，让绝大多数的村、乡基层组织在运作集体经济时心生忌惮。一切等上级发指示，生怕违反纪律，得不偿失。可见，集体经济难以发展壮大的根子在于大部分村庄的集体没有主体性，是在政府行政权力的控制之下。我以为，今后只有在坚守底线，即以农村四制（土地集体所有制、依托集体土地建立起的农村集体和集体经济组织制度、以家庭承包为基础统分结合双层的经营制度、村民自治的社会治理制度）、保障农民四权（土地承包权、宅基地使用权、集体经济分配权、社会治理参与权）的前提下，大力鼓励和倡导类似烟台市委组织部和四川省战旗村那样方向明确、方法创新、彰显乡村集体主体性的创造性实践，让乡村集体自主决策、村社一体，自主运营、自负盈亏，发展壮大农村集体经济才能有希望，乡村振兴也才能获得基层支柱的支撑。一切有关乡村振兴的理论和法律均应以这类实践中经受检验的经验为依据进行提炼。

世间一切因素中，人是最可宝贵的。因此，要解决上述核心问题的关键之处，是党和政府以及全社会共同努力，以创造性的新的方法，培养造就一大批懂得新型集体和集体经济精髓的领军人物及其团队，让他们前赴后继地在历经一、二代人的乡村振兴长程竞跑中轮番领跑，让蕴藏在乡村基层中为实现中国城乡融合、乡村振兴的创造力能够不断地充分涌流。

陆　波：今年 3 月，国家乡村振兴局、民政部联合印发《民政部、国家乡村振兴局关于动员引导社会组织参与乡村振兴工作的通知》；同年 5 月，国家乡村振兴局、民政部印发了《社会组织助力乡村振兴专项行动方案》。在您看来，社会组织参与乡村振兴的优势是什么？乡村发展基金会应该怎样做出成效呢？

杨　团：社会组织不是权力机构，没有行政权、执法权，但是，社会组织源自社会、源自公民群众，所以更容易了解民情民意，懂得基层的需求和困难。尤其社会组织中的公益慈善组织，其志愿奉献的精神和创新创造的勇气较强。还有，社会组织的从业人员少有官气、骄气，比较接地气，比较善于与群众沟通。当然大部分社会组织的成员都是城市人，县以下的农村社会组织很少，所以在与农民的沟通上不免打了些折扣。好在一般而言社会组织少有包袱，不那么默守成规，比较愿意学习新的东西。加上来自社会各界的社会组织及其志愿者大军，遍布于与民生、民计相关的专业，为了公益目的组织起来的成本，较之政府和企业要低得多。这种种的优势在助力乡村振兴长程竞跑中着实难得。

现在，党和政府已经发布了社会组织助力乡村振兴的专项行动方案。这是向社会组织发出了重要信号，即全党全国都要支援乡村振兴，社会组织就是其中一支重要的方面军。那么乡村发展基金会或者有志于支持乡村振兴的公益基金会应该怎样做？我以为首先要提升认识，摆正位置，明确自己是协同协助乡村振兴的外部力量，关键是要以自己的独特功能激发乡村内部的活力，助力村庄集体形成再组织化的机制。这就是评价我们助力乡村振兴成效的检验标尺。其次，每个基金会的专长和优势不同，要想让我们的助力更加有效，非常重要的措施，是与我们矢志服务的当地党和政府建立协同机制，针对选定的服务项目，联合相关社会服务机构、社团、企业，实现点对点、面对面的对接，而基金会的着力点，最好放在形成跨界合作与联动的机制上面。未来的中国，无论乡村还是城市，基层社区都是国家治理的重心。社会组织特别是基金会，应该适应这种大趋势，主动地下沉乡村基层，支持乡村集体加强组织化，以公统私，建立建设各类社会组织和经济组织，力争成为联结政社的中道机制。

> "党和政府以及全社会要共同努力，以创造性的新的方法，培养造就一大批真正懂得新型集体和集体经济精髓的领军人物及其团队，让他们前赴后继地在历经一、二代人的乡村振兴长程竞跑中轮番领跑，让蕴藏在乡村基层中为实现中国城乡融合、乡村振兴的创造力能够不断地充分涌流。"

2022年9月9日发表于乡村发展基金会微信公众号

第三篇　文化振兴

高向东：在公益之路上学习成长

导　语：本期我们请到的是"5+1"青年创业基金创始人、乡村发展基金会创始人大会联合创始人、西安片区召集人高向东先生。他多年来热心公益，关注我国青少年儿童的健康成长，在他身上，我们看到了一位公益人的真诚与认真。

陆　波：您非常关心对儿童和青年的公益帮助，想知道是什么让您关注这一领域？这是否是您选择乡村发展基金会的原因呢？

高向东：我出生和成长于陕北，一个相对贫穷和落后的地区，自己又是白手起家，所以更了解青年人工作和创业的艰难；加上家庭及社会的教育，懂得"尊老爱幼"是我们中华民族的传统美德，懂得"少年强则中国强"，所以这些年我设立了"5+1"青年创业基金，捐办了延安"星星家园"，长期看望敬老院的老人，担任"承礼学院"和"子牙学宫"的公益委员，在全国各地做公益。也参加了"阿拉善""真爱梦想基金会""腾讯公益"的公益活动等，做了一些力所能及的事情。加入乡村发展基金会，是这些年跟随王石先生做公益，是一个逐步学习成长的过程：从把联合国"清洁炉灶项目"引入延安，到走进延安大学，到"企业家应对气候变化联盟"，到美丽乡村建设，再到乡村发展战略，要感谢王石先生和冯仑先生。

陆　波：您作为基金会唯一来自延安的创始人，也是我们西北片区的召集人。您觉得基金会可以做些什么，让延安的企业家、公益人士加入我们的大家庭中呢？

高向东：作为一个延安人，能够参与发起乡村发展基金会，是我的福分，也是我的责任和使命。希望能让延安的青年人，有更多的机会、更大的平台、更高的高度，去开阔视野，拓展思维，学习更新的知识和技能，从而回馈家乡，建设延安，造福社会；也希望通过乡村发展基金会，带领更多的企业家和各界达人，走进延安，了解延安，帮助延安。同时，通过我们的宣传和影响，一定会有越来越多的延安企业家和公益人士，加入我们的大家庭中来。

陆　波：延安大学是我们的重要项目合作伙伴，您也非常了解延安大学，在您看来我们基金会和延安大学还可以在哪些方面开展项目呢？

高向东：延安大学是我们中华人民共和国的第一所综合性大学，全国很多知名院校都脱胎于此。目前基金会已经和延安大学共同成立了"延安大学乡村发展研究院"，这是一个里程碑意义的成果；再加上王石主席"特区＋老区"的战略思想，如果能开拓出一个老区"走进特区"、特区（全国）"回延安"的新时代下的互动模式，相信对于乡村发展基金会、对于延安乃至整个社会，都会产生积极而重大的影响。

> "希望通过乡村发展基金会，带领更多的企业家和各界达人，走进延安，了解延安，帮助延安。同时，通过我们的宣传和影响，一定会有越来越多的延安企业家和公益人士，加入我们的大家庭中来。"

2019 年 12 月 16 日发表于乡村发展基金会微信公众号，2022 年 3 月 17 日修改

李小云：公益是现代社会和谐的调节器

导　语：本期我们请到的是中国农业大学文科资深讲席教授、乡村发展基金会创始人大会乡村发展基金会理事、联合创始人李小云教授。他从事发展与研究实践 30 余年，从学者的视角、以实干家的精神，亲力亲为探索乡村脱贫的道路。

陆　波：您作为一名学者，取得了很多研究成果，同时您也是国内最早从事 NGO 事业的人之一，在国内外长期从事扶贫实践。那么在您看来，学者在公益扶贫实践中最重要的作用是什么？

李小云：我常说："公益是现代社会和谐的调节器。"因为现代社会最大的困扰就是不平等。对抗不平等问题，主要是靠有效的国家制度，例如，税收、社会政策等。但是在很多的情况下，我们发现国家的体制不能触及社会的每个角落。比如医患矛盾这类问题，不能完全通过法律解决。因此一个社会的和谐实际上是需要通过大量的、基于民间的社会组织来合力实现的。我觉得这个是我们各类基金会、公益组织存在的基本价值。公益组织的意义不在于筹款，而在于把民间的资源拿过来做民间的事情，并与国家形成很好的契合。从学者的角度来讲，学者拥有比较丰富的学术资源、思想资源和实践资源，而且学者本身是非官方的。所以学者与民间公益组织的结合，能给公益组织提供更多的智力资源；同时公益组织也能为学者提供更多的实践资源和实践机会，形成一种互助。

　　陆　波：注意到您多次提到了"男女平权"在扶贫工作中的重要性，想跟您了解一下您看到的农村女性的生存状态是怎样的？让她们拥有"独立的经济空间"，对她们又意味着什么？

　　李小云：我作为中国妇女研究会的副秘书长，最近也在一直研究性别贫困的问题。我们在讨论社会的不平等问题时，不能从人的平均数、收入的平均数来简单地去看。因为社会福利和社会财富在社会中的分配是受到地域、文化、种族等各方面因素影响的，其中也包括性别的影响。事实上，社会财富和社会福利的分配在社会性别之间的分配是不平等的，我们不能粗暴地抹平这种差距。如果我们在扶贫、在发展方面没有性别视角的话，那可能会导致处于劣势的女性继续得不到关注。这一点在贫困地区特别的明显。

　　陆　波：未来您在公益方面的主要关注点是什么？是否可以就乡村发展基金会的发展方向给我们一些建议？

　　李小云：我最关注的是如何让中国成为一个人人公益的社会。因为公益是一种社会意识形态，越是发达的社会越是有公益这种意识的存在。如果一个社会没有公益来支撑社会秩序的话，会是一个非常"恶"的社会。所以公益资源要下沉，将资源引入广大乡村和边远地区去。此外公益行动不宜过于声势浩大，公益应该是朴素的，比如我们的"小云助贫中心"只有三个人。因为公益不是在跟官方竞争，而是对政府功能的补充和支持。

　　我认为乡村发展基金会目前最需要的是一个有差异性、与资源配套的核心的产品。比如我们最关心的农村人才培养的问题，为什么现在农村留不住人才？因为教育是外流人才的通道，乡村孩子的梦想都是通过教育离开乡村，这是现代化的趋势。但这不意味着没有办法让人才回乡。我一直在做的就是"让乡村有价值"，把现代东西放到乡村，让乡村具有自己的竞争力。所以我们可以建立资助青年回乡创业的公益项目，通过对个别人进行包括项目、资金、培训等在内的高强度支持，来引领更多的人回到乡村，建设乡村。

　　"公益是现代社会和谐的调节器，一个社会的和谐需要通过大量的、基于民间的社会组织合力实现，这是我们公益组织存在的基本价值。"

2020 年 2 月 15 日发表于乡村发展基金会微信公众号

谈义良：公益是我的日常

　　导　语：本期我们请到的是九如城集团董事长、乡村发展基金会理事、联合创始人谈义良先生。他创立的九如城集团首次提出"养老综合体"的概念，希望让每个老人都能在健康的同时，得到心灵的滋养。养老这件事对于他来说，不仅是一项事业，也是一份对国家、对长者的情怀与责任。

　　陆　波：能否请您谈谈九如城集团是如何将养老和公益融合起来的？这样做的目的是什么？

　　谈义良：首先感谢大家对九如城的支持和认可，我们还会继续努力！

　　其实公益时刻都在我们身边，不一定就是你捐多少钱、捐了多少物。说到九如城和公益，那自然离不开我创办九如城的初心：情怀、普惠、责任、担当！

　　当下社会行业五花八门，踏踏实实一心一意地做养老就是最大的公益。这次疫情我们第一时间组织了支援队。我亲自带队，作为民政部第一支民企支援队抵达疫情中心，来帮助这边的团队共同应对疫情，给这里的长者在无助和危难的时刻提供暖心的服务。我们把自己带来的生活用品分给他们，把带来的防护物品送给这边的工作人员。这些不用去吩咐、去指挥，是大家发自内心、义无反顾地付出。所以要说公益是什么样的方式、什么样的表现形式？在我们的企业中它就是每天日常肩上的责任。

可以说我们一直是以公益心为核心动能在推动我们的企业前行。

我们一线的护理员们每天都会遇到各种各样的问题：长者的固执、家属的私心甚至失智长者的无理取闹。面对这样的种种问题，他们都是秉着真心为长者好的服务理念出发，因为让一个老人舒心才能让整个家庭放心。我们担当了社会中这部分特殊群体的照护任务，只有我们的负重前行才能换来老人的安心和家属的放心。

所以养老和公益其实不是融合，用心地为老人服务本身就是对社会最大的公益。虽然说我们可能不喜欢把公益作为一个口号标榜在我们的工作中，但是我们确实会积极地发动社会各界的力量来帮助真正有需要的人。我一直有一个做志愿者的梦想，这也是我退休后的规划。社会上有一些公益活动，九如城都会积极参与，很多时候我们还是领军人和发起人。包括我们的"时间银行"公益项目，通过呼吁志愿者贡献他们的时间为长者服务，我们将他们贡献的时间记录下来，相对应地奖励他们奖品或是作为在他们未来需要帮助时的服务保障。这样的公益活动我们每天都在进行。这是责任是担当，如果我们不能做出榜样，那怎么能去引领社会的公益心、怎么去让长者和家属充分信任我们？这其实也是我个人和企业价值观使然。我一直认为，要做对社会进步有价值的人与事。做让社会尊重的人、对社会有益的事情，在这个过程中成长自己，成就更多人。

陆　波：您对孝和家的重视，是否与您的家庭有直接关系呢？

谈义良：九如城的使命就是"让天下子女尽孝有道，让阳光照进长者心田"。我认为孝道和家的概念是中华文化中的瑰宝，这个概念也深深地植入我们每个中华儿女的心中。所以也不只是我重视孝和家，中国的传统文化中孝和家占有很重要的地位，我们不可以因为时代的快速发展就忽视掉一些根本的东西。更何况我们这样的企业，更应该不负使命，从文化上引领，让社会共鸣。

九如城对养老本质的定义就是："养老的本质是孝道，孝道的载体是家庭，家庭的向往是幸福。"让幸福回归家庭也确实是我们服务的核心，我们不仅仅是在工作上真心地对长者好，悉心照料好他们，更多的是引领每一个小家庭重视孝爱，把和睦送到千家万户，也就是让这个社会更加和谐。

小时候和奶奶在一起的时间比较多，她和我讲得最多的是"能帮助他人一定要去帮"。也就是我们现在说的"能力越大，责任越大"。那时候农村人说话很朴实，村里人给我奶奶留下的评价是她真的是个好人，从那以后我也希望"好人"两字能成为我的核心价值观和人生道路上唯一的标准。

包括这次我们在武汉一线救援，我的家人们也给了我最大的支持。我的儿子谈俊儒在我出发前写了一封家书给我，这些都给了我特别大的鼓舞，家人永远是自己最坚强的后盾。

确实家庭背景是会助力价值观的形成。我认为不仅仅是家庭给我的影响，更多的还是中华传统文化的基因以及社会责任感让我时刻提醒自己，什么才是正确的价值观，什么才是健康的文化认同。所以"孝爱"与"家庭"会是我非常重视，也是我希望通过九如城这个大家庭传播给千万家庭的。这是为我们家庭的幸福、为社会责任的担当，更是对中华文化精华的毋庸置疑的认同感。

陆　波：乡村发展基金会的目的之一在于为真正关心农民、农业、农村发展的人，提供解决问题之道。您对我们有没有什么建议或期待？

谈义良：时代在进步，在飞速发展的当下，我们不能用当年的眼光看待问题。可是勤劳的品质我认为不管在哪个年代、哪个地方、哪个行业都永不会过时。首先我们要勤劳，因为勤劳的人通常比较可靠。其次我认为抓住时代赋予我们的机遇也是很重要的，坚定地跟随社会与国家发展的脚步，尽量得跟上潮流，"争做潮头"，这是我这么多年创业的经验。因为跟随大势所趋就如顺风奔跑一般，做任何事其实都是这样，要符合自然、社会发展规律去做就能得心应手。

当下是互联网的时代，借助互联网的力量，将农民、农业、农村最核心的、最朴实的产物借助互联网平台放在世界这个大舞台上，定会有更多的人发现其中的价值并予以认可。可能发展中会有劣势和短板，但是很多时候也带来了机会，农村发展没有城市快，可能就是因为朴实和接地气，可这也正是农村发展的优势，是可靠的代名词，也正是社会高速发展所缺少的东西。

> "要做对社会进步有价值的人与事。做让社会尊重的人，对社会有益的事情，在这个过程中成长自己，成就更多人。"

2020 年 3 月 21 日发表于乡村发展基金会微信公众号

张光远：凝聚情感　留住传统　激活文化

导　语：本期我们请到的是沿海建设开发有限公司董事长、乡村发展基金会联合创始人张光远先生。乡村往往代表着质朴与自然之美，但是你是否见过它与艺术交织的样子？以"美"为驱动，让艺术服务乡村，这是张光远先生一直相信与坚持的。在这份坚持中，似乎能看到他对土地的热爱和对家乡的牵挂。

陆　波：您作为上海市青年联合会副主席，同时也是中国青年企业家协会副会长，您觉得青年企业家在国家乡村振兴的进程中发挥了什么样的作用？

张光远：习近平主席指出："青年是整个社会力量中最积极、最有生气的力量，国家的希望在青年，民族的未来在青年。"企业家是中国经济发展的驱动力，我始终相信任何一个国家战略的实施，都会落在青年企业家的肩上，包括乡村振兴战略。以我所在的上海市青年联合会为例，其下属组织上海青年企业家协会在帮助上海各对口的贫困乡县中始终坚持一件事：为对口地区创业青年和青年致富带头人提供创业就业培训指导，指导当地开展创业大赛，直播"上海青年创业分享活动"。这种建立在青年企业家之间的良性互动，让乡村产生源源不断的内生动力，吸引了更多的人才和产业留在乡村。毫无疑问，青年企业家特有的"造血功能"正在让我们国家的乡村肌体变得更加强健！

陆　波：您曾提到较为欣赏日本乡村振兴的模式，您认为日本在进行乡村振兴时的哪些做法值得我们学习和借鉴？

张光远：同处亚洲农耕文化之下的中国与日本，都在现代化浪潮里面临着全球化、高效化、统一化的趋势，产业的升级转移、城市的高效发展、乡村的快速中空、土地的闲置流失，只不过日本发展快，经历这个过程比我们早。这正是我们可以观察学习的经验，我也曾多次到访当地实地调研。

总体而言，日本在进行乡村振兴时，最大特点是在遵循传统的前提下用艺术激活乡村文化。比如濑内户海和越秀妻有，前者是被遗弃的海岛，后者是山区。振兴前都是人口减少、老龄化加剧、地区活力下降、生产总值常年处于贫困线下。艺术家通过与当地居民沟通协商，在尽可能保留原貌的前提下进行艺术创作，循序渐进地重塑渺无人烟的乡间地带，促进城乡互动交流，保护和传承了农业文化精髓。这些做法不仅获得了乡村的认同和欢迎，更在凝聚情感、留住传统、激活文化、吸引人才、提振农业、带动产业、活化乡村等方面释放出全面的社会价值。

陆　波：是什么促使您决定加入乡村发展基金会？您对我们有着怎样的期许？

张光远：我来自浙江的小县城，离开家乡多年，依然有着浓浓的乡愁。同时出于企业家的社会责任和个人社会身份，我始终对乡村建设保持高度关注。基金会宗旨是发展新农业、建设新农村、培育新农商，致力于成为中国乡村创业创新的加速器。项目重点是培育人才，包括乡村发展研究院、产学研联盟等，这些都和我对乡村振兴的看法不谋而合。我也希望在未来，基金会在深入贯彻双创人才培育的基调上，在两方面上有所提升。一是加速成果转化。基金会的学术资源优势明显，如何将研究成果转化为"村里人"能实实在在感受到的好处是基金会公益最大化的关键，可以选择一到两个有代表性的示范区先行先试。二是建设有效的监督机制。不仅仅是基金会内部运作，更加要跟踪、动态分析筹措资金所产生的社会效益，让基金会成为"绿水青山就是金山银山"理念践行的助推器。

> "在遵循传统的前提下，用艺术激活乡村文化……不仅获得了乡村的认同和欢迎，更在凝聚情感、留住传统、激活文化、吸引人才、提振农业、带动产业、活化乡村等方面释放出全面的社会价值。"

2020 年 4 月 11 日发布于乡村发展基金会微信公众号，2022 年 1 月 27 日修改

张朝阳：持续打造价值直播和知识直播平台

导　语： 本期我们请到的是搜狐创始人、董事局主席兼首席执行官、乡村发展基金会理事、联合创始人张朝阳先生。他是中国互联网行业的开拓者，在他的带领下，搜狐作为一个有强大影响力的媒体平台，一直坚守着自己的社会责任。媒体平台应该怎么做公益？搜狐又将如何在直播领域发力？来听听张朝阳先生的答案。

陆　波： 有人说互联网的公共性使互联网与公益之间有着天然的联系，您对此有没有什么体会呢？在 2020 年抗疫期间，搜狐做了哪些工作？

张朝阳： 搜狐自成立以来，除了作为一个具备强大影响力的媒体平台，一直积极参与公益事业的报道之外，还尽搜狐所能充分利用资源策划实施系列的公益行动，希望利用强有力平台和整合的资源推动公益事业的发展。现在搜狐有公益频道，建立了互联网公益互助平台，我们一直在关注环保、健康和人文方面，也在积极参与各种救灾支援活动。

2020 年抗疫期间，搜狐更是承担了互联网企业应有的责任，在半个月内快速采购到数千万元的医用紧缺物资，协调直升机直接空运送到湖北的五十多家医院，这时候就是要和疫情抢时间。

除捐赠物资外，搜狐充分发挥互联网平台优势，把综合救灾能力赋能到各个业务板块，利用互联网工具为大众提供服务，助力疫情防控。在视频方面，搜狐视频打响"战疫"关注流直播，每日三场邀请全国知名医护专家、知识达人入驻，围绕疫情进展，在线科普答疑。同时，特设"抗肺炎 LIVE"频道，联合多家媒体机构 24 小时不间断直播疫情动态。此外，搜狐视频还上线了名为"加油"频道的免费作品主题页，2 月 4 日—2 月 10 日开放约百部优质剧，让用户"宅家"不无聊。

在媒体方面，搜狐新闻客户端第一时间上线"抗肺炎 24 小时"专题，搜狐公益、健康、科技、财经、教育等频道每天从不同角度提供"战疫"资讯和相关服务内容，让用户获取到准确可靠的疫情信息及防控知识。

陆　波：您曾说过知识传播是有价值的，乡村发展基金会也一直将重点放在教育传播上。我们创办了乡村发展研究院、明日地平线大讲堂等项目，想知道这些是否是您选择我们基金会的原因之一呢？

张朝阳：是的，同样搜狐也一直很重视教育，此前设立过教育基金，也很支持乡村发展基金会的活动。2020 年 2 月，明日地平线 X 创讲堂网络直播版就在搜狐视频"抗肺炎 Live"频道中播出了。播出以后热度也非常高，网友也非常热情地在直播间里互动，起到了非常好的科普效果。

此外，目前的直播市场正在向有价值的知识传播发展，所以搜狐也在通过直播和视频的手段，进行大众知识传播和教育传播。

疫情期间，我们先是邀请了一批医生入驻直播讲解防疫，现在更多情感博主、心理学家、各行各业有一技之长的人都入驻搜狐视频，通过表达自己，传播知识。另一方面，我们也策划了很多有价值的内容专题，比如"直播伴你过大年"，就是搜狐价值直播的一场盛宴。我们邀请了很多位博士级的播主来到搜狐视频直播间，在过年期间给大家分享科学知识，连续多日围绕医学、美食、文化、时尚等众多领域紧密输出了大量的优质内容。

陆　波：您提到搜狐视频要继续打造知识直播平台，从"上搜狐，知天下"到"看搜狐直播，知天下大事"，您可以重新阐释一下这两句话背后的变化吗？

张朝阳：从"上搜狐，知天下"到"看搜狐直播，知天下大事"，这句广告语的变化也代表着媒体与互联网传播的变迁。我们从图片、文字到视频，现在人的眼球都在手机上。搜狐是把直播当成媒体来做的，直播纳入视频媒体和图文资讯媒体，成为媒体的延伸。

从直播的发展来看，最初是以娱乐秀场直播为主，唱唱跳跳、刷礼物的；后来发展到用直播来带货，包括网红对产品的推荐，产生了很多粉丝、私域流量；搜狐开始的是第三个赛道，价值直播和知识直播。

知识传播是长久的事情，要立足长远，最重要的是吸引很多播主入驻，吸引受众。首先在内容定位上，继续拓展和挖掘更多垂直知识领域的话题和活动。同时在分发上，我们会给予一定的流量扶持，希望不断拓展各个专业领域有影响力的专家、学者入驻搜狐视频。在产品功能上，也会继续做好支持和服务。现在有打赏功能，直播回放，可跳过广告，未来还有开小课、付费课。这些产品都在开发当中。我们希望能让这些播主在传播自己知识的同时，也有一些回报。

依托产品、技术等方面的不断升级，搜狐视频直播功能在 2021 年已经实现了跨越式发展。在健康、情感、汽车、时尚、法律等领域都实现了更有深度的积累。未来，搜狐视频将持续打造知识直播平台，不断输出更稳定的优质内容，稳固直播平台专业口碑，推动直播生态向更多元、品质化、可持续的方向发展。

"搜狐自成立以来，除了作为一个具备强大影响力的媒体平台，一直积极参与公益事业的报道之外，还尽搜狐所能充分利用资源策划实施系列的公益行动，希望利用强有力平台和整合的资源推动公益事业的发展。"

2020 年 5 月 1 日发布于乡村发展基金会微信公众号，2022 年 5 月 7 日修改

刘荟荟：向善生长，莫问何处

导　语：本期我们请到的是朝茂投资董事长、乡村发展基金会理事、联合创始人刘荟荟女士。从事慈善 20 余年，帮助了很多人的她，从未留下自己的名字，她说自己只是在做力所能及的小事。但是这种"善"和"舍"本身，就是一种优秀而稀缺的品质。

陆　波：您从事公益事业长达 20 余年，在这段时间中，您觉得公益领域经历了一个怎样的变化？

刘荟荟：1998 年的长江特大洪灾，是我记忆中第一次参与捐助活动。当时特别惦念湖北的情况，一是因为武汉是我妈妈的家乡，另外我读的医学院也在湖北。所以当身边有朋友发起了对湖北的募捐时，我第一时间匿名进行了捐赠。让我没想到的是，当地的报纸特地用一个版面来表示感谢，并希望能找到捐赠人进行表彰。当时对我的触动很大，仅仅是一念而生的善举，却能激发一场爱心的接力。

在当年那个时候做公益，其实是有些孤独的一件事，更多的时候是一个人在坚持。因为我相信善的力量，用善良的心去做事，一定能开出美丽的花。即使有很多时候捐赠的资金可能会像水滴入大海，再也看不到踪迹，但你会知道这滴水一定会在某个时刻，与更多的水滴汇集在一起，滋润一片土地。做公益的这 20 多年，让我认识了很多有着共同信念和理想的同伴，也让我渐渐发现，公益不再是孤独的。这背后，是爱心人士队伍的扩大、是公益慈善组织的不断涌现，同时也是整个社会公众意识的变化。随着像蚂蚁森林、水滴筹、微公益等项目的出现，公益已经从"少数人"的坚持，变成了"多数人"的参与，我认为这是公益在这些年中最大的变化。

陆　波：是什么让您注意到乡村领域，并对乡村振兴产生了兴趣呢？

刘荟荟：正如前面所说，经过这些年的发展，我国成熟、成功的公益组织已经有很多了，其中不少我也有参与。虽说我们大多数慈善都是针对贫困地区，但是基本都是解决其中的某一个问题，可能无法从根本上解决产生贫困的原因。而我国大部分的贫困地区都在乡村，他们不缺少勤奋和能力，但是缺少专业的技术支持和人才指导。如何让人才留在乡村、滋养乡村，培养人才，形成良性的循环，这对于振兴乡村来说是十分重要的。而在这方面，我们社会组织的力量还是缺失的。我们需要搭建起一个平台，让智慧和资源汇集起来，共同培养一批乡村振兴的领路人。只有让这样一群人流入乡村，乡村的发展才有了支撑点。

陆　波：乡村发展基金会致力于成为中国乡村创业创新的孵化器和加速器，未来您对我们有什么样的期望呢？

刘荟荟：乡村人才的培养相对来说是一个新的领域，所以什么样的方向和机制更有利，还需要去一点点摸索，需要我们不断地进行思想的碰撞。同时，我们也可以去参考借鉴其他基金会或商业机构的成功经验，寻找适合我们的方式，集众家之所长，让公益的效果最大化。

在人才培养这方面，我们怎么能影响更多的人，让更多人得到受教育的机会，我觉得还需要探讨和研究，例如，我们可以学习大学慕课或线上教育机构的一些方式方法。另外随着乡村发展研究院相关研究的开展和深入，未来我们应该在农村建设示范点，让理论落地。

同时，资金的募集和有效利用也是非常重要的，我认为可以借鉴一些成熟的慈善组织的方式，比如，联合媒体和知名人士举办慈善晚会或论坛等。一方面让更多的人了解到我们、加入我们；另一方面也能借助他们扩

143

大基金会、研究院的影响力。此外也可以发动我们的联合创始人资源，通过丰富的形式，让基金会深入乡村，从点到面地扩大基金会的辐射地域和人数。总的来说，就是既要从基金会的长期目标角度进行纵向的发展，也要扩大基金会的区域和传播方式，进行横向的扩张。

> "我们需要搭建起一个平台，让智慧和资源汇集起来，共同培养一批乡村振兴的领路人。只有让这样一群人流入乡村，乡村的发展才有了支撑点。"

2020 年 5 月 9 日发表于乡村发展基金会微信公众号，2022 年 4 月 1 日修改

武志红：心理学可帮助人直面灾难

导　语：本期访谈的嘉宾是武志红心理咨询中心创始人、乡村发展基金会联合创始人武志红先生。他是专业的心理咨询师，也是知名的畅销书作家。他致力于打造让公众信任的咨询师体系，用专业能力服务乡村振兴。

陆　波：您曾出版过多部心理学作品，每一部都可以说成为当时的热点话题，引发广泛的讨论。在《圆桌派》和《为何家会伤人》中，您都提到了原生家庭对孩子成长的影响，在这一方面，城市和农村家庭有哪些共性，又有何不同呢？

武志红：原生家庭对一个人的影响广泛而深远，在这一点上，城市和乡村没有区别。就像心理学家阿德勒所说：幸运的人一生都被童年治愈，不幸的人一生都在治愈童年。原生家庭影响人的途径是关系，它大致的路径是：一个人的性格在原生家庭的关系中形成，一个人的问题在当下的关系中展现，一个人的问题在好的关系中疗愈。

所以，如果父母想给孩子一个好的命运，在孩子幼小如 6 岁前的时候，和孩子建立起稳定而高质量的关系，是重中之重，这可以被视为孩子的命运雏形。并且，母亲和孩子的关系尤为重要，父亲和家庭乃至社会，都要给予母子关系以支持。

在道理上，城市和乡村是一样的，但在具体情况上，有着巨大的差异。

相对而言，中国城市中的母子关系，可以得到比较好的支持。当代女性都要工作，所以母亲在孩子幼小的时候，都会去上班的。但是，城市家庭可以请保姆，还可以请老人来带，现代社会在这方面也日益多元化。

　　然而在农村，这就存在着问题。一方面有一定优势，老人和年轻的夫妇居住的距离很近，所以可以帮他们带孩子。可是，现在的年轻人多数都要去城市里打工，所以母亲们在孩子幼小的时候都要离开家乡，这导致大量的留守儿童，这成为一个普遍的问题。并且，农村不像城市，后者因为人群的高度聚集，可以发展出各种服务业，包括在对母子关系的支持上，农村的孩子在小时候能否得到良好的养育关系，只取决于他们所在的家庭。这一点希望我们的社会和国家能有所重视。

　　陆　波：在这次疫情中，您的机构开通了免费心理援助专线，为一线医生、病人及家属进行心理疏导。这次公益行动中您最大的感触是什么？另外您觉得心理学和公益还有哪些结合点呢？

　　武志红：从春节开始，我和我的机构都开始密集地投入疫情的心理援助中去。然而有意思的是，我的的确确发现，这像是一个想象出来的需求。就是说，向我们求助的人并不多。我们本来期待的目标人群即医护人员和患者以及他们的家属更不多。后来看欧美的疫情情况，我认识到，比起心理安抚来，人类面对疫情更需要的，是接纳这件令人不舒服的巨大灾难，而不是忽视甚至否认它。

　　其实这种情形在汶川大地震时也有体现，在美国"9·11"中也一样。人类是非常坚韧的，心理援助和相关研究是要做，但或许不必因此认为，这是一个广泛而迫切的刚性需求。

　　陆　波：是什么让您关注到乡村振兴？您对我们有什么建议或期望？

　　赵少康：我是河北农村的，深知农村过去的苦，也了解了一下现在的问题。同时，即便目前，居住在农村的人口仍在我们国家占据多数，所以振兴乡村是必须的事情。作为从农村出来的孩子，我希望能贡献我的一臂之力。对于乡村发展基金会，我期待能做一些非常关键性的、体制内难以做到的事情。例如，对农村有意义的研究，也可以做一些试点，这样能找到一些农村发展的道路，并且能广泛推广，这是最关键的吧。

> "一个人的性格在原生家庭的关系中形成，一个人的问题在当下的关系中展现，一个人的问题在好的关系中疗愈。"

2020 年 6 月 13 日发表于乡村发展基金会微信公众号，2022 年 1 月 26 日修改

邓　锋：在乡村做公益，有意义，也有意思

导　语：本期访谈的嘉宾是北极光创投创始人、乡村发展基金会联合创始人邓锋先生。他以稳健的风格和专注的策略享誉创投界，他注重精英培育，向国内外多所大学捐赠。我们想知道这位创投家为什么要在乡村做公益……

陆　波：从清华大学思源骨干计划到未来科学大奖，您参与过很多公益性的项目，为什么选择乡村发展基金会的项目？

邓　锋：有意义的一个标准是："能否真正给人带来价值？"其次的标准是："是否能用到我的所能？"把乡村新一代的人才培养好是脱贫中非常有意义的事情。培养人这件事我有着力点，因为风险投资经常做和思考的就是如何培养一支好的团队。好的团队，加上我们的投资，再抓住好的市场机会，就能把事情做大。

中国未来的发展趋势，会进一步往下沉市场走，农村的发展机会越来越大，比如拼多多的崛起就得益于下沉市场。如果能把农村青年的商业认知提升，就会是个很好的公益项目。

培养乡村的青年，要培养乡村青年的商业逻辑和基本功。第一是发现乡村中新的商业机会的观察力；第二是开启商业和经营时的执行力；第三是在商业实践中培养他们的领导力。

　　而在培养过程中，不着眼于短期的 KPI。乡村的公益开展要有耐心，在这个过程中更重要的是培养他们创业的能力，以及激发他们想要实现人生价值的期许，这往往需要许多年才能成功。

　　我们帮助一个年轻人去创业，但他失败了，不能认为我们帮错了。因为很可能他第二次创业就会吸取第一次创业的经验而成功。年轻人创业风险的确很高，但是这些年轻人在创业过程中学到的东西将对他们未来的发展有非常大的帮助。所以我们不能把目光只盯在现在，而要放眼 10 年 20 年之后，一个年轻人能否有更大的成长和成就。那个时候如果我们培养的年轻人中能够带来一些改变，我们就很满足了。

　　陆　波：在美丽乡村的建设中，乡村将会变成什么样子？投资人对于乡村和农业是一种怎样的态度呢？

　　邓　锋：我今天参与乡村发展基金会不是为了投资，而更多的是做公益。我现在在新希望集团做独立董事，也在学习饲料的种植和养殖产业。我发现乡村有非常多新的发展机会，一旦乡村的产业发展起来，也会带来越来越多的投资机会。

　　我认为未来乡村的发展会进一步城镇化、郊区化，变成类似美国硅谷的小镇。农业机械化程度会越来越高，乡村的主要产业、生活、文化都将发生变化。同时，未来乡村年轻人的生活方式，将会给乡村带来巨大的变化。而我希望通过乡村发展基金会能够做一些落地的项目，把项目做实，真正帮到乡村的年轻人，尤其是培养和带动与科技相关的对乡村未来的生活方式和传统产业的改造。

　　我想象中未来的乡村环境优美，青山绿水；同时，未来的乡村也是很时尚的，在建筑、园艺、人们的穿着上都很时尚。乡村不再是没有品位的代表，它甚至比城市环境更好，同时在时尚和美学上有自己的风格，也不会再让大家觉得有文化距离、心理距离。

　　风险投资当中很多人都把目光放在城市中现存的市场，但是从中国当前发展的趋势来看，村里的年轻人眼光和视野已经渐渐打开，乡村方面的机会未来可能更大。所以年轻人只要锻炼出足够的商业能力，就可以做得更成功，这件事具有非常好的公益价值。

陆　波： 您在做公益的过程中有什么思路？将来有什么计划？

邓　锋： 我做公益的思路大致有两条主线：

第一条主线是教育。公益不要等老了再做，因为做公益不只是贡献钱，还需要贡献智力，应该更多地聚焦于人，注重帮助年轻人积累经验，增长见识。在教育这方面，我能够运用我的智力和经验，发挥特色和资源优势，帮助培养 global leader。我在清华做的登峰基金会专注于培养清华学生的创新力和领导力，从 2003 年到现在已经做了 17 年；同时，我也参与了清华思源计划、苏世民书院、西湖大学等众多与教育相关的公益项目。

第二条主线是关注中美关系。我相信未来全球化依然是大势所趋，地球未来将成为地球村。虽然短期可能有波折，但长期的趋势会形成"人类命运共同体"，所以我们一定要培养具有全球视野的下一代年轻人。面向未来，我将进一步拓宽参与公益项目的对象和范围，从大学的青年到乡村青年，从高等教育到基础教育。我们希望能够把未来在乡村的项目做实，真正帮助到年轻人。而我也希望能够通过一起参与公益项目，进一步践行北极光扶持世界级中国企业家的愿景和社会责任感，更好地发挥我们的力量。

　　"公益的形式很多，需要有挑选地做，需要做有意思和有意义的公益。培养乡村的青年是有意义的事，推动乡村产业的发展是有意思的事。"

2020 年 6 月 20 日发表于乡村发展基金会微信公众号

李　俊：公益赋能乡村美好生活

　　导　语： 本期访谈的嘉宾是俊发集团创始人、乡村发展基金会联合创始人李俊先生。俊发至今已成立 24 载，多年来在云南的房地产市场一马当先。他深入云南各个州县镇乡，大力开展精准扶贫，多维度改善民生。且看他如何描绘心目中的乡村图景……

　　陆　波： 作为一家深耕云南的城市更新综合服务商，您如何解读国家的乡村振兴战略？本地企业应该怎样助力云南的脱贫攻坚？

　　李　俊： 十九大报告指出，农业农村农民问题是关系国计民生的根本性问题，必须始终把解决好"三农"问题作为全党工作的重中之重，实施乡村振兴战略。可以说，乡村是发展的根，没有农业农村的现代化，就没有国家的现代化。

　　中国特色社会主义乡村振兴道路，最终目的就是让农业成为有奔头的产业，让农民成为有吸引力的职业，让农村成为安居乐业的美丽家园。为此，离不开打好精准脱贫攻坚战，走中国特色减贫之路。

　　俊发作为云南企业，对这片土地有着深厚的情感。在助力打赢云南省脱贫攻坚战过程中，勇于在"三区三州"之一的怒江州、深度贫困地区东川、禄劝、版纳等地开展精准扶贫工作。俊发深知授人以鱼不如授人以渔，通过捐赠东川 5000 万元、版纳 2000 万元、怒江州 500 万元、禄劝 533 万元……累计捐赠扶贫资金近 1 亿元，在当地的教育、产业、易地搬迁等领域发力，实现"两不愁、三保障"及老百姓对美好生活的向往。

陆　波：早在 2007 年，云南省俊发教育扶贫基金会就正式成立了。俊发集团每年向基金会捐赠资金，"资助贫困地区失学儿童和促进贫困地区教育事业的发展"。俊发基金会为什么要以此作为捐赠方向？十几年来，最大的收获是什么？

李　俊：梁启超先生曾说，少年智则国智，少年强则国强。脱贫攻坚扶贫先扶智，偏远贫困山区儿童通过上学，积累知识，立志奋斗，才能从根源上切断贫困。

孩子是未来，教育是希望。正是基于此，俊发基金会 14 年如一日，用温暖每一个孩子的公益初心，播撒爱心和温度。基金会不仅为贫困地区援建了 5 所希望学校，资助贫困学生顺利完成学业，还注重孩子们的心灵建设，在经济扶贫的同时更注重精神扶贫。2007 年至今，基金会已经连续 14 年开展"绿芽一对一"，连续 4 年开展"俊·视界"，连续 3 年开展多次"俊·悦读"公益活动。

俊发，用心关注孩子们的素质成长和精神世界，选择更好的帮扶方式，实现从硬公益到软公益的模式提升。

截至 2020 年 6 月 30 日，俊发累计投入约 5.66 亿元用于全国公益事业发展，涵盖教育扶贫、精准扶贫、环境保护、灾难援助、城市建设、敬老爱老六大领域。

践行企业责任，汇聚公益力量。创立 24 年来，俊发集团把公益行动作为企业的一项重要事业来抓，牢记初心使命、勇担社会责任，在实现企业高质量快速发展的同时，积极投身全国公益事业，让"品质筑就生活"的企业使命，有了更深层次的意义和内涵。

陆　波：作为唯一的来自云南的联合创始人，您加入乡村发展基金会有哪些考虑和期待？

李　俊：中国的乡村发展面临诸多问题和挑战，形势严峻。核心问题是人才匮乏。一方面，农业农村呈现空心化，缺乏创业创新的土壤，青年不愿回乡创业，项目无法落地，农村就业能力不足；另一方面，传统的农业教育体系不能适应新的产业变化，农业专业学生在职业发展方面没有优势，不能满足新的市场需求。

乡村发展基金会，就是针对乡村发展中的人才问题成立的。很荣幸，我能够与企业家王石、冯仑、著名经济学家海闻教授等一道，成为乡村发展基金会联合创始人。同时，也希望能有更多云南企业家、学者等，加入乡村发展基金会，共同为深入实施乡村振兴战略、切实解决乡村发展中的人才问题贡献力量。

当前，云南提出大力培育新动能，全力打造世界一流的"绿色能源""绿色食品""健康生活目的地"这"三张牌"。蕴含丰富自然资源和民族文化的广阔乡村，更是"三张牌"落地落细的根基。作为城市更新综合服务商，俊发一直在积极探索中国新型城镇化可持续发展道路。未来，俊发将积极投身到乡村建设中去，继续做好产业助农工作，搭建青年创业者与乡村建设的桥梁。聚力聚焦全省"三张牌"战略目标，探索完善乡村振兴的新思路。用这套创新有效的城市更新模式，在乡村开辟大有可为、大有作为的空间，在这片热土上开启奋斗的征程，赋能乡村美好生活！

> "作为城市更新综合服务商，俊发一直在积极探索中国新型城镇化可持续发展道路。未来，俊发将积极投身到乡村建设中去，继续做好产业助农工作，搭建青年创业者与乡村建设的桥梁。"

2020 年 7 月 18 日发表于乡村发展基金会微信公众号，2022 年 1 月 17 日修改

李成才：将科学和爱传播到乡村深处

导　语：本期访谈的嘉宾是中国电视艺术家协会电视行业委员会副主任、乡村发展基金会联合创始人李成才先生。他是著名的纪录片导演，他的作品行业跨度大、信息量大、影响力大。他继承了"文以载道"的精神，针对尚未完成科学启蒙的民众，想承担一部分使命。我们的对话，从他执导的两部纪录片展开……

陆　波：有人评价您执导的大型纪录片《影响世界的中国植物》："让观众能隔着屏幕嗅到乡土淡香。"由此可以看出您对中华大地田野乡间的一往情深。拍过这部片子后，您对于乡村发展有了哪些新的认识？

李成才：拍这部影片，一部分源自我的生活经历。我在北方的农村里长大，对田野有深厚的情感。它来自我曾经的生活，来自我的所见，来自我曾经所触摸的过往。如果没有这一段生活历程，也就不可能有这部影片。

您问我拍这部影片，对于乡村发展有了哪些新的认识，其实我还没有想过这个问题。这部影片里拍了很多水果、蔬菜、粮食等，我们一直在说中国文明和中国文化来源于植物，这部影片其实是一次寻根之旅。所以不能说是有一些新的认识，我们只是希望，能够把中国的传统文化与中国大地相关的生活、审美、文明之间的关系梳理出来。这并不是新的认识，这是应该补上的关于植物的一课。我们天然地、理所应当地接受了水稻的文化、茶树的文化、桑树的文化、本草的文化、园林的文化、花卉的文化；天然地知道我们的诗歌和植物的关系、文字和植物的关系、我们的生存法则和植物的关系，这些是祖祖辈辈流传下来的。

它本来就存在于我们的历史进程当中，只是大多数人不知道而已。所以这不是重新认识，只是把天然接受的、没有引起大众足够认知的这一部分东西，通过我们的影片做一次回望，做一次端详，做一次梳理和呈现。比如说，中国人会在梅兰竹菊上寄托修身养性的一种愿望。从文化特征上来讲，不知道世界上其他哪个民族对人格的培养，会用植物做象征，这是一件很神奇的事情。

中国人对爱情的理解、对家国的理解、对手足之情的理解等，大多会用植物进行表达，很多内容都能找到与植物相对应的关系。这部影片里面更多的是想梳理这些东西，试图了解这些来源，做一次寻根，撬动中国人对植物的思考。我们和观众一起上这一堂植物课，大自然如何眷顾中国这片土地，这片土地如何没有辜负大自然这份馈赠，靠着先人们的劳作、发现的能力，诞生出能够影响中国又影响世界、滋养中国又滋养世界的水稻、大豆、桑树、竹子、茶树等植物。

我们在学会栽培作物之后，诞生了村庄，学会了集中居住，集中耕种作物。比如说犁的诞生，不亚于瓦特蒸汽机的诞生，它也具有划时代的意义，意味着农耕文明出现了。还有浇灌技术、对河流的理解等，这些构成了农耕文明的一套体系，包括我们的尊卑贵贱、社会规则等，这些是这部影片最根本的东西。

我重新认识乡村，是在这部影片播出之后。中国几百年以来，尤其是在中国近代史上，我们去拥抱工业文明，拥抱它带来财富的方式，拥抱它带来的便捷生活、丰富物质，惊讶于工业文明财富创造的能力，但还没有来得及仔细审视工业文明带来的副作用，比如心灵的空虚和焦虑。未来我们应该靠什么力量去抚慰或是化解消融它？

如果问我们对乡土、乡村的理解，不如说是对自然文明的理解。过去我们从大地上获得了肉体和精神上的一部分满足，未来我们在精神上会有更多的渴望，还是应该从大地上获得安宁。工业文明强大而又不堪，自然文明在工业文明的冲击下，美丽而又脆弱。所以我对乡村的发展和理解是，往长远来说，中国人以及世界上的人，都需要从乡村中获得心灵的慰藉，它是源于自然的力量。

我希望中国在探讨自己的城市化、工业化、现代化的进程当中，想想乡村应该如何发展，也是以乡土为代表的自然文明和以金融为代表的工业文明之间的平衡，我们需要继承哪些东西、传承哪些东西，找到更适合人们幸福生活的一条道路。

陆　波：听说您正在紧张地拍摄一部新的纪录片《基金》，有没有考虑再拍一部《基金会》，把一百多年来基金会对于社会文明进步所发挥的巨大作用呈现给观众？

李成才：百年来，中国人的生活大抵经历了这样的层次：饥饿与贫穷、温饱与殷实、财富与资本。目前财富与资本与越来越多的人发生了关系，中国逐渐进入财富管理的时代。为财富寻找归宿，或生活或投资或理财成为一种常态。在中国的资本市场中，有一大批个体投资者，是散户，也叫"韭菜"。其实在其他发达国家中，没有那么多个体投资者，都是由专业的投资机构代替大众理财。中国也需要这样的方式，让个体投资者享受自己美好的生活，而不是投身于焦虑的股票市场，从此摆脱"韭菜"的命运。

基于这样的情况，我们开始拍《基金》。基金有聚集财富、创造财富的力量，能完成对新经济的塑造，完成中国创新发展的任务。

拍了《基金》要不要拍《基金会》？基金和基金会是两个完全不同的概念。基金会背后是一套特别的体系，基金会可以帮助财富找到更有灵魂、更有价值的归宿，也就是让财富与善良、科学相处。

我很希望未来有机会，可以拍摄关于基金会的纪录片，希望能把基金会在世界范围内所走的历程、有哪些很好的范例，尤其是基金会在中国的发展，什么人在做法律、法规、政策的推动工作，什么人把它变成科学的体系，什么人在做实践性的工作等，记录下来。

陆　波：您加入乡村发展基金会，有什么样的期待和计划？

李成才：我为什么这么愉快地答应王石先生邀请，加入乡村发展基金会？在我和他 20 多年的交往经历当中，他在我心目当中一直是个英雄。我觉得在中国企业家中，王石先生有自律、有担当，内心有非常崇高的信念，是我们今天社会中特别可贵的、稀缺的人。他参与社会的变革，推广体育运动、推广环保、推动自然教育、探讨植物文化。我是他的一个追随者。

其次，我是审美文化的享受者，所以我有责任把它释放出去。我认为在有审美教育的环境里成长，会对生命有不一样的理解，甚至生命的轨迹都不一样。加入乡村发展的计划之后，我会用自己在媒体和纪录片界的影响力，去记录和呈现广袤的乡村。他们需要什么？他们正在发生怎样的改变？除了影片之外，我会去做关于审美、影像的公益课，能够和乡村的孩子们一起分享审美的力量，种下关于审美的种子，让乡村的孩子们有机会欣赏、体会世界上最好看的纪录片、最好听的音乐、最好看的电影，等等。

"加入乡村发展的计划之后，我会用自己在媒体和纪录片界的影响力，去记录和呈现广袤的乡村。他们需要什么？他们正在发生怎样的改变？除了影片之外，我会去做关于审美、影像的公益课，能够和乡村的孩子们一起分享审美的力量，种下关于审美的种子，让乡村的孩子们有机会欣赏、体会世界上最好看的纪录片、最好听的音乐、最好看的电影，等等。"

2020 年 7 月 25 日发表于乡村发展基金会微信公众号，2022 年 2 月 11 日修改

樊　登：读书点亮生活

导　语：本期访谈的嘉宾是樊登读书创始人、乡村发展基金会联合创始人樊登先生。从学霸到主持人再到创业者，樊登在不断实现人生跨越的同时，也以其独有的方式，在中国推动了知识付费、全民阅读的新风尚。作为资深读书人，他是如何看待乡村教育与人才培养的？

陆　波：您创办的"樊登读书"作为倡导"全民阅读"的先行者，让很多人养成了阅读的习惯。但在我国的广大农村，还有很多地方教育资源和信息渠道都很匮乏，您觉得对于他们来说，怎样才能得到自我提升呢？

樊　登：我们的部分地区现在仍然面临着教育资源分配不均的问题，但随着国家越来越重视国民的教育，现在已经有越来越多的乡村书店、乡村阅览室出现，为这些地方的居民提供学习阅读的空间。虽然樊登读书现在通过线上视听的形式，解读实体书籍的精华供大家学习和吸收，但我们仍然鼓励大家在条件允许的前提下尽可能地阅读实体书，开阔视野，培养深度思考的能力。

除了线上生产内容之外，樊登读书很早就认识到线下与线上充分结合对于知识分享的传播效果有非常大的助力作用。我们在全国区县级的合作中心已经达到 70% 的覆盖率，为的就是能为更广泛的读者提供线下的学习活动，营造良好的学习氛围。希望大家有机会都能走进我们的线下活动，一起感受读书和阅读的魅力。

陆　波：樊登读书做过很多公益活动，例如公益讲座、图书捐赠等。在您看来，公益活动应该如何开展才能更好地实现教育目的？

樊　登：教育一直是国民关注度很高的话题，在我们国家甚至全世界，长久以来都面临着教育资源分配不均衡、教学水平参差不齐、边远地区对于教育重视度不够等问题。而教育之于人，特别是对于孩子来说，关乎他们的成长和国家的未来。公益是非常友善的行动，我认为作为企业应该在发展自己的同时积极投身公益，为这个社会有需要的人提供力所能及的资源和帮助。在做公益之前，评估社会需要什么、我能提供什么和怎么确保执行落地并实现更好的效果。

樊登读书这个产品一直在做的，也是希望能够通过我们去影响更多的人加入全民阅读和学习中，为更多想读书、想学习的人提供机会。我们觉得一个企业在做好自己的事情的同时，更要去积极承担社会责任。所以我们从 2013 年成立起，就一直持续在为偏远地区、贫困地区的中小学校捐赠爱心图书室，目前已经捐赠了 140 余所。未来我们也会持续投身公益领域，传播知识、传递温度。

陆　波：乡村发展基金会重点关注的领域是乡村人才培养，您开办学习机构多年，是否有一些经验和建议能与我们分享？

樊　登：人才培养是组织建设的重要任务之一，也是一个组织发展的前提。我们樊登读书的口号是"读书点亮生活"，多读书、读好书对一个人的成长至关重要。樊登读书的愿景是"在中国，每多一个人读书，就多一份祥和"。我们也一直秉承这个信念，为 3 亿国人打造有用的知识平台。

所谓"有教无类"，高端人群需要通过读书来获取解决问题的思路，大众人群更需要通过读书来开阔视野、丰富生活。樊登读书 APP 里所讲的都是生活必需品，这是普罗大众的刚需。对于大众而言，我们用一种新的打开书本的方式，带领人们走进书本的世界。读书能明理，能使人快速地进行独立思考，因此带来的积极想象力可以帮助他们找到富有创造力的解决之道。读书还能增强自尊，这是读书后最关键的变化，也是我们最希望带给大家的。教育的目标就是要塑造独立完整的自尊体系，有自律性，就可以生活得很幸福，才会让人更容易爱人。

"读书能明理，能使人快速地进行独立思考，因此带来的积极想象力可以帮助他们找到富有创造力的解决之道。读书还能增强自尊，这是读书后最关键的变化，也是我们最希望带给大家的。教育的目标就是要塑造独立完整的自尊体系，有自律性，就可以生活得很幸福，才会让人更容易爱人。"

2020年8月5日发表于乡村发展基金会微信公众号，2022年1月20日修改

陈行甲：选择公益，源自初心

导　语： 本期访谈的嘉宾是深圳市恒晖公益基金会创始人、乡村发展基金会联合创始人陈行甲先生。他曾经是全国优秀县委书记，以亲民和廉政的形象广受赞誉。近年来，他转场公益，致力于中国贫困地区儿童的大病救助和教育关怀。对乡村、对公益，他有着深厚的感情和深刻的理解。

陆　波： 2021 年 1 月，乡村发展基金会曾邀请您来到"明日地平线大讲堂"。在讲座上您谈到，解决"因病致贫"问题是您决定辞职从事公益的动因之一。在河源市开展的"联爱工程"，也取得了出色的成果。您为什么要做这件事，接下来还有什么计划？

陈行甲： 我们"联爱工程"公益社会实验的思路就是：以"消除因病致贫，让每个白血病儿童获得 90% 报销比例"来破题，以广东省的贫困地级市河源为试点，联合政策内资源和社会力量救助，消除儿童白血病的因病致贫。更重要的是借此机会，在试点区域内开展药物评估、医疗服务能力提升等工作，探索出一整套基于实证的工作流程、工作方法，以期推广到其他的疾病领域、地域、年龄段。

我们在河源成立了三个中心：肿瘤社工中心，致力于服务患儿和家属；优医中心，致力于提升贫困地区对于重大疾病的治疗能力；卫生技术评估中心，致力于用独立公正透明的第三方卫生技术评估的工具、流程和方法，推动药物政策的完善。患者、医生、药物这三方面的规律找到了，因病致贫的规律性解决办法就找到了。

我的想法是，我们国家太大了，贫困人口太多了，疾病种类太复杂了，所以我们来选一个"小地方"——一个 400 万人口的地级市做试点（欧洲三四百万人口的国家太多了），以一个社会痛点难点的疾病——儿童白血病为试点病种，通过对这块试验田里所有儿童白血病的兜底治疗来帮助国家做一次公益实验，探索因病致贫的规律性解决办法。这是一个大胆的想法，我们的目标是为国家做一个医疗保障领域的"小岗村"，帮助国家试错。就像 40 年前的包产到户，那时的中央层面不可能贸然宣布农民包产到户，但是，安徽凤阳县小岗村的那 18 位农民可以试。医疗保障领域太敏感了，国家层面来试错是试不起的，因为一旦实验失误代价高昂，但是我们草根公益组织可以试。如果失败了，也就是我们几个草根公益人失败了而已。但是，万一成功了呢？就有可能对国家产生了意义。

陆　波：无论当年从政，还是现在做公益，在您身上，一直有着坚持人生信仰的理想主义色彩。人们常说："理想很丰满，现实很骨感。"是什么力量支撑您战胜现实的挫折，坚持本心，走到今天？

陈行甲：类似的问题也有人问过我，我经历过许多的不容易：当初的反腐难，后来的辞官难，现在的公益难。但是外人眼中的我都是坚定地乐呵呵地在做，是什么力量在支撑着我？

回答这个问题，还是要回到初心。

我出生在三峡库区深处湖北省兴山县的一个小山村，每天上学都要翻山越岭。崎岖之路从小走到大，看惯了层峦叠嶂的山峰和曲里拐弯的江河。真实的人生的三峡让我从小形成了一种潜意识，就是从内心里觉得没有什么事情应该是一马平川、一帆风顺的。我的妈妈只读过两年书，识字不多，但是小学开始识字的时候就听妈妈笑着说过，她觉得"苦"这个字像人的脸，上面那草字头两竖像两个眼睛，中间小十字像人的鼻子，下面的口就是人的嘴巴，所以人生下来就应该是要吃苦的。妈妈的人生态度也深深地影响了我，让我成为一个和她一样的乐观的悲观主义者。就是那种明知道有很多的苦在等着，但是觉得为了做有意义的事情吃苦是正常的；明知道事情的结果不会很好，但是也愿意抱着最好的结果有一丝出现的可能往前走的人。

这种对事物的认识就是我人生的底盘。所以，无论是我最初低在尘埃的起点，还是我后来成为领导一方的官员，我在处世为人的基本点上，出发点大多不是自己，不是我需要什么，而是什么需要我。这是一种生活的逻辑，当你不那么关注自己的时候，你就有足够的心力去关注他人。

回过头看这几十年，我得到了太多群众的肯定和鼓励。我现在从事公益，也有太多的力量支撑着我。相比之下经历过的那些挫折简直不值一提。

陆　波：根据您的体会，在乡村做公益，需要具备哪些素质和能力？

陈行甲：我选择公益这条路，源自我的初心。在农村出生长大，工作也多年在基层，我亲眼看到在一个转型的时代，一些底层的群众承受着与他们的付出不对称的冲击。贫富差距拉大是不争的现实，广袤的乡村里，一些老人、妇女和孩子在无奈地承受着贫困、病痛和孤独。

对乡村社会发展中的这些难点、痛点，党和政府尽了极大的努力，情况在不断改善，但是要从根本上解决问题也非常需要社会力量的广泛参与，公益就是一个最重要的渠道。可能有的人把做公益看得很简单。公益，不就是做好事吗，做好事还不简单啊？我理解，在当今时代，真正意义上的公益，对操作者的要求其实很高。它既需要对当前社会各阶层有深入的了解以及对弱势群体的同情和关怀，又需要有宏观的视野和广泛的资源整合能力，也需要一个正直的、值得信赖的公众形象。更重要的是，还需要有耐得住寂寞、一步一个脚印的实干精神。而这些恰恰是党对我的长期培养过程中，一点一点锻炼和积累出来的东西。

　　"我理解，在当今时代，真正意义上的公益，对操作者的要求其实很高。它既需要对当前社会各阶层有深入的了解以及对弱势群体的同情和关怀，又需要有宏观的视野和广泛的资源整合能力，也需要一个正直的、值得信赖的公众形象。更重要的是，还需要有耐得住寂寞、一步一个脚印的实干精神。"

2020 年 8 月 19 日发表于乡村发展基金会微信公众号

钟声坚：做好慈善公益，实现与人为善

导　语：本期访谈的嘉宾是新加坡仁恒置地集团董事局主席、乡村发展基金会联合创始人钟声坚先生。他秉承"善待土地，用心造好房"的理念，将仁恒打造成高品质的象征；他致力做全球企业公民，组织、参与了众多的社会公益项目。常年在新加坡和中国之间往来的钟先生，对乡村发展、对公益慈善，想必会有独到的见解。

陆　波：新加坡是一个城邦之国，既没有农村，也没有农业，那么您为什么要关注中国的乡村振兴呢？在您看来，乡村发展和城市发展之间是什么关系？

钟声坚：关心乡村不仅是源于华人华族几千年的农业文明传统，更是当代城市人全面认识世界、全面理解发展所必不可少的。新加坡是一个城邦之国，但每日食用的粮油、蔬菜、水果，哪一样不是周边国家农民的辛劳所得？农村、农业不发展，哪里来的城市？城市文明又从何而来？我个人在中国做开发。在我看来，中国的城市化有两个前提：农用地转化利用和农民工的劳动贡献。中国城市的建设、管理和维护，农民工功不可没。这一点我的感受特别深。乡村发展和城市发展是一个国家、一个地区发展的硬币的两面。两者互为条件，如果在城市发展过程中解决不好农业、农村、农民问题，那肯定是不可持续的。

陆　波：您在新加坡和中国都发起和参与了许多公益慈善项目。在疫情期间，您和仁恒海内外成员企业都积极行动，助力抗疫。您认为，在这两个国家做公益，最大的不同是什么？

钟声坚：扶危济困是人类社会积极向善的表现，也是需要更多志同道合者共同来承担的责任。在遇到灾难事件时，人们不分地域、种族，都迸发出爱心与善念。2004 年年底的印度洋海啸，2008 年的汶川地震，2010 年日本的地震海啸，每一次的灾难都让我们意识到生命的脆弱和爱心的可贵。此次新冠疫情也是如此。

新加坡社会的慈善公益事业与早期移民之间的互助传统密不可分，建立在地缘、亲缘及宗教信仰基础上的民间互助，如今成为整个社会凝聚力的一部分。个人和企业的资源可以得到很好的利用，这一宝贵的社会财富是很难用金钱来衡量的。中国大陆地域广阔，城市化所带来的人员流动也是史无前例。如何做好慈善公益，人们可以探讨尝试各种可能，发挥个人和不同组织的积极性，更好地实现"与人为善"的目标。

陆　波：感谢您选择加入乡村发展基金会，对我们有什么期待和建议？

钟声坚：我非常认可基金会从"人"入手，改变乡村、振兴乡村的理念。期待和众多同道一起，从点滴开始，一步一个脚印地把事情做好。

> "乡村发展和城市发展是一个国家、一个地区发展的硬币的两面。两者互为条件，如果城市发展过程中解决不好农业、农村、农民问题，那肯定是不可持续的。"

2020 年 9 月 10 日发表于乡村发展基金会微信公众号，2022 年 3 月 18 日修改

黄世再：爱在乡村，爱在大中华

导　语：本期访谈的嘉宾是大中华国际集团董事局主席、乡村发展基金会联合创始人黄世再先生。他有潮汕人的坚忍执着，相信没有克服不了的困难；他有基督徒的善良博爱，笃信"上帝派我们到世界上，就是要为社会做些有意义的事情"；他的企业名称寄托了豪情壮志，寓意"大中华统御全球经济"。不同于过往的商界专访，今次的话题紧紧围绕乡村发展和公益慈善展开……

陆　波：您是 20 世纪 90 年代深圳的第一个外资开发商，如今投资和产业遍布国内各大热点城市。您心目中的美丽乡村是什么样的？您怎样看待乡村振兴与城市发展之间的关系？

黄世再：2013 年我曾在中国（上海）城镇化高层论坛上提出"农村城镇化"，得到了国家扶贫办和农业部的认可。1998 年，我在深圳市龙岗区布吉村尝试过农村城镇化。当时布吉村只有 500 多人口。我们先建了菜市场，后来政府盖了路，配套了市政设施。在开发龙珠花园时，并没有占用农田，而是进行了土地改造。龙珠花园建成后，我大胆提出"购房入户"概念，效果很好，大大推动了当时深圳农村的发展。

和文化、思想、道德引导同样重要的是农村的基础设施建设。从农村走出来的人，愿意回到家乡，但改变不了家乡的生活环境。怎么去改变农村的生活环境？我一直在考虑，想了几十年。我的观点是：中国作为农业大国，共有 6 亿多农民。新的领导人有智慧、有能力把我们农民的土地集中起来，市场化。但是农民怎么走？能不能把"农民"这两个字改变成"国民"？能不能给他们改成城市户口？更希望给予农民以国民待遇、国民服务。而我个人更期望农民的土地能够流转，能实现证券化。

我还希望促进人力、文化和思想等置换，促进农村和城市一体化，根本性减小城乡差异。改革开放 40 多年了，今后改革开放的重点应该在农村。

陆　波：我知道，您特别重视公益慈善，多年前就设立了世再教育基金。还听说，大中华深圳喜来登酒店将每年 5 月 1 日这一天的营业收入都用于慈善活动，捐赠给社会上需要帮助的人。您为什么会有这样的情怀？在您看来，公益慈善对于塑造和传承家族价值观能起到什么作用？

黄世再：人来到世上是空手而来，走的时候是空手回归的。如果能帮社会做点儿事，对自己来说是好事。来到这个世上，每个人都是在完成使命。不管是有钱没钱，只要有爱心，爱这个社会、爱这个国家、爱这片国土、爱这个民族，就是一个优秀的人。对于我来说，活在世上就要关心贫困的人、帮助他们，这是我的想法。

现在国家越来越重视公益慈善，未来如果能够作为国家战略，将捐款与企业所得税、遗产税等挂钩，中国的公益慈善事业会越做越大。

2004 年，我在西南政法大学发起了一个教育基金。后来别的企业家也一起参与，每年资助 1000 个经济困难的孩子。因为我想到未来中国要依法治国，是法治社会，需要培养这方面的人才。

2008 年我到大凉山建了一所学校。当时我在看电视，一个小男孩，大冬天光着脚丫，没有棉鞋，也没有厚衣服。他说每天要爬三座山才能到学校读书。那个被冻得红彤彤的脸和对知识渴望的眼神，在我心里挥之不去。大凉山的大中华小学投入使用后，大山里的孩子就不用每天爬山上学了。学校建完以后，我就把管理权交给了当地政府。后来总书记到那里去了，我想我十几年前这个事做对了。

我的孩子是在国外念书回来的。去年基金会的成立大会，我就叫他俩去参加。他们回来之后告诉我，听到你们的讲话和做的事，启发很大。公益事业不是一个人去做，而是作为一种家族文化，一代一代传承下去。

陆　波：乡村发展基金会致力于"发展新农业、建设新农村、培育新农商"。作为一位联合创始人，您对我们有什么样的建议和期待？

黄世再：要想实现乡村振兴，根本在于如何解决文化传承问题。我们乡村发展基金会要深入乡村，了解制约乡村发展的根本问题。乡村缺少医疗、卫生和教育等公共资源。如何通过公益力量，使社会关注乡村、城市反哺乡村，实现社会协同发展，是我一直在思考的问题。我有一个想法：如果将来，我们的社会，城市里富有的人能到农村去，农村里的孩子到城里来，交换生活方式和环境。通过文化教育和思想的引导，使每个孩子能够接受良好的教育和正确的价值观。我国有 7 亿多农村人口，实现全面小康的根本在于农民小康。

建议乡村发展基金会从人才培养入手，明确一个目标方向和计划——教育扶贫，通过点对点的教育帮扶和文化及思想的引导，来减小城乡认知差距；同时考虑教育目标，定向培养适合社会发展所需要的各类人才，促进社会和谐发展。

乡村发展基金会要有使命感，树立发展目标，不断发扬光大，同时要注意打造公信力。建议在做大后引进区块链技术，建立捐款系统数字化管理。秘书长和管理层的工资应该高一点儿。我希望你们的生活要好，把乡村发展基金会做成国内有特色、能影响世界的基金会。

基金会要做大、做强，必须实现资金的滚动，能够持续地发展下去。要制定大目标，影响世界 100 年！

世上没有十全十美的事情，大胆去干，用我们的星星之火去点燃这个世界！

"要想实现乡村振兴，根本在于如何解决文化传承问题。我们乡村发展基金会要深入乡村去，了解制约乡村发展的根本问题。乡村缺少医疗、卫生和教育等公共资源。如何通过公益力量，使社会关注乡村、城市反哺乡村，实现社会协同发展，是我一直在思考的问题。"

2020 年 10 月 18 日发表于乡村发展基金会微信公众号

陈淮军：乡村是内心深处出发的地方

导　语： 本期访谈的嘉宾是安徽金大地投资控股有限公司执行董事、乡村发展基金会联合创始人陈淮军先生。1997 年，他从药品销售员转行盖房子，很快成为淮南的龙头企业；2003 年，他从淮南迁址合肥，进而成为安徽省内极具影响力的房地产企业；如今，他带领企业走上了多元化发展之路，始终不变的是对社会公益事业的关注。这场线上对话围绕"乡村"和"公益"展开……

陆　波： 您与乡村之间的纽带是什么？房地产企业为何要涉足现代农业？

陈淮军： 在西方有一个非常著名的说法，叫"上帝创造了乡村，人创造了城市"。从有人类社会开始，乡村就出现了。对我们而言，乡村关乎内心、关乎我们的住所，也关乎我们的起源；不管我们走到哪里，也不管我们变成什么样子，在我们内心深处始终是我们出发的地方。就像现在我们从乡村走向城市，可我们依然跟乡村有着本源的、心灵上的联系，同时我们企业也是乡村建设的践行者。我们在安徽省流转了 33000 余亩土地，建成了 20000 余亩的碧根果现代农业产业基地和 13000 余亩的景观苗木标准化基地，惠及十多个乡村和 2000 余户的家庭。公司投资的现代农业项目荣获"安徽林业产业化龙头企业""安徽省级现代林业示范区"等称号。项目不仅具有良好的经济效益，同时社会效益显著，为当地的经济发展做出了贡献，优化了当地的产业结构，充分带动了周边农户的就业增收，更重要的是对生态环境的改善。公司坚持绿色生态发展，通过科技指引规模化、标准化的种植，不仅提高了土地利用价值，同时区域生态环境明显好转，充分带动了美丽乡村的建设。

我们金大地集团成立于 1997 年，一直以"创造城市价值、共筑美好生活"为使命。我们所认为的美好生活就是生态宜居的环境、优越精致的商业体验、体贴入微的物业服务和健康美味的食品。所以集团业务从最初的房地产投资与开发、商业运营、物业管理，到投资现代农业，都是围绕着这一使命展开的。我们投资建设的现代农业产业园以高标准、现代化为建设理念，我们自建专业的实验室，并与国内科研机构及高校开展合作，扎实开展农业技术研究；推广生产机械化，建成水肥一体化灌溉系统，开展农业物联网系统应用等。目前园区内林木葱郁、景色优美，通过标准化种植、科学管养，产出健康美味的食品送到千家万户，这都是对美好生活的传递。虽说投资的现代农业与房地产产业有一定跨度，但这是我对乡村美好生活的一种情怀，同时也是我们企业对美好生活的向往与追求。

陆　波：作为新徽商的代表企业，金大地集团长期热心社会公益事业，践行企业社会责任。您最为关注的公益领域是什么？选择项目的标准是什么？请结合实际案例谈一谈。

陈淮军：我们企业长期热心社会公益事业，用企业责任点亮社会责任。多年来广泛参与各项公益事业，如赞助安徽黄梅戏社团、资助各类助学基金、积极参与阿拉善环保公益事业等。但就目前而言，在国家政策的指引下，近年来最为关注的是扶贫和乡村振兴。就选择项目的标准而言，结合自身企业的发展与关注的领域，我认为如何将企业发展与所关注的扶贫和乡村振兴有效结合，达成产业兴旺、生态宜居、农民脱贫致富的美好生活愿景，从而实现持续稳定的经济效益与公益效果，是目前对项目价值判断的重要标准之一。

在我们涉足的现代农业项目发展中，充分展现企业的价值，通过改革用工模式，形成了公司与农户的有效利益联结。在提升经营管理水平的同时，提高周边农户收入；同时组织农户培训，提高农户技能，培养了一批产业技术工人；积极与政府合作，持续开展扶贫工作，给周边贫困户带来直接收益，带动贫困户脱贫。下一步我们仍会围绕产业项目的发展，扎根乡村，坚持绿色发展，与广大农户共享绿色经济发展成果，共建美好幸福新乡村，实现乡村振兴。

陆　波：作为仅有的来自安徽的联合创始人，您加入乡村发展基金会有何期待，希望发挥怎样的作用？

陈淮军：安徽作为传统的农业大省，在农业发展的过程中，涌现了一大批优秀的乡村企业家。相信随着乡村发展基金会不断发展，会有更多的安徽企业家加入。我们眼下关注乡村、关注农民，但我们意识到乡村问题是时间、文化、产业等因素多方交错，一起发生关系的复杂问题。加入乡村发展基金会，就是希望和众多的企业家、学者一起响应党和国家号召，深入实施乡村振兴战略，探索、研究和解决乡村发展中的问题，实现乡村强、产业旺、农民富的美好新农村。

重视发展农业，是国家的根本大计，我们都是新时代的农业人。因为，作为乡村发展基金会的联合创始人，我们希望基金会能成为中国乡村创业创新的孵化器和加速器，呼吁和动员社会力量，关心农民、农业、农村发展，共建美好新农村，共筑美好生活。最后，安徽作为农业大省，更加迫切需要得到基金会的支持，希望能够通过这样一个公益平台，为家乡的乡村建设贡献自己的一份力量。

"我们眼下关注乡村、关注农民，但我们意识到乡村问题是时间、文化、产业等因素多方交错，一起发生关系的复杂问题。加入乡村发展基金会，就是希望和众多的企业家、学者一起响应党和国家号召，深入实施乡村振兴战略，探索、研究和解决乡村发展中的问题，实现乡村强、产业旺、农民富的美好新农村。"

173

2021 年 2 月 1 日发表于乡村发展基金会微信公众号

王振耀：乡村的振兴就是中华文明的振兴

导　语：本期访谈的嘉宾是北京师范大学中国公益研究院院长、乡村发展基金会联合创始人王振耀先生。他曾在国家民政部工作 22 年，为普及中国农村直接选举制度、建立城乡最低生活保障制度、创建国家自然灾害应急救助四级响应体系做出了重要贡献。近 10 年来，他先后创办北京师范大学中国公益研究院和深圳国际公益学院，为公益慈善事业培育了大批人才。谈到乡村发展和公益慈善，他总是兴致勃勃……

陆　波：您为推动中国农村发展做了许多大事：从农村直接选举制度到农村低保制度，从设立儿童主任到艺术振兴乡村，都源自您的思考与行动。您怎么解读国家的乡村振兴战略？

王振耀：我认为这是在世界城市化进程中和现代化进程中非常重要的一个大战略，它要有中国特色。我对乡村振兴战略思考了几十年，参与了很多关于农村的事情，从农村选举到低保、儿童主任、艺术振兴乡村，从理念上思考乡村。

我认为中国不会走西方的城镇化道路，不会发生非常彻底的"羊吃人"的城镇化。像英国，包括现在美国的一些地方，他们的设想模式是农村彻底衰败，城市彻底挤占乡村。我们的乡村振兴战略就是要打破传统几百年的城镇化、工业化进程，让城乡之间实现一种平衡，使乡村内部或者是乡村自身现代化。所以总书记抓厕所革命、环境保护、光盘行动等，都是要求我们城乡要共同、互惠发展，要互相学习，不是农村的文明彻底消亡。尤其是中国，我们的根在农村，我们的文明是大地文明，是一个植根于乡村、植根于沃土的中华文明，不可能把文明消灭。这几十年就是一个例子，尽管有很多年轻人进城，但到现在我们乡村依然有几亿人。尤其是这次应对疫情，留在农村进行各种坚守和坚持，并且推动农业、农村设施，包括生活条件不断现代化。

解读中国的乡村振兴战略非常重要的一点就是要复兴中华文明，理解中华文明的根在乡村。比如小年、立春，这是中华文明非常重要的时令记忆，或者是识别的方式。我们能把这个抛弃掉吗？抛弃不掉。即使进了城，我们也会讨论立春、冬至、大寒、小寒，这个文明很有生命力。我解读乡村振兴战略，是从更大的角度来看，这是整个几百年工业文明或者说是现代文明进程中非常奇特的战略性选择。它只有在中国，因为中国的农民、中国的乡村，由于人口众多、地大物博，不容易把乡村消灭，不会走其他国家的路。别的国家，要么是移民，要么是资本扩张，要么是商人和封建领主的角逐、工业发展，要么就是殖民，占领别人的土地。我们走不了这条路。我们都出生在农村，我们怎么能走完全照搬其他国家的发展模式呢？不会。乡村振兴战略要从这个视角来解读，我觉得从历史发展进程中来看它非常有意义，它能把我们的文明更好地振兴，乡村的振兴就是中华文明的振兴。我们整个制度、文化等各方面的自信，立足点就是乡村振兴，所以我觉得这是非常有意义的。

陆　波：近年来，政府大力倡导乡村振兴、企业积极投身乡村振兴，营造的声势和投入的资源都非常可观。在这样的大背景下，公益慈善界应该怎样参与，如何发挥独特作用？

王振耀：在乡村振兴进程中公益慈善界的作用非常大，政府和社会在许多细节上办不好、办不了的我们来补充。做哪些事情呢？有很多。现在政府的政策、企业家的投入这两方面都很好，是骨干，是整个主体，也是基础；另一方面也要看到，公益慈善是源自内心，是焕发大家的爱心，焕发大家的公共大善，这个配合应该是文化、社会的各方面。整个政府和企业家都动起来不容易，在这方面公益慈善是最好的补充和互动。

做的东西很多，比如政府号召志愿服务，不可能让政府的官员都领着，它只能做倡导，大量的是百姓，那公益慈善界能不能依法推进？比如志愿服务，我看现在很多人参与；我们也可以做社会创新，比如扶贫基金会的善品公社，还有中央电视台等推销农村的产品，其实就是一种慈善行为，是一种很好的、良性的行为。这在别的国家看不到，因为别的国家的乡村血脉不像中国联系得这么紧。当然，还有养老、儿童、慈善等，急需慈善界的介入、参与和提升。也包括大病救助、环境保护、动物保护、厕所革命，乡村振兴都需要，我觉得这个领域有广阔天地。农民很欢迎我们，我们应该主动和农民对接。

如何发挥独特作用呢？我觉得，公益慈善界在很多领域做的是一个转化、对接、提升，厕所革命、环境保护、垃圾分类等这些事情，很多都需要在细节上做引领倡导。比如，简单的，政府让大家做好乡村振兴，那是不够的，还需要我们慈善界和政府对接，通过志愿服务奉献爱心，让它转换为社会建设的有机要素，然后才能让政府、企业把事情办得更好。如果缺了这些，就会把事情做得干巴巴的。有的企业去了，简单地捐一些钱，觉得在乡村里有点儿束手无策。所以，我们的独特作用是利用公益慈善的优势，打通城乡之间、爱心企业和政府之间以及在城乡之间倡导使命，和农村结合起来。这个企业和政府都不好替代，这些作用也是政府倡导和鼓励的，是企业需要的。

像善品公社这类的社会企业一旦进入，我相信对其他企业也会有很大的支持，看上去是竞争，其实不是。比如一个地方，北京援助南疆，在那里办企业，牛奶、奶粉往北京卖。当地的企业发展了，实际上架构是公益类的，其实就是公益慈善，可以叫枢纽、桥梁、转换器、提升引导，都行。我们这个作用，是和政府、企业形成一个铁三角。目前来看我们还有极大的提升空间，我们应该行动起来。

陆 波：作为乡村发展基金会的新晋理事，您有什么期望和计划？

　　王振耀： 乡村发展基金会，延安地区，包括陕西乃至全国都在关注。因为这个基金会人多，尤其是以王石先生为代表的企业家、名人比较多，学者也不少。那么这个结合我觉得能不能产生出一种非常好的、良性的项目，真正对中国社会，特别是乡村振兴产生引领作用。我觉得这需要费一番功夫，要有很多创新，跳出传统理念，产生引领效果。

　　我的期望是乡村发展基金会能够像 20 世纪 80 年代初到 80 年代末那次中国社会转型的时候，国务院农村发展研究中心所发挥的作用一样。特别是有一批人，像王岐山先生当时带的队伍，我也是其中的一员，那时候才 20 多个人，推动社会的发展。乡村发展基金会不一定全搬，但是要真正发挥这样的作用，大家应该通过社会的手段来把整个中国的乡村振兴从延安和陕西做起，全国其他地方也可以做。

　　我的计划是在里面发挥一点儿建议作用，像是咨询，提出各种各样的建议；希望能够参与一些项目，做培训、研究是我的特长。如果能做一些规划和培训，然后进行一些研究，对陕西乃至全国农村发展产生一定的影响。我希望下一步更密切地和基金会的其他理事一起，让整个基金会在全国发挥更有影响力的作用。希望我们在中国社会大转型的时候，给出我们基金会特有的答案！

　　"乡村的振兴就是中华文明的振兴，我们整个制度、文化等各方面的自信，立足点就是乡村振兴。"

2021 年 2 月 10 日发表于乡村发展基金会微信公众号

苗　绿：中国扶贫具有全球意义，是推动全球化的重要组成部分

导　语：本期访谈的嘉宾是全球化智库（CCG）联合创始人兼秘书长、乡村发展基金会联合创始人苗绿女士。作为中国智库领军者，她带领全球化智库多次获奖，享誉海内外；作为学者，她出版十多部著作，内容涉及全球化理论、智库建设等多方面。她是比利时国王会见的七位全球青年领袖之一，是第56届慕安会唯一来自中国的青年领袖，她也是G20智库峰会全球治理专题组联席主席。她不仅关注国际上的中国话题，也热心于乡村人才、乡村公益等本土社会问题……

陆　波：2021年，国家全面推进乡村振兴，要实现乡村振兴，人才是第一要素。当前，国家和社会着重考虑的是怎么让城市人才回到乡村；未来，要考虑的是怎样让国际化人才特别是海归人才参与到乡村振兴中去。对此，您有什么样的建议？

苗　绿：根据CCG研究显示，在新时期的海归浪潮下，追求个人价值、创造社会效应越来越成为海归携带技术及经验回国发展的重要原因。对于乡村振兴引进国际化人才，一方面，可以考虑采用"柔性引才"的方式，根据各地的不同情况，围绕乡村发展的特点，通过开展科技讲座、进行项目合作、开展技术咨询等方式引进各领域急需人才。同时，借此方式，也可以搭建起乡村建设的人才与人脉网络，将国际人才和乡村联系起来。

另一方面，地方政府在引才制度与政策设计方面需要结合本地特点，凸显地方特色，以吸引更多优质海归人才。

　　陆　波：作为全球化智库的创始人，向世界讲好中国故事是您的专长。今年，我国脱贫攻坚取得了全面胜利，区域性整体贫困得到解决，完成了消除绝对贫困的艰巨任务，取得巨大的成就。您觉得该如何向世界讲述这样一个了不起的中国故事？

　　苗　绿：中国脱贫攻坚取得重大成绩，需要从全球视角进行讲述，因为脱贫问题是全人类共同关注的话题，《联合国2030可持续发展议程》第一个目标就是到2030年完全消除极端贫困。作为发展中国家，中国成功帮助8亿人脱离极端贫困，占全球脱贫的70%，提前10年实现《联合国2030年可持续发展议程》减贫目标。中国做好了自己的事情，对全世界就是最好的贡献。同时，在全球贫困状况依然严峻的背景下，中国脱贫攻坚的宝贵实践经验，可以为全球减贫事业提供参考解决方案，为全球贫困治理做出重要贡献，推进全球减贫进程。正如哈佛大学前校长、美国前财长Lawrence H. Summers 在 CCG 演讲时所言，中国脱贫堪比英国的工业革命，对全人类来说，是颠覆性的变化；扶贫是具有全球意义的，是推动全球化的重要组成部分。

　　陆　波：乡村发展研究院致力于打造乡村人才智库，您认为怎样做才能在乡村振兴中发挥好智库的作用？

　　苗　绿：首先，搭建起政府与公众沟通的桥梁，一方面可以通过报告、电视媒体、网络媒体等方式向公众传播相关领域的专业知识，详细解读相关政策，引导公众正确地理解相关政策并配合实施。另一方面，可以通过客观、及时反映和汇集社会各种意见和需求，增进政府与公众的互动理解。其次，在长期研究基础上围绕乡村经济、社会发展中出现的问题提出建议，影响政策决策。第三，为乡村建设培养和储备人才，搭建起研究院与政府之间的人才流通渠道。

　　"在全球贫困状况依然严峻的背景下，中国脱贫攻坚的宝贵实践经验，可以为全球减贫事业提供参考解决方案，为全球贫困治理做出重要贡献，推进全球减贫进程。"

2021 年 3 月 20 日发表于乡村发展基金会微信公众号

洪　海：用影像记录乡村振兴的力量

导　语：本期访谈的嘉宾是时代纪录创办人、乡村发展基金会联合创始人洪海先生。他是第一个在海拔最高的地方完成单人电视直播的人，也是首位从珠峰南北坡分别登顶的中国制片人。他在哈佛访学期间，拍摄了100名在哈佛的中国学子，并以书出版，影响广泛。他关心环保，是深圳红树林湿地保护基金会首批捐赠人；他倾心乡村，致力于用影像记录乡村振兴中向上、向善的力量……

陆　波：我们了解到您曾经创造过两项大世界吉尼斯纪录，都与登山相关，也与乡村相关。乡村对您的影响是什么？

洪　海：这两项大世界吉尼斯纪录，是我在2010年跟随万科集团王石先生和2013年跟随万科集团郁亮先生两次登顶珠峰时创造的。与乡村结缘，也和这两次登山直接相关。

记得当时为了完成这两次珠峰攀登，我跟着珠峰登山队从海拔4000米级的云南苍山、6000米级的青海玉珠峰、7000米级的新疆慕士塔格峰，到8000米级的西藏卓奥友峰等，用了5年时间进行持续的登山和体能训练。这些山峰都位于相对偏远的地区，也就是在这个过程中，我真切地接触到了乡村的发展，既感受到了自然之美，同时也感受到了各个地区和不同民族的人群在生活环境、习惯、文化传承上有很大的不同。我把这些见闻，尽可能地融入两部珠峰登顶纪录片《8848 的追问》《菜鸟达人梦》中。希望用影片展现珠峰攀登的全过程和顶峰上的自然奇观，同时也将沿途我们所经历的乡村人文生态之美，呈现在大众面前。

也就是这几年登山的经历，让我渐渐了解到中国乡村所蕴含的巨大发展潜力，也逐步意识到环保的迫切程度。自那以后，乡村题材成为我们公司出品影片所围绕的创作主题之一。讲述青海人故事的《每个人都了不起》、讲述精准扶贫的《因你而在》等影片，在社会上都产生了不错的反响。青海卫视播出的《每个人都了不起》，在大年初一全国卫视同一时段的收视率中排名第四，《因你而在》系列精准扶贫纪录片则是得到过百万的点击量。

正如时代纪录的口号"记录一个更好的中国"那样，我们希望能够用影像记录那些与乡村振兴有关的向上、向善的力量，期待更多的人可以一起加入乡村发展的大事业里来。

陆　波：您是深圳红树林湿地保护基金会的首批捐赠人，也是乡村发展基金会的联合创始人。为何会对公益如此倾注精力？您在公益方面有什么特别之处？

洪　海：记得在 1999 年的时候，那时去拍摄环保纪录短片《永远的罗布泊》，那是我第一次这么深入地接触环保公益这个主题。当时，带着摄制组在炎热的 8 月穿越了罗布泊。那里曾经是中国最大的湖泊，但现在是一片"死亡之海"，5000 多平方公里的茫茫戈壁。寸草不生，断流的塔里木河、孔雀河两岸，散落着不少胡杨。号称能存活三千年的神奇树木在这里也仅仅剩下枯枝，了无生气。这令人震撼的景象至今历历在目。这次经历也成为一颗种子，让我认识到环保公益的重要性。

后来，在 2008 年跟随王石先生一起登山训练的时候，他说"做环保做公益，无论企业的大小，一定要趁早"。就这样，我们便在时代纪录企业规模还比较小的时候就申请加入了阿拉善 SEE 生态协会。通过协会，我们也有幸跟随一批杰出的企业家一起学习和努力，了解到环保和公益是一个全球性共识，也期待能为此做一点儿微薄的贡献。您提到的"深圳红树林湿地保护基金会首批捐赠人"，就是在这个过程中，阿拉善协会提供给我们的机会。如今，经过了 10 年的捐赠，我也有幸成为阿拉善的终身会员。

作为一名纪录片工作者，我们非常幸运地接触了一批杰出的中国企业家，在相对早的时候就看到了环保公益的力量在中国萌芽。时至今日，双碳、ESG 几乎是人尽皆知的概念，也有越来越多的人开始意识到"环保和公益"是每一个社会公民都应该承担的责任。

有人说，"纪录片是一本国家相册"。作为一名纪录片工作者，同时也作为一个公益人的角色，我希望我们可以为中国环保公益的努力留下一点儿影像，珍藏在这本"相册"里，让经历者欣慰，让践行者振奋，让后来者向往。

陆　波：您曾拍摄了 100 名在哈佛学习研究的中国人，并出版了书，影响广泛。面对 100 位关注乡村振兴的各行各业的精英人物，您是否也有类似的想法？您觉得，乡村发展基金会应该怎样做好影像记录和影像传播？

洪　海：我从事的就是用影像讲故事的工作。比较幸运的是，摄影也是我的爱好。所以在哈佛做访问学者的那几年时间里，我频繁地用图片和文字记录下我所遇到的一些人，一些有趣的故事，不知不觉陆陆续续地竟也记录了 100 多人。这里面有哈佛的本科生、研究生，也有博士、博士后，还有一些来访问的学者或者来演讲的嘉宾。他们有一个共同的特点，就是在哈佛这个场域里的中国人。最初我只是在朋友圈中发一点儿日记，后来有朋友提议，那还不如直接出一本书吧。于是便有了《哈佛中国人》这本图文书。因为借着"哈佛"之名，这本书在社会上产生了一些反响，非常感谢大家的支持。

后来，在中信出版社施宏俊总裁的提点下，我们提出了"纸上纪录片"的概念。对《哈佛中国人》的形式和内容都做了创新和提升。2021 年，出版了《时代纪录》第一册"逆光"，以 MOOK（Magazine & Book）的形式记录了逆行进入武汉的医务工作者、日夜颠倒投身核酸检测的科学家、四处奔波寻找救护资源的企业家、连线全球串联最新信息的媒体工作者……这本"纸上纪录片"呈现了那些在逆光中奔向希望的人,以此致敬意义非凡的 2020 年。

在这个过程里,我们也发现,对于纪录影像而言,纸上纪录片的 MOOK(Magazine & Book)加短视频,可能是当下飞速变化的环境里相对更有效率的一种载体。我们第一本 MOOK 线上首发仪式在百度和新华网上就获得了超过 200 万的直播观看量。我们也期待可以在更广泛的领域里有更多的记录和见证。

乡村发展基金会会聚了 100 位关注乡村振兴的各行各业的精英人物。如果能够以此为契机,记录他们的努力,呈现 100 位精英人物的故事,传递给更多关心乡村发展的人,这当然是一个重要的机会,我想也是时代纪录的使命所在。

> "正如时代纪录的口号'记录一个更好的中国'那样,我们希望能够用影像记录那些与乡村振兴有关的向上、向善的力量,期待更多的人可以一起加入乡村发展的大事业里来。"

2022 年 4 月 15 日发表于乡村发展基金会微信公众号

第四篇　生态振兴

何宗儒：做中国樱花复兴与保护的代言人

导　语：本期我们请到的是中国樱花产业协会执行主席、乡村发展基金会联合创始人何宗儒先生。从 20 多年前起，他就找到了一生的梦想——那就是让起源于中华大地的樱花"回家"。在推广樱花的过程中，他坚持生态慈善，让乡村在美丽的花海中走上致富之路。

陆　波：游园赏花是春天的乐趣，而樱花可以说是这两年春花中的"明星"。说到樱花大家第一时间想到的可能是日本，但是很多人不知道，其实我们才是樱花的老家。被誉为"樱花大王"的您有一个雄心勃勃的计划——让世界都知道樱花发源于中国。是什么让您如此执着于樱花的中国化呢？

何宗儒：相对于媒体和大众给予的"樱花大王"这个称呼，我更愿意穷尽毕生之力去做"中国樱花复兴与保护"的代言人。

企业存在的价值，就是去做更多于国家和社会有益且有更大价值的事情。26 年前，我们选择了把复兴中国樱花作为终生努力的事业，就是因为樱花这个优秀的树种存在历史、文化、经济、社会和载体五大价值。在 20 多年的摸索实践中，我们深切体会到，复兴中国樱花是一件非常困难的事情，但同时也是一件非常有价值的事情。只有做有价值且有挑战的事情，才能体现我们自身和企业存在的价值。

国家提出要实现"中华民族伟大复兴"的中国梦，因为樱花起源于中国，所以我们认为，要打造"中华民族伟大复兴"的典范，樱花就是最好的切入点。当然，"樱花的中国化"或者说"复兴中国樱花"仅仅靠一个企业的努力是远远不够的，还需要我们团结社会的力量，凝聚民族的力量，撬动国家的力量。

陆　波： 您不但将樱花推广到了全国各地，也创造性地推出了"樱花扶贫"的公益模式。是什么让您产生了这一想法？又是如何开展的呢？

何宗儒： 我们曾经去过一些农村调研，发现"三农"问题中最突出的问题就是农民没有找到合适的致富路径。很多山地不适合种植水稻或蔬菜、水果等传统农作物，因为一是成本高，二是回报低，三是没有复绿价值。但是，如果种植像天适樱花树既能美化环境，又能产生非常大的经济价值的优秀树种，只要很短的时间，就能够解决农民的就业和脱贫的问题。同时，发展樱花的旅游经济，通过樱花迅速引爆人潮，就能够快速带动乡村振兴。相对于简单的没有造血功能的捐款捐物，我们认为这样才是更加可持续的生态公益之举。

我们的具体做法有两种：

第一，纯粹的捐赠。哪怕农民暂时还不能够看到长远的发展，至少樱花树可以美化环境，改善生态，对今后发展旅游是有帮助的。同时，这些年我们通过捐赠，也影响了很多人，改变了他们对于樱花历史的认识。尤其是带动了一些有识之士一起参与进来，共同推广樱花的文化和价值。

2021 年，我们一次性获得包括"天适"樱、"旺地"樱、"宗儒"樱、"好运来"樱、"吉祥"樱、"如意"樱等 38 个名优樱花新品种的国家林草局授权。这些新品种的花形、花色、花量等均已超过日本过去一些曾经风靡世界的品种。

2021 年 12 月 30 日，我应广州黄埔区政府之邀，与乡村发展基金会创始人王石先生一起，出席了"中新广州知识城 2021 年国际'零碳社区'城市创新论坛，我分享的主题是《从绿化、美化到净化，是每棵樱花树在乡村振兴中的梦想》，受到广泛好评与关注。

为了助力乡村振兴，让广大游子所热爱和牵挂的家乡不但能越来越美，还要让老乡们越来越富，天适集团不仅将会以订单订购形式向市场推广上述名优樱花新品种，而且还计划通过宣传发动全国乡贤来一起出力，开展"我和家乡共同奔富——天适携千万樱花新苗助力全国乡贤振兴家乡"的大型公益活动，以乡贤们筹资在家乡种植一定规模的名优天适樱花树苗的方式，来助力和赋能"乡村振兴"。

第二，通过与乡村合作的形式来扩大樱花的价值。比如在山东莱阳濯村，我们通过帮助进一步丰富樱花树的品种，策划高端的樱花节庆活动。只是通过一届樱花节，就为这个知名度低、收入低的北方小村庄带来巨大的影响和改变。过去年人均收入 400 元不到，现在已经将近 20000 元了。更重要的是，因为引进樱花产业，濯村的村容村貌发生了巨大的变化。现在人们的幸福指数很高，并且还被国家住建部、中央电视台等机构评为"中国十大最美乡村"。

陆　波：乡村发展基金会致力于培养乡村振兴所需的人才，您认为我们应该如何更好地做到这一点？

何宗儒：基金会主要是支持延安大学乡村发展研究院的建设和其他人才的培养支持计划活动等，通过解决人才问题来建设新农村，从而实现"农业强、农村美、农民富"的愿景。早期人才培养是乡村发展最核心的问题，解决了人才问题，我们这项事业的蓝图才有进一步扩大的基础。现在基金会成立短短一年时间，我们可以分阶段和步骤来实施人才培训计划，当第一批种子人才学有所成的时候，就可以不断复制，将乡村发展模式的成果和经验快速推广，在全国各地就近多设一些人才交流和培训的工作站，或视条件再成立一些基金会的分会，不断发展壮大力量，更好地发挥基金会的影响力和榜样作用，为我国的乡村振兴总结积累更多宝贵经验。

　　"早期人才培养是乡村发展最核心的问题，解决了人才问题，我们这项事业的蓝图才有进一步扩大的基础。"

189

2020 年 3 月 14 日发表于乡村发展基金会微信公众号，2022 年 1 月 26 日修改

陈志钢：呼吁关注乡村儿童的粮食安全和营养状况

导　语： 本期访谈的嘉宾是浙江大学中国农村发展研究院国际院长、乡村发展基金会联合创始人陈志钢教授。他是有国际影响力的研究者，担任国内外多个农业经济领域学术期刊的主编；他是整合全球资源的行动者，主持了多个国际农业发展项目。他的研究领域广泛涉及农业产业组织理论、供应链治理、区域经济转型与农业发展战略、食物系统政策模型、扶贫以及南南合作等方面。

陆　波： 作为资深的国际食物政策专家，您认为：在新冠疫情和中美贸易战的双重影响下，中国是否面临粮食危机，需要怎样应对？

陈志钢： 近年来，贸易保护主义抬头，加上新冠肺炎疫情在全球的大流行，一些国家限制粮食出口，也引发了民众对粮食安全的担忧。对于一些高度依赖进口食物的发展中国家和食物缺乏的低收入国家，疫情和中美贸易战的双重冲击确实可能造成全球粮食市场动荡，并因此造成粮食局部短缺。但我国对国际市场的依赖相对较小，加上国内对农业支持力度一直在加强，粮食安全比较有保障。

中国粮食安全的保障能力不断强化。一方面，中国不断加强国内粮食生产能力建设，逐步实现"藏粮于地，藏粮于技"，使国内粮食生产能力稳定在较高水平。自 2004 年以来，中国粮食生产实现连续丰收，从 2003 年的 4.307 亿吨，增长到 2019 年的 6.638 亿吨。2010 年以来，我国人均粮食占有量持续高于世界平均水平。2019 年超过 470 公斤，远远高于人均 400 公斤的国际粮食安全的标准线。今年，全国夏粮生产不仅再获丰收，而且产量创历史新高。尽管疫情对今年中国夏粮生产造成了很多不利的影响，但夏粮增收增产没有出现很大波动。另一方面，中国一直注重保有充足的粮食库存量，中央储备体系于 2000 年建立，是应对重大突发事件、保障国家粮食安全的"压舱石"。根据农业农村部发展规划司的数据，我国粮食库存量远高于世界粮农组织设定的 17%～18% 的安全水平。且小麦和稻谷两大口粮的库存相当于全国人民一年的消费量。虽然这样做成本较高，但是在特殊时期可以发挥关键作用。

另外，我国常年保有足够的主粮自给率。以大米进口为例，2019—2020 年度，国内进口预计为 250 万吨，进口占消费比为 1.3%，并不存在进口依赖问题。虽然中国对大豆的进口依赖相对较强，但我国近年来不断拓展大豆的进口来源，大豆也并非限制出口的主要粮食品种。且目前国家储备充足，能保障物价的稳定。自 2018 年以来，中美两国之间经贸摩擦和争端不断升级，对大豆的贸易格局产生了显著影响。我们利用全球局部均衡模型模拟分析了中美贸易摩擦和相关应对措施对中美及全球大豆贸易产生的影响。研究结果表明，如果中国继续加征美国大豆进口关税，会使中国大幅减少从美国进口大豆；取消加征关税，则有利于增加中美双边贸易量，同时弥补国内大豆供需缺口。双方贸易谈判是促进贸易开展最重要的措施。长期看，需提升国内农产品的生产能力，与世界各国，尤其是"一带一路"国家开展农业合作，使农产品进口多元化，分散进口风险。从长远来看，要保证我国的粮食安全，最重要的是做好两个支持，一是进一步加大对农业的公共投入，保证农业在国民经济中的优先地位；第二是要从政策和体制上促进农业科学技术创新能力。

陆　波：在 2020 年 7 月 3 日的明日地平线大讲堂上，您曾呼吁乡村发展基金会关注城乡儿童营养差别，为什么您觉得这是当务之急？公益机构应该怎样发挥作用？

陈志钢：尽管这些年我国在缩小城乡差距方面做了不少努力，但由于社会二元结构，我国出现了"农民工"现象，2019 年该群体人数超过两亿。他们的孩子基本留在农村，或随父母生活在城市边缘地带。他们往往缺乏照料，营养状况难以保障，而营养和营养公平对儿童个体和国家来说均至关重要。

对儿童个体来说，营养不良会对儿童的生长发育和福利造成永久性的、深远的负面影响。对孩子身体和认知发展的破坏会一直伴随他们到成年，影响他们的工作能力和经济前景，使他们的未来处于贫困风险之中，而且这种贫困具有代际传递性。对国家来说，生产能力和人力资本的丧失对社会经济的损失是巨大的。它破坏了国家发展"人力资本"的能力，关系到我国能否成功跨越"中等收入陷阱"。关注城乡儿童营养差别，能帮助我们更精确地识别需要干预的地区和人群，精准施策。这对于实现我国国民营养计划的目标和联合国到 2030 年消除一切形式的营养不良目标至关重要。

目前我国全国层面实施的营养健康扶贫政策主要有婴幼儿"营养包"工程和农村义务教育学生营养改善计划。尽管我国儿童营养和发展状况得到显著改善，儿童营养和发展不平等、不均衡现象仍较为突出。这主要表现在：1. 由于城乡、区域、家庭财富、父母受教育程度等差异，儿童营养和发展存在显著的城乡和地区差异；2. 贫困儿童、流动和留守等弱势儿童群体的营养问题尚未引起足够重视。根据 2018《中国儿童发展纲要（2011—2020 年）》统计监测报告数据，2018 年，5 岁以下儿童死亡率城市为 4.4‰，农村为 10.2‰；3. 城乡儿童营养失调的表现形式不同，例如，儿童超重肥胖现象在城市儿童中表现更为突出。

此外，面临新冠病毒的巨大挑战，我们更应关注脆弱儿童的粮食安全和营养状况。联合国秘书长安东尼奥·古特雷斯（2020）在有关新冠病毒疫情对儿童影响的政策通报中表示："全世界每天有 3.1 亿学龄儿童靠学校提供营养。"对儿童来说，封闭的学校意味着其无法获得就餐计划提供的营养餐，原本可享受的营养健康福利消失了，这将对依赖学校提供营养的弱势儿童的发展产生严重负面影响。并且，"封城"政策和经济的不景气使得无法居家工作的群体，特别是农民工失去了生计或收入下降，这对其子女的粮食和营养安全造成严重威胁。

我认为公益机构的重要作用在于呼吁各界进一步关注弱势儿童的早期发展，强化对最弱势儿童的早期发展干预，打破不公平的代际传递，为每个儿童创造公平的人生开端。在这一时期，为儿童提供良好的营养、早期启蒙、疫苗接种和安全关爱的环境，可以促进大脑的充分发育，以激发儿童最大发育潜能。这对中国的明天尤其重要。公益机构应同研究机构加强合作，收集数据，为制定科学干预政策提供指导。比如柳叶刀研究表明，0～3岁，尤其是生命最初 1000 天内，是儿童成长和发展重要的"机会窗口期"。在这个期间的营养干预政策可能更加有效。

陆　波：作为乡村发展基金会的联合创始人，您对我们有什么期待和建议？

陈志钢：乡村发展基金会的创建，非常独特地采用了联合创始人的方式，包括了企业家、学者和社会知名人士。我很荣幸成为联合创始人团队的一员。我期待乡村发展基金会充分发挥支持中国农业农村建设的独特作用，通过向世界一流基金会学习，不断落实、完善、推广现有项目，探索创新多样的公益实践，成为乡村公益的领跑者。从愿景的角度讲，期待我们的团队能为人才匮乏等乡村问题提供切实解决之道，为发展新农业、建设新农村、培育新农商注入力量，不断发展，成为在乡村振兴领域有国际影响力的基金会。

在此我也借这个机会提一个具体的建议。乡村发展基金会可以进一步整合其内外部资源，充分发挥基金会的平台作用、人才优势、资源优势，充分利用基金会的乡村发展产学研联盟和基金会资助的延安大学乡村发展研究院的科研力量，在贫困农村地区开展中国贫困地区儿童早期发展调查及改善研究，开展促进早期发展的干预试点项目并进行项目评估，促进个人、家庭与社区改变与营养相关的态度和行为，为我国贫困地区儿童营养和早期发展改善探索有效的可推广的干预策略和方法。

"我认为公益机构的重要作用在于呼吁各界进一步关注弱势儿童的早期发展，强化对最弱势儿童的早期发展干预，打破不公平的代际传递，为每个儿童创造公平的人生开端。"

2020 年 8 月 13 日发表于乡村发展基金会微信公众号

张　跃：重视环境保护，倡导有机农业

导　语：本期访谈的嘉宾是远大科技集团董事长兼总裁、乡村发展基金会联合创始人张跃先生。他是一位对科技极度痴迷、对环保全情投入的企业家。从非电空调到洁净新风机，从可持续建筑到不锈钢芯板，三十多年来，他研发的每一件产品都与环保息息相关。如今，他又将目光投向广袤的乡村大地，最大的愿望是尽早地实现农业的有机化。

陆　波：您曾经评价自己"是中国企业家当中最重视环境，而且知行合一的"。您为什么会有这样超前的理念和坚定的行动？

张　跃：我这些年在国外走动很多，阅读有关企业经营管理的一些资料也很多，我越来越发现全世界都缺有环保意识的企业家。企业家是能量很大的人，有一些非常成功的企业家甚至可以影响世界。如果他们的环境意识不强的话，极有可能会成为世界环境的破坏者，人类未来生活的破坏者。我自信自己是我所知企业家里面最重视环境的人。重视环境是基于四个原因：

第一个是我在品德比较高尚的父母的影响下，从小形成了一种天然的公德心。

第二个是因为我办企业以后，觉得自己有财富了，除了赚钱以外，应该做一些有社会价值的东西。

第三个是我的知识范围里面有非常多的环境危机的信息，我特别知道这些环境危机有多么严重。我参加了十几次全球性的环境会议，包括气候变化的，也包括其他的各种局部污染的。这些全球的环境会议也给了我更多的环境危机的信息。

第四个是我的切身体会。不论是我们吃的食物，我们喝的水，还是呼吸的空气……环境问题非常严重，让我们寝食不安。因为我前面二十几年是做空调，所以特别注重环境的温度。我切身体会到地球气候在一年年变暖，然后经常性地发生各种极端天气的灾害。

不论是个人的素养因素——对世界的了解，还是参加各种环境活动——了解各种环境危机的资讯，还是个人的切身体会，这些构成了我重视环境的全部因素。如果一个人没有机会去了解这个世界的未来、世界存在的问题，他是不会重视环境的。

现在的企业家普遍比较忙，通常要面对各种竞争，很少有人能沉下来了解这些环境信息，甚至很多人都不能沉下来关注自己的体会。为什么说我是中国企业家中最重视环境的人？我不论是在大会小会、国际国内会议，或者是与人平常的聊天，不管在什么场合，我都会涉及环境问题。从我们的产品设计、制造、运行，到我们企业的内部活动，到各种社会活动，我都会把环境问题作为其中的一个重要元素。

为了让人们更加清楚地了解环境问题，我们发明了一种环境仪来检测大气中间的 PM2.5、各种有害化学物质和二氧化碳的浓度。我发明的这个东西很小，把体积很大的东西变成很小，变成老百姓都可以用的东西。人们首先要知道环境的问题，才会有所行动，"知"是最重要的。

有些人是"不知"，有些人是"知而不行"，这个知而不行是非常糟糕的。我认识这样的企业家，他也知道环境的问题有多么严重，但是他在自己的企业行为里完全不去针对环境问题采取措施，他甚至可以捐钱搞环保，但是就是不会通过自己的产品、服务去降低对环境的危害。在环境问题上，知行不合一的情况太普遍了。甚至于有一种行为我认为是不环保的——拿钱去买碳排放权，或者拿钱去在某一个地方种树，然后自己在这边心安理得地制造污染。我觉得这都不是知行合一，或者说都不是一个高尚的企业家的行为。

总之，企业家的环保觉悟和环保行动太重要了。

陆　波：您对中国乡村的环境保护有什么看法？

张　跃：乡村的环境保护问题是极其严峻的，有四方面的污染在非常普遍的发生，而且越来越严重。

第一个问题是化学品的污染，包括农药、化肥、各种各样的除草剂和杀虫剂。化肥本身的重金属非常严重，还有一些其他的有害物质。这些物质是通过植物、通过食物链直接伤害人，而且通过土壤的残留和水体的破坏，又给下一代人造成了伤害。

第二个问题是养殖业大量使用抗生素、助长剂。这直接伤害了食客，通过食物链伤害了消费者，伤害了广大民众，而且养殖物的粪便又伤害了土壤和水体，伤害了下一代人。

第三个问题是秸秆的焚烧。秸秆可以通过堆肥、通过化学方法变成非常好的有机肥料。但是由于无知和急功近利导致大量的焚烧。物理焚烧的结果是破坏了空气，破坏了大气。这个问题在一些发展相对滞后的国家特别严重，在中国也比较严重。

第四个问题就是生活垃圾。农村的生活垃圾越来越多，尤其是现在有电商服务以后，生活垃圾更严重了，过度包装太多了，没有进行有效的垃圾分类回收，没有采用正确的方式来减少对土壤、水体的污染。

环境问题在乡村和在城市是一样严重的，要引导农民走向有机农业，并且这是可能的。我们在长沙附近开辟了有机农场，与几百户农户签订了合同，让他们按照我们的方式、按照我们的要求，用完全的有机方法，不用农药、化肥、抗生素去种植和养殖，取得了很好的效果。因为我们100%收购，农户没有销路问题，他们很高兴。我们的收购费用大概比市场购买价高百分之二三十，同时对他们的农产品全数照收。农民经济上很满意，收益大幅度增加了，同时对环境的伤害又减少了。所以，农村走向有机化是有可能的。

其实，联合国环境署很多年以前就做了非常系统的研究，认为有机农业可以养活全世界的人，这种研究是有一系列的科学依据的。人类有一个误解，认为农药化肥、抗生素、助长剂是所谓的绿色革命，带来人类食物的繁荣，其实这个观点是错误的。单纯从经济效益上来说，可能使用农药、化肥、抗生素的效率高一点儿，但仅仅高一点儿而已。如果人们愿意多花一点点钱，让农民多出一点点力，多用一些原始的、有机的方法来种植和养殖，农民其实是更加受益的。那么消费者呢？那当然就彻底告别了污染的伤害。

农村环境问题是有出路的。远大就是一个例证。我们已经搞了十多年的有机农业了，各种经验教训都有。对农民进行教育最重要，包括在村里面找到大的墙面，刷巨幅的广告，告诉他们使用农药化肥不仅伤害了消费者，也伤害了他们自己。对农民要用简单直接的方法：第一，教育他们；第二，给他们经济上的利益；第三，他们要是违背了约定，偷偷使用了污染物的话，要承担巨大的违约罚金，这样很快将转变局面。

有机农业是有前途的，但是有机农业一定要用定制的方法。也就是农户跟社区，或者农户跟企业，或者是农户跟专门的有机商店对接。只有用订单式的农业才能发展有机农业，用农贸市场的方式或者是国家大收购的方式，是不能发展有机农业的，甚至用电商的方式也是不能发展有机农业的。因为有机农业背后的一个大问题是信任的问题，需要先解决商业信任的问题，解决农户对消费者的信任，尤其是消费者对农户真心做有机的信任问题。解决这个问题，有机农业就可以发展起来。有机农业发展起来，这个世界才有未来，人类才有真正的幸福可言。

陆　波：您曾经说过，远大集团只做对社会、对人类有价值的东西，您怎么看待企业的社会责任？远大集团是不是一家实质上的社会企业？

张　跃：这个答案是肯定的，远大是一家社会企业。只是"社会企业"这个词用滥以后，容易给人感觉到使用的随意性，所以我现在不把自己称为社会企业，但实质上是。

我认为每一个企业都应该是社会企业。如果哪一个人把企业办得很成功，但是对社会的副作用很大，没有利用自己赚取的财富来改进自己的产品、服务、商业活动和企业活动，那么他自己说他成功，我想他心里也是不安的，也是心虚的。真正的成功是企业做到很有规模、很有实力、赚很多钱的同时，对环境危害又很小。

现在比较糟糕的问题是，当一个企业在经营方面有不良行为的时候，有一系列的法规可以来管制它。但是企业对环境的有些不良行为，大家却觉得司空见惯，比方说给食物里添加各种添加剂，比方说过度包装，比方说短寿命的商品，甚至于故意让产品的寿命缩短，制造商品垃圾，或者是刺激不必要的消费，制造垃圾，制造污染……太多了。这种企业应该受到全社会的谴责！

一个正当的企业，且不说它是不是社会企业，应该在商业活动中尽可能减少对环境的伤害，尽可能地节省能源、资源，尽可能地延长产品的寿命，尽可能地消除产品对消费者的副作用。

每一个企业都应该尽到自己对环境的责任。人类已经进入一个高度物质文明的时代，企业的光荣和使命不应该建立在创造物质文明上面，至少应该把创造物质文明和减少对环境、对人类的副作用并行。

我跟有些企业家谈这些问题，他们一般要么比较客气地恭维几句，要么就是认为我是空想主义，不务实。其实说我不够务实的时候，我是很气愤的。为什么说不务实呢？除了创造财富，难道没有更重要的东西？尤其是你已经解决了财务自由，干吗还要把所有的精力、关注都放在挣更多的钱上面？那才是不务实，那才是没有太大必要的。真正的务实是在我们解决物质上的基本需求以后，应该解决对人类、对健康、对生存和安全的需求，以及对下一代的责任。否则，人生的意义在哪儿呢？不重视、不懂得人生意义，那才是不务实。

所以，企业作为社会财富、物质的创造者的同时，一定要把对环境、对人类生活的破坏降到最低。

陆　波：您为什么会加入乡村发展基金会？作为联合创始人，您有什么愿望和目标？

199

张　跃：我加入乡村发展基金会有三个原因：第一，王石作为创始者，我很放心。这个人是做真事的、做实事的，人品非常好。他说要干这件事情，我认为他会干得正确。他牵头，我很高兴。

第二，就是我特别重视食物的健康，也就是有机食物。我认为有一个这样的乡村发展基金会，是可以推动有机农业的发展，是有机会推动有机农业替代化学农业的。不论是对我自己的健康，我的下一代的健康，还是对人类的福祉来说，有机农业太重要了。

第三，我对农民生存的难题也是深有体会的。在我读中学的时候，我就多次参加学校里组织的支农活动，大概是在 12~17 岁。这五年时间里，我们去农村很多次，那时候住在城里的人是不知道农村的苦的。尽管那时年龄小，但观察到的东西都记忆深刻。我感到农村的人生存压力太大了，生活太难了，所以社会的主流人群要来关注他们。现在中国整体水平已经很好了，但是偏远的农村还是比较贫困，生存的压力还是很大，应该多关注他们。对弱势群体的关注，也是一个有责任心、有良知的人的基本责任。所以，我认为乡村发展基金来做这件事非常好。

我的愿望只有一个，就是尽早地实现农业的有机化。我看到欧洲有一些先进的国家已经提出来了，甚至于早些年丹麦就推行了《2020 有机食品行动计划》。我希望我们中国的农业也尽快地走向有机，我们是有这个机会的。我们国家的这一代农民原本就是用有机的方式种植和养殖的，他们到现在也就是五六十岁或者六七十岁。如果这一代人都离开以后，下一代人就很难说了，就更加没有这种意识了，也没有这种能力了。有机农业是需要能力的。所以要尽快，现在还恰逢其时，再过 20 年或者再过十几年，就彻底回不去了，所以我希望农业有机化要尽量快。

你提的这几个问题都挺好。我觉得挺好，我都很有体会。

> "我特别重视食物的健康，也就是有机食物。我认为有一个这样的乡村发展基金会，可以推动有机农业的发展，有机农业替代化学农业，是有机会实现的。不论是对我自己的健康，我的下一代的健康，还是对人类的福祉来说，有机农业太重要了。"

2020 年 12 月 22 日发布于乡村发展基金会微信公众号

李　铁：义利并举创绿色奇迹

　　导　语：本期访谈的嘉宾是新疆中环油林业开发有限公司董事长、乡村发展基金会联合创始人李铁先生。他是脑外科专业的医学博士，立志用医术解救患者；他是成功的企业家，拥有两家香港上市公司，分别从事物业管理和水果种植加工业务。他因偶然的机会来到新疆，在塔克拉玛干沙漠成功造林 36 万亩。他的公益脚步迈出了国门，在好几个国家开展了扶贫项目。这些听似神奇的故事，都真实地发生在他的身上，令人充满好奇……

　　陆　波：在沙漠里种树？还要造林百万亩？这事太难了！而您却带领中环油公司在塔克拉玛干沙漠奋战了近 10 年。作为来自深圳的民营企业家，您为什么要这样做？创造绿色奇迹背后的动力是什么？

　　李　铁：2007 年我开始从事生物质能源原料生产，在广东梅州、海南定安、云南元阳和四川凉山利用荒山荒坡大规模种植油料植物麻风树，并生产出第一批国产生物航空油。2011 年为了扩大原料来源，又在新疆喀什地区的麦盖提县塔克拉玛干沙漠西南边缘试种油料植物文冠果。2013 年作为联合国开发计划署与中国合作少数民族地区绿色能源减贫项目正式启动工程建设，目标是分三期种植 100 万亩防风固沙能源林。经过 10 年的艰苦奋斗，截至去年 11 月份已经种植了近 40 万亩各种植物，堵住了 25 公里长的一道风口，遏制住了风沙对相邻 4 个县绿洲的侵蚀，取得了显著的生态效益。

作为民营企业进军塔克拉玛干沙漠，原本是为了种植生物质能源原料林，但是来到麦盖提县以后，真的是被当地恶劣的自然条件给老百姓造成的贫困所震惊，也被各族老百姓为改善生存环境战天斗地的精神所感动。每年春秋两季植树时，不到 30 万人的小县参加植树造林的最多时每天高达 8 万人。在每年 75 天的植树季好多老乡吃住在沙漠中，在流动的沙漠中栽植的树木成活率达到 85% 以上，可以说是创造了工程建设的奇迹。特别是习总书记的两山理论发表后，给予我们极大的鼓舞。我们要持之以恒地干下去，克服一切困难，坚决实现建设百万亩防风固沙林的既定目标。

陆 波："义利之辨"是公益圈的热门话题。作为长期从事公益的民营企业家，您怎么看待商业和公益之间的关系？请结合自身的实践谈一谈。

李 铁：我认为公益和商业是密不可分的一个事物的两方面。不挣钱的企业不能称为企业，我们在新疆塔克拉玛干沙漠种植防风固沙林的同时大力发展了沙产业，在林间和林下种植了 5 万亩肉苁蓉、2 万亩甘草和罗布麻，还有紫花苜蓿和沙枣、沙棘等经济作物，取得了较好的经济效益。通过项目建设带动了农民增收，为南疆四地州连片贫困地区的精准扶贫做出了企业的贡献。我们的项目在 2019 年被选为联合国和中国合作 40 年减贫案例之一。去年联合国成立 75 周年之际，又被外交部收录到中国消除绝对贫困的文件中。

通过本项目的实践，我们体会到在设计每个项目的商业逻辑时，一定要把社会效益、生态效益有机地融入商业模式之中，使经济效益、生态效益和社会效益三者有机结合、互相促进。这样做项目才具备可持续性，才能得到地方政府和项目地老百姓的支持和认可，企业也才能得到更好的发展。所以我的体会是，公益并不是企业单向付出爱心，而是公益给了企业最好的发展机会，必须珍惜和爱护公益的机缘。

陆　波：2020年6月，您初次接触乡村发展基金会，当即表示要加入，并且一直与秘书处积极互动。您为何如此重视这个平台？您对基金会的下一步发展有何建言？

李　铁：2020年全国性的精准扶贫胜利收官，今年开始进入乡村振兴阶段。这是一场更为艰巨的战役，需要新的思路和新的发展模式。乡村发展基金会聚集了国内顶级的乡村发展理论大家和一批有志于参与乡村振兴发展的企业家。在他们身上我们能学到急需的知识、智慧和经验，对于企业下一步的发展至关重要，因此我们积极申请并非常荣幸地被批准加入基金会。

希望基金会在乡村振兴阶段探索出一条符合国情的乡村发展之路，在人才培养、科技创新、模式探索等方面为乡村振兴的伟大实践做出贡献。

"我的体会是，公益并不是企业单向付出爱心，而是公益给了企业最好的发展机会，必须珍惜和爱护公益的机缘。"

2021年1月11日发表于乡村发展基金会微信公众号

刘　科：乡村能源一定要因地制宜

　　导　语：本期访谈的嘉宾是南方科技大学创新创业学院院长、乡村发展基金会联合创始人刘科先生。他在宝塔山下长大，从延安中学毕业，然后走向广阔的天地。他在国际能源研究领域享有盛誉，曾获得多项科研大奖。他选择在深圳从事教育科研工作，用先进的理念和模式培养创新创业人才。从他滔滔不绝的话语中，我们感受到了他对故土的眷恋、对乡村的热情……

　　陆　波：乡村能源是满足农民生活、发展农业生产、改善农村环境的重要保障。您认为中国的乡村能源应该怎样创新发展以适应新的形势？

　　刘　科：乡村能源一定要因地制宜，对于以养殖业为主的乡村，要大力发展沼气；乡村应尽量利用生物质，因为农村生物质能源丰富，而且比较适合分布式的、清洁的生物质能源的利用，这是农村地区可以重点关注的能源利用方式。北方农村冬天供暖，如果大家不住高层，可以在房顶放上太阳能。晚上利用储热，对于小于四层的房子，这种供暖方式比烧煤、烧柴火更加清洁。当然东部地区如果有天然气可以用天然气，但是根据农村的分布特性，要尽量推广太阳能、沼气等分布式能源。比如太阳能热水器用于洗澡，沼气用来做饭。可以适当利用太阳能发电，再加上储能装置或储热装置，能够供应农村的电以及冬天供热或者夏天制冷。由于现在中国基本上 60%～70% 还是靠煤发电，所以农村地区要尽量综合利用能源，使用分布式能源，不管是风能、太阳能、沼气或者是其他生物质能，都对减排二氧化碳、降低污染有好处。

陆　波：乡村发展基金会致力于成为中国乡村创业创新的加速器。作为产业导师，您认为在乡村创业与在城市创业最大的差异是什么？对创业者的要求有何不同？

刘　科：其实乡村创业也有很多机会，比如现在人们重视健康，可以发展有机农业、有机养殖业等。除此之外分布式能源、沼气还有无人机等在农业中的应用也是值得关注的领域。比如农村边远地区的无人机快递。无人机喷洒农药等。针对农村地区的需求，将一些先进的技术带到农业生产中，可以衍生很多的创业机会。从乡村出来的年轻人，在城市读书或工作中学到一些新的技术，应该思考这些技术怎么促进乡村发展。因为中国的乡村经过这么多年的发展，已经具有一定的购买力，返乡青年尤其是上过大学的青年，可以把城市里一些新技术带到乡村，满足乡村客户的需求以及农业生产的需求。我觉得这些都是非常好的潜在的创业机会。另外，电子商务对于广大农村消费者早已不再陌生，通过互联网把农村积压的农产品、土特产销往世界各地，也是今后在乡村创业中存在很多机会的地方。

陆　波：40 年前，您从延安中学毕业，现在得知乡村发展基金会选择延安大学共同培养乡村振兴人才，您有什么样的感受和期待？

刘　科：我上小学的时候，要建延安无线电厂；我父亲在西安读大学后工作，因为他祖籍是陕北，当时四机部（现电子工业部）把他派到延安筹建延安无线电厂，因此我们全家搬到延安。从小学到高中毕业，我们一直在延安。那段时间给我留下了美好的印象，是我最快乐的童年。尽管当时物质生活贫乏，但是现在回想起来还是很快乐。延安就是我的第二故乡。

因为延安无线电厂与延安大学只有一桥之隔，所以我们和延安大学的子弟都上同一所附小、同一所附中（杨家岭中学）。记得我小时候经常在延安大学看电影、踢足球。那是我生活过的地方，所以每次回到延安大学我都觉得很亲切。乡村发展基金会选择延安大学共同培养乡村振兴人才，我非常有热情、有意愿去帮家乡做点儿事情。希望以我的专业知识，和乡村发展基金会、延安大学一起，培养更多乡村振兴人才，尤其为延安、为陕北老区培养更多的乡村振兴人才。这些年来陕北也变成了中国能源基地，有石油、煤炭、天然气，再加上风能、太阳能等资源，刚好我的专业跟能源相关。我觉得自己能够为家乡的父老做出贡献，因此和延安大学化工学院有合作。我希望通过乡村发展基金会这个平台，和延安大学一起帮家乡、帮陕北，也帮中国的乡村，尽自己的一份力量，培养更多的乡村振兴的人才。

"乡村能源一定要因地制宜，对于以养殖业为主的乡村，要大力发展沼气；乡村应尽量利用生物质，因为农村生物质能源丰富，而且比较适合分布式的、清洁的生物质能源的利用，这是农村地区可以重点关注的能源利用方式。"

2021 年 1 月 22 日发表于乡村发展基金会微信公众号

奚志农：用影像保护自然

导　语：本期访谈的嘉宾是著名野生动物摄影师、乡村发展基金会联合创始人奚志农先生。他用镜头呈现滇金丝猴、藏羚羊、绿孔雀的唯美画面，有力促进了中国的野生动物保护事业。他的摄影作品大量发表在《中国摄影》、美国《国家地理》等顶级期刊上，并且成为各大环保组织的宣传资料。他首倡举办了中国第一个野生动物摄影训练营，为在自然保护第一线的工作者、科研人员提供技术和设备支持。谈及野生动物保护，他的话题滔滔不绝，双眸饱含深情……

陆　波：您投身野生动物保护事业三十余年，请结合国际野生动物保护经验及自身经历，谈谈我国野生动物保护的历史及现状。

奚志农：这需要相对来看，东方的园林，把自然变得迎合我们的审美。比如，把太湖石搬到院子里，把一棵正常的树扭曲了，做成盆景，把鸟关到笼子里。

反观西方，美国的西部开发，国家公园的建立（美国国家公园已有100多年的历史），自然保护者先驱约翰·缪尔、奥尔多·利奥波德、老罗斯福等的自然保护思想，以及从欧洲发源的博物学传统，都是源远流长的。

我们所看到的许多西方博物画就是在摄影术发明之前，许多人前赴后继，用画笔描绘自然物种，无论是动物还是植物。这些画作，一者，是科学的探索；二者，有强烈的美学价值。美国著名画家、博物学家奥杜邦，一生画了许多美轮美奂的北美鸟类。以他名字命名的北美奥杜邦协会成为自然保育领域一股很强的力量，成为自然保护的文明的种子，向全世界播散。

到 19 世纪，大量西方传教士来到中国，在艰难条件下探索自然，发现物种。就是从那个时候开始，无论是大熊猫还是金丝猴，我国的众多植物动物才开始被科学记录，被科学命名。

在此之前，无论是李时珍还是郦道元、徐霞客，在他们的文字记录中只有一些对物种的简单描述，著名的《本草纲目》论述的都是如何利用动植物来入药的。

有一个现象，值得我们思考：看到大雁优雅飞行，非洲瞪羚欢快跳跃，大多数西方人会沉浸在美的享受当中，但相当数量的中国人就会想：大雁有几斤重？是红烧好吃，还是黄焖好吃？所以有人说，中国人长期以来是用嘴认识野生动物的。

中华人民共和国刚成立的时候，还有许多野生动物存在，但是，此后一段时间，因为利益的驱使和法律保护方面的缺失，大量的野生动物遭到毁灭性的猎杀，严重破坏了生态。20 世纪 50 年代开始，《野生动物保护法》颁布，中国第一个自然保护区鼎湖山保护区建立，标志着国家开始重视动植物保护。

举个我亲身经历的例子。1997 年，当时我还在《东方时空》节目组工作，前往可可西里报道"野牦牛队"的反偷猎事件。在这片圣洁美丽的土地上，我看到了令人心碎滴血的一幕幕：为了制造当时炙手可热的时装产品 Shahtoosh（藏羚羊绒）披肩，偷猎分子将藏羚羊猎杀后剥皮，暴尸荒野。有的藏羚羊至死还圆瞪着双眼，有的未及出生的小羊被秃鹫从母羊腹中啄出……它们的骨肉被秃鹫和野狼啃噬殆尽，只留下公羊坚硬如铁的角在荒原上，仿若墓碑。愤怒心痛之下，我举起镜头，拍下了盗猎分子罪行的铁证！这次拍摄，第一次揭露了国内藏羚羊被大肆猎杀的危机，经《东方时空》报道后，震惊国内外。后来的事情想必大家都知道了，国家出手，打击盗猎，可可西里升级为国家级自然保护区，藏羚羊的种群开始恢复，栖息地得到保护。

就像我常说的："今天的中国没有谁，需要吃一口野生动物的肉，才不会被饿死；更没有谁，一定要穿一件野生动物皮子做的衣服，才不会被冻死。所以我们没有任何理由，要去消费野生动物。"

这么多年，我一直尽最大的能力去推动，或者说参与中国动物保护法的修订，但是，势单力孤。令人欣喜的是，年轻人、孩子们，随着知识的普及、社会的进步，开始意识到动物保护的重要性，民间的野生动物保护意识逐渐兴起。国家在保护野生动物方面也持续发力，中国的绿水青山和物种繁荣见证着我国野生动物保护的不断进步，让我们看到了动物保护的希望。

陆　波： 您长期以来倡导并且践行通过影像来保护野生动物，在国内外广受好评。如今，进入融媒体时代，您觉得如何更好地利用新媒体来保护野生动物呢？

奚志农： 说一下我自己的体会。我拿起摄影机的年代，还是一个获取知识，只能靠读书，而且所能读到的书是极度有限的年代。如今已经是知识大爆炸的时代，获取知识最方便容易的时代。尽管如此，关于中国自然和野生动物的信息和知识还是比较有限甚至缺乏。保护野生动物，要从看到开始。只知道一个名字，无法产生共鸣，摄影可以把一个物种最具灵性、最具力量、最打动人心的瞬间记录下来。看到之后，对眼了，喜欢了，才有进一步了解的愿望，了解之后才有去参与保护的愿望。所以，我们提出，用影像保护自然——用影像来提升公众对自然和野生动物的认知，用影像来推动自然保护的进程。

绿孔雀的保护就是一个在融媒体时代获得成功的很好的例子。在过去的保护历程中，作为普通公民的个体，只能依靠给中央领导人写信或中央新闻媒体的关注最终达到保护的目的。而绿孔雀保卫战打响的初期，完全是靠野性中国的自媒体发声，在得到广大公众和社会舆论的广泛关注和支持之下，兄弟 NGO、媒体参与进来了，政府相关部门也介入了，最终保住了绿孔雀的栖息地。今天，影像传播的方式变得如此方便和快捷——过去要通过报纸、杂志、电视节目获取的影像，现在通过手机，很快就能看到。这样一个融媒体的时代，手机普及的时代，影像对动物保护的作用越来越大。野生动物的视频，通过短视频平台，被上百万甚至上亿的人关注，有助于提升大众对野生动物的认知。认识后会喜欢，喜欢就会想去保护。形成社会力量，就更容易唤起全社会保护野生动物的意识。总之，这是一个视频为王的年代，影像推动野生动物保护，不仅只靠图片，更要重视视频。

陆　波：过去一年，您在乡村发展基金会的明日地平线大讲堂、通识课都担任了演讲嘉宾。非常感谢您的支持！您为什么这么看重乡村发展基金会公益平台？您的公益理想又是什么？

奚志农：乡村发展基金会创造性地汇集 100 名知名人士，成立创始人大会。我希望通过演讲、分享，影响这些联合创始人，影响有影响力的人，让不同领域的人形成保护野生动物的共识。另外，从我的名字来讲，奚志农嘛，立志要做一个农民，也必然关注乡村。几十年在野外追寻野生动物，无论是白马雪山的藏族乡村，还是独龙江、青藏高原，我去追寻的也是乡村的野生动物。多年来，亲近乡村，看到乡村的巨变，值此国家全面推进乡村振兴之际，我想通过乡村发展基金会，为中国的乡村发展、乡村振兴，尽绵薄之力。

我正在努力推动"中国濒危物种影像库"的建成，以增进国人和世界对中国鲜为人知的野生动植物和壮丽自然的了解。野生动物摄影师，是我为自己创造的一个工作，用了三十多年，从一个鸟类爱好者成为野生动物摄影师。这不是谁给我的一个工作，也不是谁赋予我的一个职责，是我自己想做的，而且是想为之奋斗一生的事情，其中的乐趣自然不用多说。我记得《国家地理》里面有这样的一段话："追随着野生动物的足迹，你可以看到这个星球上最美丽的风景。"我很幸运，我恰巧就是这个人。

"野生动物摄影师，是我为自己创造的一个工作，用了三十多年，从一个鸟类爱好者成为野生动物摄影师。这不是谁给我的一个工作，也不是谁赋予我的一个职责，是我自己想做的，而且是想为之奋斗一生的事情，其中的乐趣自然不用多说。"

2021 年 4 月 9 日发表于乡村发展基金会微信公众号，2022 年 1 月 24 日修改

杜祥琬：农村要改变面貌，基础是能源

导　语：本期访谈的嘉宾是中国工程院院士、乡村发展基金会联合创始人杜祥琬先生。他是我国核武器中子学与核试验诊断理论领域的开拓者，是强激光领域的带头人。之后，他将研究方向转向新能源。他年过八旬，精神矍铄，始终关注社会发展的新动态和科技的最前沿问题。年轻时，他曾仰望星空，憧憬宇宙；年老时，他关注乡村，热心公益……

陆　波：近些年，您一直关注乡村能源的课题。值此国家全面推进乡村振兴之际，您觉得，在乡村振兴中，能源方面有哪些是需要特别关注和特别重视的？

杜祥琬：我觉得，农村要改变面貌，基础是能源。农村能源革命，面临三个问题：第一，农村还有不少的散烧煤，用于取暖、炊事等。第二，农村有很多像秸秆这样的农林废弃物，还在原始地利用。比如就地焚烧，这样简单处理，既浪费了生物质能，没有产生好的效益，还造成一定的污染。第三，农村的垃圾或者废弃物，没有纳入资源化利用的渠道。一方面，属于浪费；另一方面，破坏了农村的环境。

农村要改变面貌，需要废弃物资源化利用。废弃物的再利用，必须用现代的、工业化的手段。废弃物的就地处理，有些地方为了禁烧，花了不少工夫，花了不少资源，结果效果并不好。我觉得，堵不如疏，要寻找一种途径，让废弃物变成有用的资源。应该从这三方面入手，来改进农村能源的面貌。我们在河南兰考有个农村能源革命的试点，为改变这三方面，做了大量工作，取得了明显的成效。

（续问：我们在甘肃农村调研的时候，他们也提到乡村的垃圾问题是一个大问题。从传统的意义上来说，乡村本身是不产生垃圾的，因为任何东西都是可循环利用的，现在的乡村垃圾实际上是城市化进程波及乡村之后带来的副产品，是城市的垃圾扔在农村。对此，您怎么看？）

城市化进程对农村环境产生了影响，但农村也不是不产生垃圾。现在，国家推行无废城市试点，这也是我们研究提出的建议。通过若干年，走向无废社会。所谓"无废"，不是没有垃圾，不是没有废物。包括城市、农村，生产、生活不可能完全不产生垃圾。至少，厨余垃圾总还是要产生的，农村的生产也肯定会产生一些农林废弃物。还田总是有限的，而又不想让它污染大气，所以就禁燃，但效果并不好。我觉得，随着农村的进步，垃圾也好，农林废弃物也好，要让其变成资源。这就需要现代的、工业化的手段，还要有一定的组织。比如说兰考，这个县并不大，全县建了一个垃圾焚烧厂，垃圾焚烧发电，就把全县的垃圾全解决了。焚烧发电厂，尾气的排放必须达到国家标准，要有严格的限制，这对于燃烧炉、燃烧的技术，都有一定的要求。这样一来，老百姓可以把垃圾变成电，有了很好的经济效益，也有环境效益，我觉得，还有很好的社会效益。如果管不好垃圾处理，社会是很难走向现代化的。这是很重要也很有意义的事，政府、企业、公众，必须一起努力，才能把这个事儿做好。

城市垃圾也存在类似的问题，也需要把垃圾变为资源。有些地方开展垃圾发电，遭到很多人反对，就是"邻避效应"：你可以做，但是别在我这儿做。这就需要我们想办法把"邻避"变成"邻利"，即让大家觉得这个工作很有利，很有好处，都能够接受。国内国外都有这样的先例，所以，我觉得，垃圾处理也好，农村的废弃物再利用也好，完全可以找到一种现代化的路径，使其对农村的振兴有利，而且是切合实际的，可以落地的。

陆　波：您作为一个大科学家，为什么要关注这些很细微、很现实、很基础的社会问题？从您的研究和实践来看，我们应该怎样应对乡村的能源问题、垃圾问题？

杜祥琬：其实我转换阵地，不是自己想要转换的，是因为国家需要。起初从事核领域工作，之后进入工程院。因为核也是属于能源学部的，就进入能源领域。后来做了工程院领导，就要给国家做能源的咨询，所以就关注广泛的能源。

接触能源以后，就发现能源存在浪费，浪费还挺厉害。而废弃物的利用，既是个能源问题，也是个环境问题，又是个经济问题。这让我意识到，一个国家要走向现代化，必须迈过去的一道坎儿，就是废弃物的资源化利用。凡是走向现代化的国家、地区，没有不在这上面下功夫的。不要看不起这件事儿。如果一个企业、一个人能不产生垃圾，那简直太棒了！如果自己都产生垃圾，就不要看不起这件事儿。这件事儿没有大家的合力，不认真努力下功夫做是做不好的，它也是一个社会现代化的标志。

首先，要从观念上重视起来。比如，做垃圾分类，如果不能落实到每个人身上，垃圾分类就没有基础。要分好类，才能分类资源化。废弃物有厨余垃圾、有建筑垃圾、有电子垃圾等，不同类型的垃圾如何变成资源，它的手段是不一样的。比如电子垃圾，手机、电视等，其中含有矿物质，还有很多可以提取的金属。而这些金属还是宝贵的资源，那么如何提取，如何资源化，就需要通过工业化的手段。这跟垃圾焚烧发电不一样，跟厨余垃圾的处理也不一样。而建筑垃圾，又是另外一类了。很多地方把建筑垃圾重新做成建筑材料，这又是一种手段，需要一类企业来做。所以，不同类型的垃圾需要不同的工业化的手段，把垃圾变成资源。

从目前各国的实践来看，一些发达国家和地区，特别是我们的台湾，在这方面做的一些尝试，对我还是很有启发的。台湾人也是中国人，他们的生活习惯以及产生的垃圾跟我们都是一个类型。他们能做到，我们也应该能做到。当然台湾是向国外学习以后，自己再实践，经过几十年，才做到现在这个地步。我们大陆有些地区做得也不错，开始在这方面迈出了步伐。为什么要推行无废城市试点？因为在广大的中国要把无废普遍做起来，是很不容易的。

就算在农村，要全都推动也不容易。农村要走一步，就要让农民感觉有利可图，感觉有好处。所以，兰考做了几年以后，老百姓很乐意接受，因为它给农民带来利益，不光是环境利益，更重要的是收入增加了。能源改造，把废弃物变成资源，一定要从经济上考虑，不仅行得通，而且有利益。用现代化的手段，经济上有利益，环境上有好处，用实践证明，这个问题对于农村振兴是完全可行的，是可以做好的，这样大家都愿意接受。

陆　波：通过您的讲述，我感受到了一个大科学家对于乡村振兴的情怀和思考。我们都知道，2020 年 9 月，习主席在 75 届联大上提出了中国要在 2030 年之前实现碳达峰、2060 年前实现碳中和这样一个宏伟的目标。这肯定需要全国上下各行各业齐心协力，才能实现。在您看来，像我们乡村发展基金会这样的公益组织应该怎么做，才能更好地助力国家战略？

杜祥琬：这是目前大家比较关注的一个问题。我就讲讲废弃物资源化利用如何能够助推碳达峰、碳中和。现在不管是农村，还是城市，产生的垃圾多半是怎么处理的？填埋。垃圾填埋，必定不是长久之计。

有个地方跟我说，我们那里山沟有的是，往山沟里一扔就行了。我就说，山沟再多也是有限的，而垃圾是无限的，所以这是不可持续的。而且，垃圾填埋会产生很多废气，主要是甲烷。而能做到从垃圾填埋场把甲烷提取出来再利用的地方很少。

甲烷是温室气体的一种，同等量的甲烷，温室效应比二氧化碳还要厉害。所以，增加资源化的比重，减少填埋，就是减少温室气体的排放。反过来说，如果我们可以利用这些废弃物来发电，或者把农村的一些废弃物做成沼气，做成生物质气，既是对气的一种补充，也是可再生能源。有些地方把生物质拿来做纤维素乙醇，这也是可以的。生物质能的特点就是这样，液体形态、固体形态、气体形态、发电等，多种形态都可以用。我觉得，各个地方如何利用生物质能，要因地制宜，只要行得通，有利于生态就可以。

再举个例子：废弃物里，有很多金属废弃物。比如废弃的汽车，其中就含有黑色金属、有色金属。这些金属如果被扔掉了，就造成了浪费，如果回收回来，还可以用于冶金。

如果是废旧钢铁，可以代替铁矿石来炼钢。现在，很多钢铁是从铁矿石冶炼而来。铁矿石炼成铁，然后炼成钢，这叫长流程。如果用废旧的钢铁来炼钢，就成了短流程，就能节约用煤。利用废弃的有色金属也一样，可以减少对煤炭的使用，可以促使冶金业走向低碳。还有用氢还原炉来代替电炉这样一些技术手段，来改造我们的工业。可以说，工业的进步也离不开废弃物的资源化利用。

国家去年提出了碳达峰、碳中和的目标，就要大力发展太阳能、风能等非化石能源。阳光、风是自然界的资源，但要把它变成电，必须通过装备。比如要转化为太阳能，就要做太阳能电池，要利用风能，就要制造风机。而电池、风机这些设备里面要用到多种矿物质，比如镍、铜、钴等。这些矿物质可不是无限的，也不是可再生的。全世界都在发展太阳能、风能，这就会产生一个非常现实的问题，发展太阳能、风能所需要的矿物质不够，这个问题的解决渠道也不容易。有一条路，是可以缓解这个问题的——回收。回收了循环使用，这是循环经济的观点。资源化再利用，让这些不可再生的矿物质，产生循环价值。

当然还有一种渠道，就是材料科学创新。电池还要做，风机还要造，但可以摆脱对特定矿物质的依赖。通过材料科学创新，用一些比较容易获得的资源来做风机、电池。

这可不是说一下就能解决的问题。这两个渠道都可以走，但是这两个渠道都得花费时间，都需要技术创新，甚至是颠覆性的创新。所以这不只是一个垃圾问题，还要考虑高技术。当前还存在很多问题，比如太阳能、风能，其装备里的物质，如何可持续？就是一个挑战性的问题，有待科学家去解决。这个问题我们国家没有完全解决，全世界也有待解决。

这些问题，需要有人去做。我觉得，作为乡村发展基金会，可以从乡村振兴的角度去推动，把一些能做的事情，利用已经在试点的地方，挖掘、宣传，推而广之。比如我说的兰考，还有山西的芮城。山西芮城的"光、储、直、柔"——光就是光伏，储就是需要一定的储能，直就是用直流，柔就是柔性用电。国家能源局发了文，要整县推动光伏和房屋相结合，光伏和建筑相结合。推行屋顶光伏，其实不只是屋顶。德国人总结了一句话："能光伏处皆光伏。"这个在中国的潜力是很大的。如果乡村发展基金会能关注到这样的一些点，他们本身已经有一些经验，而这些案例又具有可推广性，具有普适性，就可以利用基金会的力量进行推广。

在兰考做农村能源革命试点的时候，我们就有一个提法：这个试点不要特殊政策，而是要摸索出一些可推广、可复制的经验。山西省长治县还有一个地方，对农村各种垃圾的综合利用做得很好。我们国家各个地方是不一样的，有各种各样的经验。可以说，基层的同志们在创造各种经验，当然，也包括国外已经成功的一些经验。我们乡村发展基金会，可以整合各种资源，协调政府、企业和民众，让各个地方因地制宜地做好分析，做一些顶层的设计，让更多的乡村明白走哪条路，能往哪儿走，用什么样的解决途径。乡村发展基金会还可以有一定的经费支持。

其实，最主要的还是提供智力支持，给他们出出主意。我想，这个经费，光靠我们基金会恐怕也承担不起。要授之以渔，让各个地方自己能够产生经济效益，这样才可持续。我觉得，我们基金会的专家们、同志们，可以利用各个地方的有益经验，来推广，来普及，来复制。

中国这么大，各个地方都不一样，光是秸秆的处理就各有差异。固体成型就以固体成型为主来解决问题。兰考是用秸秆和生物质气发电，南阳天冠则把秸秆做成生物纤维素乙醇，当然也用来发电。所以，各个地方有各种不同的做法。要帮各个地方因地制宜地分析，什么地方用什么方式走得通。这个工作量非常大，但也非常有意义，这里面既有技术含量，也少不了辛苦。

我的年龄已经大了，希望通过我们基金会，号召更多的青壮年参与进来，去推动这件事。中国太大，工作量非常繁重，需要通过多年的不懈努力才能取得成效。

我想，中国走向现代化，第一个战略目标已经实现，要奔向第二个战略目标，能源方面的工作能不能做好，农村是根本。

"中国走向现代化，第一个战略目标已经实现，要奔向第二个战略目标，能源方面的工作能不能做好，农村是根本。"

2021 年 10 月 30 日发表于乡村发展基金会微信公众号，2022 年 1 月 12 日修改

第五篇　且行且思

陆 波：乡村发展基金会 2019/2020 年报后记

　　此刻，摆在我面前的是乡村发展基金会即将面世的首期年报——如此普通，却又着实不凡！

　　80 位联合创始人，8850 万元诺捐，一所研究院，37 场大讲堂……我们以纯朴的初心发起了一个宏大的愿景。

　　7 位秘书处员工，600 个日夜，西安、延安、北京、深圳、上海……我们以勤勉的汗水使这幅图景落地生根。

　　3 位编辑部成员，两个多月时间，调阅上千张图片，六易文稿……我们以审慎的态度和忐忑的心情，交出了第一份答卷。

　　乡村振兴战略是党的十九大提出的一项重大战略。然而，乡村振兴这篇大文章，怎样才能读懂？乡村振兴这项大工程，应该从何入手？作为公益机构，我们的角色定位是什么？一切都没有现成答案，甚至没有参考样本。可喜的是，乡村发展基金会的同人勇敢地迈出了第一步。在过去的 20 个月里，我们开展公益创新，尝试建平台、破圈层、树品牌、造声势；开展扶贫创新，致力于培养乡村发展需要的各类人才；开展教育创新，以民间的力量，在公办大学的框架内，创建一所全新的二级教学研究机构。特别是春节至今，突如其来的新冠疫情给基金会的工作造成了极大的困难。但我们以创业者的勇气，迎难而上，逆境求生。

　　这期年报完整、真实、生动地记录了我们的创想与求索、荣耀与艰辛。

在编辑年报的过程中，记忆带我重回激情燃烧的岁月，我一次又一次地被感动、被激励。

我要向以王石、冯仑、海闻为代表的乡村发展基金会所有联合创始人、捐赠人、治理团队致敬！你们的格局、远见与担当堪称楷模。

我要向乡村发展基金会的所有政府主管领导、合作伙伴、团队成员以及志愿者道谢！你们的真诚、辛劳与信任弥足珍贵。

乡村振兴，共襄盛举，与有荣焉！

2019 年是中华人民共和国成立 70 周年。2020 年是全面建成小康社会目标实现之年，也是决战决胜脱贫攻坚之年，还是抗击新冠疫情之年。作为一家新成立的公益机构，我们必须有所作为，方能无愧于自身的使命、无愧于时代的召唤。从这个意义上说，我们才刚起步，做得还很不够。

古希腊的哲学家苏格拉底曾说："人类的幸福和欢乐在于奋斗，而最有价值的是为理想而奋斗。"

写到这里，同事请我给年报想一个主题，要朗朗上口，最好还能有些诗意。我一下子想起了 20 世纪 80 年代初那首响彻神州大地的歌曲：

"我们的家乡，在希望的田野上……

我们的理想，在希望的田野上……

我们的未来，在希望的田野上……

嘿，我们世世代代在这田野上奋斗，

为她幸福，为她增光！"

于是，脱口而出："在希望的田野上！"

陆波博士

乡村发展基金会理事兼秘书长

2020 年 8 月 31 日

转载自《在希望的田野上——西安市乡村发展公益慈善基金会 2019—2020 年报》，该年报于 2020 年 9 月 3 日发布

从"一带一路"到乡村振兴

——善达网马广志专访陆波秘书长

【人物简介】

陆波,西安市乡村发展公益慈善基金会理事兼秘书长。1992年至1996年从事国际贸易;1997年至2008年,先后任职于香港贸易发展局、博鳌亚洲论坛、美中贸易全国委员会等多家国际机构。2008至2016年,在新加坡参与创建世界未来基金会并担任秘书长。2016至2018年,参与创建深圳市中科创公益基金会并担任秘书长。

陆波通晓中文、英文和阿拉伯文,持有北京师范大学非营利组织管理专业的博士学位,曾是美国印第安纳大学的访问学者和新加坡国立大学的高级访问研究员。曾出版《善行天下:一个公益经理人的跨国札记》《全球劝募》(英文),发表论文二百余篇,涉及公益发展、财富向善、会展管理、教育国际化等领域。

【访谈手记】

2016年,徐永光在给一本书的推荐语中这样写道:"他把自己多年在全球范围内的所见所闻、所思所想积攒下来的'真金白银'和学术研究成果,用通俗可读的方式奉献给社会,不啻给公益思想宝库带来了一抹亮色。"

这本书的作者就是陆波。我想,徐永光的评价并不是出于对陆波的偏爱,而是一个公益前辈对文章的真切体味。即使在今天,我读《商业是最大的慈善,对吗?》《发展公益慈善:中国向新加坡学习什么?》《中国基金会走出去：趋势、现状与前景》等篇，依然可以感受到作者公益思想中迸出的火花，怪不得徐永光称他"是一位既跨界、又跨国，既有丰富 NPO 实务经验，又学贯中西的精英范人才"。

我读的是陆波先生送给我的《善行天下——一个公益经理人的跨国札记》。这是中国社会出版社出版的。封面我很喜欢，一个人站在几棵高矮不一的树间回望，好像在遗憾为什么没有更多的人跟上来，这真是对公益行业人才现状的极好暗喻。

因此，我早就想对陆波先生做一次访谈，但他工作忙碌，又行事低调，使得这件事情一拖再拖。

终于，国庆节前的一个上午，在北京紫檀万豪行政公寓，我与陆波先生在一楼靠窗的位置对面而坐。他清秀俊朗、谦谦君子的样子。窗外的秋雨已停，室外树上泛黄的秋叶在灰蒙蒙的天空下摇曳，别有一种凝重、沉静的味道。

十余年前，陆波先生甫一进入公益领域，便参与创建了中国企业家在海外设立的第一家公益基金会——新加坡世界未来基金会，一时名声大噪。之后，他又先后参与创建了深圳市中科创公益基金会和西安市乡村发展公益慈善基金会，一直担任秘书长，成为一名职业的公益经理人。

行万里路，读万卷书。陆波先生在实务工作之外，一直坚持理论研究，从国际到国内，不断地对公益慈善提供着有深度的、系统性的观察、研究和评论……"不仅是中国公益慈善走向世界的尝试者，更在不断的实践中思索、研究。善行天下，让世界听到中国声音。"（刘英子语）

公益的本质应该是倡导，通过倡导影响更多的力量来投入公益。但是在唯筹款为上的今天，公益领域还能找出几个能愿意沉下心来写几篇文章的人吗？在我看来，陆波先生就是这样的人。他著作中理性的思考和独到的睿见，对于中国公益事业的健康发展以及从业人员提升自己的管理能力，读来都不无裨益。

时近中午，天放晴了，金色的阳光洒了下来，透过院中杨树的枝叶，落下满庭温暖的日影。听着陆波先生的平静讲述，我想起他在书的后记中引用的管理学大师彼得·德鲁克的一句话："我们生活的这个时代充满着前所未有的机会：如果你有雄心，又不乏智慧，那么不管你从何处起步，你都可以沿着自己所选择的道路登上事业的顶峰。"证之于陆波先生，不亦然乎？

【访谈时间】2020 年 9 月 29 日
【访谈地点】北京紫檀万豪行政公寓

"从公益国际化到公益乡村化"

马广志：看履历，你大学毕业后从事的是外贸工作，后来才接触到非营利组织这一领域。

陆　波：我大学学的是阿拉伯语，辅修英语，当时职业理想是去做外交官。但 1992 年大学毕业时，进国营外贸公司工作是最时髦的。我也不能免俗，就挤进去了，虽然我们家族没有经商的传统。

在 5 年的外贸工作中，有 3 年是在迪拜度过的。回国后，我先后在香港贸易发展局、博鳌亚洲论坛和美中贸易全国委员会工作。这三家组织都与经贸相关，都是非政府组织。在这个过程中，我了解到：人们的社会活动可以划分为政治活动领域、经济活动领域和社会活动领域；与此相适应，社会组织也可分为政府、营利和非营利三类组织。

国外的非营利机构比较成熟，比如我工作过的三家，它们在国际舞台上发挥着独特又强大的作用。我很好奇，也觉得很有意思。心底就埋下了一颗种子，感觉这将是未来一个与众不同的职业方向。

马广志：到冯仑找到你时，这颗种子就发芽了。

陆　波：也是机缘巧合，2007 年，我认识了冯仑先生。当时他已经是国内著名企业家了，而且非常热衷于公益事业。我们就一起策划在新加坡成立了世界未来基金会，2008 年 8 月 26 日注册，2009 年 2 月 20 日获得新加坡政府的批准。这也是首家由中国大陆企业家在海外出资成立的公益性基金会。我担任基金会秘书长已经过去 13 年了，现在讲起来是故事了，但当时确实是中国企业家在国际公益领域舞台上探索过程的一个先行者。

马广志：为什么选择新加坡？

陆　波：冯仑先生是一个具有全球视野的企业家，做事也有格局。那时他想在国外搞一个大型公益论坛，就让我帮他策划。此前我在博鳌论坛工作，在这方面比较有经验。他觉得我策划得不错，就问我有没有兴趣来执行。但我觉得好像没有特别大的吸引力，就问他是办一届还是长期办下去。他说要一直办下去。我就建议他不如成立一个基金会，如果这样，我倒是有兴趣。而且据我了解，当时还没有一个中国人"走出去"成立自己的基金会。如果这事做成了，无疑就是历史第一人了。冯仑觉得很有意思，就同意了。这么着，就从做项目（公益论坛）变为成立一家机构。

我们在考察了几个国家后，认为新加坡是一个不错的选择。一是制度环境比较有利于基金会的成长，管理既不过松，也不过紧。二是新加坡的文化背景接近于中国，交往起来比较方便。三是新加坡在社会治理方面是中国学习的一个样板。1992年，邓小平在南巡讲话中曾特意强调学习新加坡的经济发展经验和社会治理经验。

马广志：世界未来基金会的定位是捐赠型基金会，主要开展了哪些项目？

陆　波：主要还是围绕着基金会使命来开展的，基金会确定的使命是"集聚全球热心公益事业的华人企业家的力量，发展科技，面向未来，在新加坡推动环境与可持续发展的研究"。

当时主要做了这样几个项目：一是在南洋理工大学与新加坡国立大学设立环境与可持续发展研究博士论文奖，奖励在这方面有突出贡献的博士。二是创办了"亚洲垂直城市国际设计竞赛"，每年举行一次，为期5年，旨在为面临人口大规模增长、生活质量下降问题的现代城市寻找新的居住模式。三是组织撰写了《新加坡国家治理体系和治理能力现代化丛书》，共8本。这也是中国民间机构对新加坡研究最深入也最成体系的一套丛书。

我们还做了很多短期性的中新两国公益慈善交流活动，邀请过王振耀老师、徐永光老师等到新加坡考察。当时新加坡一度成为中国公益界学习的一个样板，包括现在国内对基金会的评估、慈善组织的分级分类等，都是受益于我们从新加坡引进的经验。

马广志：近几年，世界未来基金会的影响好像没那么大了？

陆　波：现在还有人在做，但投入的资源没我在的时候大了。当然，环境也在变化。2016年我就离开了，去了深圳中科创公益基金会。

马广志：我记得当时这家基金会要做一个全球科技领袖大奖？

陆　波：是的。前期做了大量的筹备工作，后来因为企业自身的一些问题没做起来。但这至少说明两点：一是我国企业家在做公益的过程中，是有国际视野的，而不仅仅着眼于本土。二是我们的公益开始关注科技、关注未来了。此前很多慈善公益都是基于传统的扶贫、济困、救灾等领域。这也让我看到了中国公益事业的希望。

2018年，我参与创办了西安市乡村发展公益慈善基金会，并担任秘书长。从原来的公益国际化到现在的公益乡村化，路数完全不同，但还是很有意思的。

"公益更有干头了，更值得做了"

马广志：回头来看，你在三家国际机构长达十余年的工作经历，对现在从事公益事业有什么帮助？

陆　波：帮助非常大！我现在能在公益舞台上做一些事情，能够把公益职业经理人做得比较好，很大程度上得益于在国际非营利组织十余年的历练，比如职业意识的养成、做事的规范性以及国际视野。但真正进入公益行业以后，也是边学边干，边干边学。

马广志：你进入公益行业的那一年，被称为"中国公益元年"。

陆　波：2008年，那时与发达国家相比，我国公益事业还处于初级阶段，公民的慈善意识比较薄弱，很多公民还没有认识到慈善是全社会共同的事业，捐赠规模也有很大差距，最重要的公益人才队伍建设与公益事业的发展态势极不相称。

2008 年前后，中国经济向好，公益事业也呈现一种蒸蒸日上的势头。那几年掀起了一股全社会关心公益事业的热潮，包括我在内的一大批人转行到了公益行业，这也说明了社会发展的一个趋势。

十几年发展下来，中国公益行业已不完全是一个学习和赶超的角色了，比如，我们的互联网公益已经走在世界前列。再比如，公益与乡村振兴相结合，是国外没有的。这不能说我们先进，但至少说明我们很独特，极富中国特色。所以，现在公益更有干头了，更值得做了。

马广志：你的意思是说，把公益作为职业发展方向，还是很幸运的？

陆　波：是这样的。从 2008 年到现在，我进入公益行业 13 年了。也是机缘巧合，国家的两大发展战略我都赶上了——国际上最重要的是"一带一路"，国内最重要的是乡村振兴。而且所在的机构还开了历史先河：成立世界未来基金会推动中国公益事业"走出去"；乡村发展基金会则是用民间和公益的力量来助推乡村振兴。从这个意义上说，我是很幸运的。

在这个过程中，我的体会是：要想成为一名优秀的公益人，必须呼应时代背景，配合国家战略。从"一带一路"到乡村振兴，新时代为公益人提供了广阔的想象空间和驰骋舞台，也提出了新的更高的素质要求。所以，要想成为一名优秀的公益人，除了不知疲倦地奔跑，还必须永不间断地学习。

马广志：我注意到，最近十几年，你一直在帮企业家做公益。

陆　波：嗯。改革开放 40 年，中国涌现了一批非常优秀的企业家。抛开商业上的成就不谈，他们在公益方面觉悟比较早，既有人文关怀，又有国际视野，比如我熟悉的冯仑先生、王石先生等人。能与他们共事，也是我的幸运。所以，我一直强调要建设公益职业经理人团队，就是要帮助这些有雄心没精力、有眼光没时间的企业家，真正把公益做出成绩来。

十几年前，冯仑先生曾说过："中国所谓的富人、企业家在慈善方面做得相当好，我讲几个根据。比尔·盖茨从干公司到建立公益基金会是 25 年，巴菲特从赚钱到决定捐出大部分财产是 50 年，而中国现在私募基金有 800 多家，中国法律上允许大家建私募基金会才 4 年。4 年前才允许建，腾讯、万通、万科等都建了，大部分（企业）都是（成立）15 年以内。从时间上来说，我们赚钱没有人家多，办公益基金比他们积极。"我觉得很有道理。

这些企业家，他们都是探索者，是有使命感的人。他们有各种各样的兴趣爱好，精力也充沛，干点儿什么不好呢？能投入时间、投入资金做公益，确实非常值得敬佩。与他们接触了一段时间后，我认为我的职业目标就是磨炼自己，帮助民营企业家来实现他们的公益理想。前一段艾问有个对我的专访，标题是"做最好的公益经理人，助力企业家行善"。我觉得说出了我的心里话：公益经理人只有跟企业家在一起，才能成就公益领域的大事情。

"三代公益人各有特点，也各有使命"

马广志：我国的公益职业经理人还是太少了，你觉得原因在哪儿？怎么吸引更多的商业精英进入公益领域呢？

陆　波：的确，公益经理人与商业经理人在数量上极不相称，能力相差也很悬殊。大概在 10 年前，我与李劲（时任万通基金会秘书长，现任三一公益基金会秘书长）都看到了公益职业经理人从数量到质量上存在的短板。但在如何培养的问题上，我们却有着存量和增量之争。他认为要培训现有的公益机构负责人，提高他们的素质和能力；而我认为，应该加速人才流动，想办法让圈外的人进来，引入活水。

我跟李劲都不是天生的公益职业经理人，也没人培训过我们。我们不过是机缘巧合才进入了公益领域。

俗话说，"螺蛳壳里做道场"，现在公益领域就这些人，自身能力局限，提升空间不大。如果提升了，但行业没有发展，也就离开了。所以一定要引入人才，这需要整个行业要向前向上，要有吸引力。但这些年我们做得并不好，整个行业还没有形成理想的一个状态。

马广志：其实不止一个人提到，中国公益的出路就在于打造一个公益职业经理人阶层，但结果并不理想。

陆　波：是的。政策方面的原因肯定是有，但重要的是我们并未培养出新一代特别有感召力的代表人物。有时你不得不承认行业领袖的魅力和影响力。行业人才梯队有"断代"的风险，原生代已经老去，但中生代和新生代却成长不足。

在我看来，三代公益人各有特点，也各有使命。

20世纪八九十代开始做公益的原生代，很多人都是从政府出来的，有强大的社会动员能力，对政府事务比较熟悉，这是他们的优势和价值所在。他们的历史使命主要是公益启蒙，倡导公益理念和精神。这一代不乏代表性人物。

想要成为中生代的代表人物，必须做到规范性，有很强的项目执行力，能让飘在天上的事实实在在落地。还要与国际接轨，这也是中生代的天然使命。因为这一代人大多都有海外留学经历，有能力通过引进、输出双向交流，让中国公益成为世界公益版图的一部分。

新生代的特质则要拥抱互联网革命，运用大数据、区块链等新技术来革新公益项目和公益形态，同时让公益与各个行业充分融合。公益不是一个割裂的行业，应该通过融合，激发其他行业的公益力量。这是新一代人要肩负的使命。

马广志：前不久徐永光发文称："当今时代，经济社会政治和科技发展的条件均发生了很大变化，情况更加复杂，面临的挑战更多，中国公益要靠一批有'野心'的中生代、新生代来挑重担。"

陆　波：在英文里面，野心和雄心是一个词"Ambitious"（笑）。一代人要有一代人的使命，一代人要做一代人该做的事情。但我认为每一代现在做得还不够。

"乡村人才振兴缺一种长期有效机制"

马广志：乡村发展基金会是 2019 年 1 月成立的，能否谈谈当时的背景？

陆　波：最早是王石先生和冯仑先生要做这件事，想用企业家的力量推动乡村振兴。他们作为中国民营经济的推动者和受益者，切身感知到了城乡之间的巨大差异，乡村的落后，制约着中国的进一步发展。同时，他们又受到国家实施乡村振兴战略的感召，觉得有必要做些事情。

乡村振兴是一个大工程，从何做起呢？于是想到成立一个研究院，来培养致力于乡村振兴的人才。他们就找到了北京大学汇丰商学院海闻院长。海闻是北大原副校长，汇丰商学院是他一手创建的，很有经验。他还曾担任北大中国经济研究中心的副主任，林毅夫是主任。

秘书处这块儿，冯仑先生就推荐我，认为我比较合适。我跟王石先生、海闻院长交流后，就上岗了。但基金会成立时什么都没有，没人、没钱、没办公室……完全是从零起步。

马广志：从零起步？

陆　波：我到任时，账上是没什么钱的，但是有一个蓝图，需要我去落地，找各企业家去募款。乡村发展基金会跟其他基金会不太一样，是希望借助社会各行各业的精英人物的力量，共襄盛举，促进乡村振兴。募款是一方面，更需要通过大家发挥影响力，让乡村振兴成为公众都关注的话题，成为一个社会热点。

我们做的第一件事情就是找到 100 位联合创始人，现在已经 80 多位了，还没完全到齐。都是精挑细选，除了一批大家耳熟能详的顶级企业家，其他都是各行业的精英，比如奥运冠军、作家、经济学家、建筑学家、音乐家、主持人等。他们不是咨询顾问，也不仅仅是捐赠人，而都是基金会的联合创始人，地位与作用是完全不一样的。我过去一年做得最重要的事情，就是把这些"大咖"请进来，让他们把自己的资源带进来，而且还要让他们相互认识、接触、感兴趣，产生"化学反应"，从而激发更多的创意。

与此相应的就是募款，基金会设定的是 50 位企业家和 50 位社会知名人士。企业家是要带资金进来的。现在协议捐赠额已达到了 8800 多万元，基本实现了 1 亿元的目标。

第二件事情就是去年 9 月 15 日在延安大学成立了乡村发展研究院。这是在公办大学体系下完全用民间资金兴办的一个二级实体教学科研机构，也是教育领域的一个创新。去年举办了第一届乡村发展延安论坛，现在正筹办第二届。

第三件事情，本来是想由 100 位联合创始人组成一个教育百人团，深入全国农林院校去演讲，扩展大学生的视野，激发他们的动力。但是做了三期后，新冠疫情来了。我们马上转到线上，跟搜狐视频合作开设网络课程，到现在已经做了 42 场，基本上每周一场，并形成了"明日地平线大讲堂"的公益品牌，平均在线人数达到了每场 18 万人。这个我们准备一直做下去。将来还会做 3.0 版本，想把网络课程植入高校的教学体系里，还要开展国际合作，那就更有价值了。

马广志：乡村振兴，首先是人才的振兴。你们抓住了农林高校大学生，这个定位非常精准。

陆　波：我们也在不断摸索，不断提升自己，就是要找到最有效的人群，明确我们到底要影响谁，到底要改变什么。现在看来，在现有学术体系下多培养几个硕士、博士，其实作用不大，并不能解决乡村发展中面临的实际问题。如果乡村自身没有吸引力的话，培养的人才越多，流失的也越多。

企业家们想得会更长远一些，看问题更深入。乡村振兴需要那些愿意扎根乡村的实干家，既有一定的理论素养，也有在乡村的实践经验。中国其实不缺我们一家乡村发展研究院，也不缺这几十个硕士、博士，缺的是一种长期有效机制，让人才觉得来乡村不完全是奉献，还能充分发挥他的作用。接下来我们会有比较大的动作，要想办法让更多大学生心甘情愿地在乡村长期工作，至少不是短期。人是最重要的资源，也是最大的变量。

马广志：我觉得乡村振兴的根本之道还是在于教育。多年来，我们乡村教育的动力就是好好学习，逃离农村，进城谋生，所谓"跳出农门"。现在乡村振兴成为最重要的国家战略之一，这种教育理念需要做出改变了。

陆　波：我同意你的观察，但不太同意你的解决之道，因为这是人性所致。可以倡导"回归乡村"这种理念，但没法去强求改变。对乡村而言，现在有三种人才：一是从乡村走出去的有知识的人；二是有知识但跟乡村没有关系的人。让这两种人才长期留在农村，都很难做到，不现实。第三种是有知识、有情怀的人才，想在乡村创业。他们可以跟着项目进来，甚至带着资金进来，在乡村待上三五年，成为他人生的一个驿站。但需要有制度保障他实现职业上的一个跨越，而且这三五年是有责权利的，要有激励机制，收入落差没那么大。否则也做不了。

其实这可以跟刚改革开放那会儿的留学生做对比。当时去国外留学的都是人中龙凤，而且走了都不回来，劝也没有用。现在呢？中国经济发展了，生活越来越好了，尤其今年疫情来了，加上逆全球化和中美关系紧张，很多在国外的留学生就回国了。从乡村走出去的人才也是如此，要尊重人性——有好的环境和生态后，人才自然会流入进来。

马广志：资助型基金会的缺乏是中国公益事业发展面临的问题之一，乡村发展基金会未来是否会向这方面发展？

陆　波：我们现在其实就是一家典型的资助型基金会。至少在现阶段，基金会主要资助的项目是乡村发展研究院。虽然资助的不是草根组织，但研究院的教学和招生等，我们原则上是不参与的。当然，在基金会的运作过程中，会成为一个混合型的基金会，比如"明日地平线大讲堂"项目就是我们自己在操作的，形势使然。

其实，纯粹的资助型基金会很容易变成一个官僚机构。草根组织来申请项目，我根据标准来决定是否资助。很多时候，无法做到与社会现实合拍，因为不在一线，会有"隔靴搔痒"之感。当然，我不是贬低资助型基金会。而且，基金会是否做资助也不能作为基金会优秀与否的评判标准。

最重要的还是"不忘初心"，基金会成立时的使命是什么？这个没有改变，就可以了。

"社会企业是未来的发展趋势"

马广志：资中筠先生说过，公益对渐进改良有积极作用。你如何看待和评价公益在中国改革及至现代化进程中的作用？

陆　波：这个话题太过宏大，我还是从我的自身谈起。

第一，我在北师大读博士时，社会发展与公共政策学院院长张秀兰曾对我们说：选择这个专业（非营利组织管理）是对的。为什么？中国前30年是政治上变革，后30年是经济上的变革，接下来的30年主要是社会治理方面的改革，非常有前途。

当时，这番话对我触动是很大的。因为不管做基金会，还是做民非，都是要在社会治理方面为国家和社会做贡献，这也是社会组织的使命所在。

第二，当企业家有余力时，内心肯定会有一个自然的想法或情结，要推动社会的进步，为社会做贡献。在我看来，企业家推动社会进步最好的方式就是参与公益慈善，或独自成立基金会，或资助公益机构和项目。有使命，有愿景，有团队，一步一个脚印，坚持下来就是一个了不起的事业。当越来越多的企业参与到公益事业中来时，必然会对社会进步起到非常重要的作用，因为他们有能力，也有资源。

马广志：新冠肺炎疫情极大地影响了社会的方方面面。你如何看这件事对中国慈善事业的影响？

陆　波：影响太大了！我感知到的主要有两方面：一是疫情导致很多企业在公益上的投入减少。受疫情影响，企业业绩下滑，面临生存和发展危机。而且这个影响并不会随着疫情结束而很快结束，即使疫情有一天结束了，企业家在公益的资金及精力上的投入也很难短时期恢复。而且我认为最严重的情况在后边，还没有到来。

其次，就是公益本身的形态和模式也会发生改变。"明日地平线大讲堂"就是一个很典型的例子，必须因时而变。后疫情时代，很多原来的做法都不适应现实了，一定要做出调整。当然这也涉及公益机构的专业能力的问题。

马广志：专业能力问题本质还是人才的问题。

陆　波：这又回到刚才我们讨论的是存量还是增量的话题。除了要解决制度环境外，关键是我们身在其中的人能做什么。首先是传播正能量，这不是喊高调，哪个行业都有好事也有负面，要对外展示健康的形象，才能吸引人。其次，要打破内部的藩篱。现在公益领域山头主义盛行，什么"黄埔军校"了，什么圈子了。公益领域本来就这些人，还分这派那派，没有意思。第三，行业大佬应该有意识和计划建立人才梯队，形成行业的"传帮带"，多给年轻人一些成长的机会和台阶。

马广志：社会企业现在是行业的一个热点话题了。你对社会企业的发展怎么看？

陆　波：社会企业运用商业手段，实现社会目的，是商业和慈善（公益）的理想化组合。一方面，它不以利润最大化为目的，却又追求财务上的盈利；另一方面，它有明确的社会目标，却又通过商业的路径来实现。社会企业不是为了使富人更富有，而是为了向穷人提供帮助，不是为了生产销售产品而雇用员工，而是为了雇用员工而生产销售产品。社会企业在整合社会资源、提高资源效率和追求服务质量方面，有先天的优势。

所以我觉得社会企业是未来的发展趋势，因为它符合两个规律：一是人性的规律，单纯的奉献毕竟不是大多数人的选择。二是通过社会企业倡导企业向善。现在都在提商业向善、科技向善，但怎么实现？社会企业可能是一个比较好的途径，它的双重目标设定是比较符合人性的一个设计，代表了企业的未来发展方向。

但现在的问题，社会企业可能还是局限在小圈子的自娱自乐，没有更广大范围的企业进来，这是需要继续加以倡导的。让商业机构向善和让公益机构走向市场，比较而言，前者相对容易得多。

"政府与社会组织关系应该是'信得过，离不开'"

马广志：从 2008 年"中国公益元年"至今是一轮，你觉得在下一个 12 年，中国公益哪些方面是需要着力加强的？

陆　波：这个问题有点儿大。我能想到的是两点：一是怎么拥抱互联网革命，包括 5G、区块链、大数据等在内的新技术。二是怎么与各行业融合，把公益与其他领域之间的栅栏拆除掉，真正形成一个社会公益的大生态。

马广志：那您理想中的公益生态是怎样的？

陆　波：我觉得以热带雨林来比喻公益生态是很恰当的，这好像是杨澜最早提出来的。她将整个公益行业比作一个热带雨林。热带雨林里有参天大树，有小草，有小树，有各种生物，万物自由生长，各得其所，彼此支撑，彼此成就。这么一个生态系统是非常和谐、平和的，充满生机。

这个图景描绘十几年了，但还是没有真正形成。目前看是失衡的一种状态，政府的力量比较强大，企业家的参与也比较多，公众的参与是比较弱的，能够让公众释放爱心的渠道还是非常有限的。这也是最需要改变的。

马广志：在这个生态中，政府的力量比较强大。那政府与社会组织的关系应该是怎样的？

陆　波：我觉得新加坡的经验是很好的。其成功经验，在我看来是六个字："信得过，离不开"。即政府把社会组织视为合作伙伴，目标一致，各尽其责，认为信得过。社会组织则努力提升自己的专业能力，扎扎实实地解决社会问题，让政府觉得离不开。我专门写文章谈过这个问题。

马广志：刚才你提到，能够让公众释放爱心的渠道还是非常有限的，但近些年"99 公益日""99 公益周"等活动的影响还是很大的，影响了越来越多的公众参与到公益事业中来。

陆　波：贡献肯定是很大的，甚至可以写进史册。但现在也走入技术偏差了，门槛越来越高，规则越来越复杂，而且"马太效应"明显，强者恒强，很多小机构如果不做一些特别的设置和安排，根本拿不到钱。本来"99公益日"的作用，应该是让没捐过钱或不常捐钱的人进来，但现在到底起没起到这个作用，是值得思考的。

"做最好的公益经理人，助力企业家行善"

马广志：秘书长对基金会的发展至关重要，你认为一个合格的基金会秘书长应该是怎样的？

陆　波：首先，要有极强的同理心，要学会换位思考。比如不能简单地说企业家对公益不重视，投入资金和时间太少，而要站在他的角度思考为什么会这样做，我能帮他做什么。"人同此心，心同此理。"秘书长是一个很错综复杂、很多面的角色，要应对社会不同阶层不同方面的人。如果没有极强的同理心的话，就无法和其中某一阶层或某一领域的人对话。

第二，秘书长需要是全才，而且要有特别强的"补台"能力。基金会是"麻雀虽小，五脏俱全"，但是因为人力资源缺乏，需要秘书长一专多能，能随时"救火"，哪里出了问题出现在哪里。有人称秘书长是"八爪鱼"，我称之为"补台"。

第三，一个顶级的公益经理人或秘书长应该有雄心大志，与企业家或捐赠人彼此成就。是要真的能帮助到企业家或捐赠人实现公益理想，并不是喊喊口号而已。这也是我多年来对自己的要求。我认为，一个顶级的企业家或慈善家与一个顶级的秘书长或公益经理人之间的关系，不应该是老板和员工的关系，而应该是公益合伙人的关系，甚至是终生合伙人的关系。双方应该相互支持、彼此成就。卢德之先生说过："纯粹慈善是伟大企业家的必然归宿。"成功的企业家会把慈善家这个标签作为人生的追求，所以需要公益经理人长期经营、打造。

马广志：要能够提一些建设性的意见，而非只是简单地执行。

陆　波：对，其实是蛮难的。我给自己的定位是学者型的公益职业经理人。企业家都很有智慧，但他们有时会因为企业的业务忙得焦头烂额，需要公益经理人提醒他应该怎么做，让他觉得你有你的独特价值。所以，一个好的公益经理人必须有相当的知识储备，对公益的理解应该能与共事的企业家达到同样的水准，甚至领先一步。

马广志：做秘书长是一个很辛苦的工作，这对你的家庭有什么影响吗？你曾在《善行天下》这本书的扉页上写着"献给我的父母、妻子、女儿"。

陆　波：不是经常有人这样写吗？我觉得就是一个正常的情感表达，没有什么特殊的原因。我读博士收尾和这本书酝酿时，我女儿出生了，可能想她会多一些。

做公益对家庭的影响，以前还真没想过这个问题。父母、妻子没觉得我的工作有多高尚，就是很普通的一个工作。如果说有影响的话，就是做公益的收入不太高，当然我还算是相对高的（笑）。家人对我没有那种物质上的要求，我没压力。平时工作非常忙，还要经常"救火"，所以照顾家里就少一些。家人对我也是比较包容的。可能没什么惊天地泣鬼神的故事，但确实都是春风化雨般默默无声的支持。

马广志：未来在公益事业上的规划是怎样的？

陆　波：我有好多规划呢，但因为时间精力有限，只能一样一样来。我对自己的现状也不太满意。

我最大的职业规划还是那句话：做最好的公益经理人，助力企业家行善。我觉得中国的企业家阶层需要公益经理人阶层。公益经理人跟企业家的融合还不够，还没有达到我说的那种终生合伙人的境界，至少我现在还找不出一对来。这是需要我用大半生的职业生涯来实现的。

我愿意做一名学者型的公益经理人，愿意在工作期间写一些东西。这两年在这方面做得太少了，也是一个遗憾。公益经理人写文章不是为了评职称，而是以这种方式推动公益进步。现在能够用学术方式来表达自己观点的公益经理人还是很有限的，恰恰又是行业发展所急需的。

马广志：通过发声来推动行业进步。

陆　波：是的。你可能注意到，老一代的公益人都是文字表达的顶级高手，比如何道峰先生、徐永光老师等，但中生代能写好文章的人屈指可数。而新生代，写的文章很多都是碎片化的网络语言。其实，这应该是一个公益职业经理人或秘书长必备的能力，要打造影响力，要带动更多人，光靠长得帅怎么行？（笑）一定要多思考，勤练笔，提升自己的文化底蕴。

马广志：因为你是博士。

陆　波：中国的基金会秘书长当中有一个特殊的群体，人数很少，但值得关注，就是博士。我知道的不超过 10 位。这里面又分为两类：一是原本是其他专业的博士，然后转行做了公益，你要关注他们入行的吸引力和驱动力是什么，他们与硕士、本科毕业的秘书长做工作有什么不同。二是公益从业者在职攻读相关专业的博士，我属于这类。你要关注他们的研究兴趣和研究课题是什么，研究成果给实务界带来了哪些变化。你有机会做个专题吧，一定很有意思。（笑）

转载自 2020 年 10 月 27 日善达网发布的文章

陆　波：在希望的田野上

——乡村发展基金会的行与思

陆波，西安市乡村发展公益慈善基金会理事兼秘书长、管理学博士、资深公益人。本文根据作者于 2020 年 11 月 26 日在中国基金会发展论坛年会上的演讲整理而成，后期略有改动。

很高兴接受中国基金会发展论坛组委会的邀请，和关心乡村发展的朋友们一起分享交流。我从事公益慈善工作已经 13 年，是中国基金会发展论坛的老朋友；而接触乡村发展、参与西安市乡村发展公益慈善基金会（以下简称"乡村发展基金会"），只有两年，是这方面的新人。乡村发展基金会，由著名企业家王石先生、冯仑先生及著名经济学家海闻教授于 2019 年 1 月共同发起成立，汇集 100 名知名企业家和知名人士。其宗旨是发展新农业、建设新农村、培育新农商，致力于成为中国乡村创业创新的加速器。2020 年的年会组委会特意设立乡村发展平行论坛，这是与关心乡村发展的同行者共同交流学习的契机，备感荣幸。我将从相对微观的角度，谈谈乡村发展基金会作为一家公益组织成立两年来的行动与思考。

一、公益立魂，多方共举

怎样能用比较简短的语言、相对清晰地描述乡村发展基金会？我总结了9个字："一群人、一条心、一件事"。"一群人"是指乡村发展基金会由著名企业家王石先生、冯仑先生、著名教育家海闻教授共同发起，联合各行各业100位精英人士，共襄盛举。2019年1月，乡村发展基金会在西安注册成立。"一条心"是指虽然我们来自五湖四海，来自不同领域，但都有一个共同的心愿：农业强、农村美、农民富。"一件事"是指在初始阶段，我们只集中精力做一件事——在延安大学设立一所乡村发展的二级学院，致力于缓解乡村发展过程中的人才匮乏问题。

乡村发展基金会的联合创始人，截至目前共87人，其中有不少大家耳熟能详的名字。企业家、文学家、科学家、体育明星、学者、教授……阵容强大，星光灿烂，他们加入基金会是基于助力乡村发展的初心和使命。基金会设理事会，有17位成员，在联合创始人中选举产生；设监事会，有3位成员，由中伦律师事务所担任法律顾问、普华永道会计师事务所负责审计；设秘书处，现有7人，团结、精干、高效。从酝酿到发起，到注册成立，从邀请联合创始人，到公益慈善项目落地运行，再到推广传播，尽管受疫情的影响，但成绩是喜人的。下面用一组数据来说明过去两年基金会的工作成果。

乡村发展基金会目前有3个创始人大会片区，分别是北京、西安和深圳。接下来，我们将在上海建立第4个片区；参与主办或协办的、与乡村发展相关的论坛共5场；创立1个公益品牌"明日地平线教育"，已在搜狐视频播出42场；协议捐赠金额近9000万元，公益支出1900万元；已确认的联合创始人有87位。

二、教育为本，多线并进

我们主要开展了以下几个项目。

（一）成立乡村发展研究院

在延安大学设立一所二级教学科研单位——乡村发展研究院。研究院的首任院长是海闻教授，主要开展三方面的工作：第一，政策研究；第二，学历教育，主要指硕士研究生培养；第三，在职培训，针对乡村创业、创新创业的企业家、年轻人，开展相关培训。目前，研究院已经开展了师资培训、新农人培训、中国乡村研究数据库、乡村发展延安论坛等多个项目，并启动了多个与乡村发展相关的研究课题，学术影响力正在逐步提升。

（二）推进明日地平线教育项目

明日地平线教育项目原本的设计是走进大学校园，以名人演讲的方式，为在校大学生开阔视野和提供知识。然而新冠肺炎疫情突起，办了 3 场便暂停。线下活动条件受限，我们马上联系搜狐董事长张朝阳先生，在搜狐视频开设"明日地平线大讲堂"直播讲座，至今办了 39 场，内容涉及多个领域：乡村振兴、科普人文、抗疫行动、运动健康、生态环保、创新创业、公益行动等。讲座广受好评，场均点击量高达 18 万人次。在此基础上，我们开发了两个子品牌：进入延安大学本科教学体系的"通识课程"、针对涉农企业高管的"特别对话"。至此，"明日地平线教育"作为一个自创的公益品牌，内容更丰富，也更有针对性和影响力。

（三）开发疫情动态地图

抗疫期间，乡村发展基金会的多位联合创始人及所在机构，积极参与公益捐赠。据不完全统计，捐赠额累计近 7 亿元，还有大量物资。此外，基金会携手公众环境研究中心（IPE）等公益机构，第一时间开发线上疫情地图。根据公开数据，实时动态更新。先以省为统计单位，后到地级市，再到各区县，最后到乡镇、社区，越做越精细。后随着疫情的蔓延，这份地图的覆盖范围延展至全球。我们率先推出的这样一个有效实用的工具，在新冠肺炎疫情动态监测方面发挥了很好的作用。

（四）创立乡村振兴产学研联盟

87 个联合创始人所在企业，有的有意参与乡村振兴，有的已经大量投资乡村发展，有的业务运营涉及乡村发展。以此契机，乡村发展基金会统筹协调，发起成立乡村发展产学研联盟，目的是让与乡村发展相关的企业、科研机构、学术机构互补、联动相互赋能，激发合作潜力。目前，已有 10 家企业 14 个基地加入了产学研联盟，遍布全国各地。

（五）乡村助学

乡村发展基金会和北京星能公益基金会合作，共同助力乡村体育人才培养，特别是针对贫困地区少年体校的学生，给予励志教育、技术指导和物质资助。已在延安、重庆和徐州开展三站活动，今后还会有更多的活动。

三、创新驱动，多维拓展

在这一系列的公益实践中，"创新"是贯穿始终的关键词，主要分为以下三方面。

（一）公益创新

中国现有公益慈善基金会近 8000 家，其能力有大有小。那么，基金会存在的最大意义是什么？有人认为是募款，有人认为是捐赠。笔者认为，基金会存在的最大意义在于价值倡导。从精准扶贫到全面小康，从脱贫攻坚到乡村振兴，是党和政府提出的国家战略，需要全社会的关注、参与和贡献。如果通过我们的工作，能够影响和带动更多人来关注乡村发展，投身乡村振兴，这就是乡村发展基金会存在的最大意义，也是我们应因时代需要所做的公益创新。为此，我们实施了一系列相关举措。

1. 组织创新

公益组织的一大特点是跨界和破圈。由于社会分工不断细化，专业程度不断提高，各行各业之间存在着天然壁垒。又由于社交惯性，一般人很难走出自己的小圈层。那么以公益，特别是以公益基金会的组织形式，以乡村发展的主题来团结众人，打破行业界限、走出个人小圈层，在更大平台互动，就能实现跨界和破圈。像乡村发展基金会这样规模和类型的公益组织，在中国乃至世界都是不多见的。

2. 产品创新

我们的公益产品是什么？首先是在公办大学的框架下捐资成立一所新的二级学院，专门从事乡村发展的教学与研究。进而因应市场需求，基金会与研究院共同开发出一系列公益教育项目，其中最有代表性的当属"明日地平线教育"。

3. 传播创新

传播创新，即影响有影响力的人。计划中的百名联合创始人目前已有87人到位，每一位都是行业翘楚、领军人物，拥有巨大的社会影响力。通过他们在不同领域、不同地域的发力、发声，可以有效、充分、快速地传递基金会的价值倡导。

（二）扶贫创新

精准扶贫是近来的高频热词，各种形式的扶贫项目林林总总，不一而足。我们所做的扶贫既不是传统的资金扶贫，也不是产业扶贫，我们做教育扶贫，但又不因循传统做法。传统的教育扶贫做法是什么？向生活困难学生发助学金，向成绩优异但家庭困难的学生发奖学金，还有奖教金等形式。我们的方式是什么呢？我们注意到乡村发展过程中人才的短缺问题，尝试走出一条新路来。

我们知道，传统的学校以传统的方式培养了大批乡村发展方面的人才，但存在两个严重的问题：第一，不实用。培养出的人往往书本知识有余，实干能力不足，不足以面对、解决乡村发展过程中层出不穷的新问题。第二，留不住。很多人，尤其是乡村发展或涉农专业的本科生、硕士生、博士生，一毕业就离开乡村，可能在乡村一天都没工作过，或者工作很短时间就跳槽去城市就业，不能扎根乡村，没有把知识技能奉献给乡村振兴事业。怎么办？我们认为，面对这样的社会现状，不能唱高调，不应该道德绑架，而是要提供定制化的解决方案。

因此，除了由延安大学定期招收、培养乡村发展方向的硕士研究生之外，我们还推出非学历教育——没有学历学位，"1+3"的形式，"三结合"的方式。什么意思呢？"三结合"是指理论与实践结合、国内与国外结合、线上与线下结合。"1+3"是指脱产培训一年，结业之后，在乡村服务三年。具体操作是由企业和基金会共同出资，设立奖学金，受资助的学员需承诺，结业后去出资企业的乡村振兴项目工作三年。三年后，再由基金会推荐或安排回到城市，在出资的企业工作，待遇甚至略高于同龄人的平均薪酬。我们希望在实践中探索出新模式和新路径，从根本上解决年轻人事业发展空间和价值回报的问题。

（三）教育创新

延安大学是毛泽东同志亲自命名、中国共产党创办的第一所综合性大学，至今已有 80 多年的光辉历史。乡村发展基金会发挥民间的力量，在延安大学的管理体系内新建一所二级实体教学科研单位——乡村发展研究院，双方共同培养乡村发展所需人才。研究院成立当天，乡村发展基金会数十位联合创始人以及前来参会的合作伙伴在新落成的研究院办公楼门前合影。

具体的合作模式是：延安大学提供"硬件"支持，包括教学资质、教学楼、教育教学设施、基本教师配置等。基金会从社会募集人民币 1 亿元，用于"软件"建设，如招募名师、培训师资、拓宽学生视野、引进国内外教育合作机会、建设乡村发展人才培养基地、开发创新型教育项目、促进产学研融合等。这种"基金会＋高校"的合作模式，可以各展所长、优势互补，在国内并不多见，称得上是一种教育创新。

未来，期望能与诸位共襄盛举，大道同行，让农业成为有奔头的产业，让农民成为有吸引力的职业，让农村成为安居乐业的美丽家园！

转载自山西农业大学期刊《乡村发展研究》，2021 年第 1 期

渭源实训营特别对话：为乡村振兴播撒嘉种

主要人物：

王石（乡村发展基金会创始人 万科创始人）

陈行甲（乡村发展基金会联合创始人 深圳市恒辉公益基金会创始人）

王继永（中国中药有限公司副总经理 国药种业有限公司董事长）

李铁（乡村发展基金会联合创始人 新疆中环油林业开发有限公司董事长）

陆波（乡村发展基金会秘书长）

实施乡村振兴战略，是党的十九大做出的重大决策部署。乡村振兴也是当今社会的一个高频词。现在各行各业都离不开乡村振兴，也都在用自己的方式为乡村振兴做着各种各样的贡献。本次对话由乡村发展基金会秘书长陆波博士主持。

陆　波：在乡村振兴的背景下，我们乡村发展基金会做了很多的项目，针对乡村的人才培养，今年我们新推出了嘉种计划。下面我们就请陈行甲先生，他作为嘉种计划的最初的设计者和主要的执行者，来谈一谈什么是嘉种计划，您是怎么想到要做这样一个项目的？

陈行甲："嘉种"这两个字，"嘉"是嘉年华，"种"是种子的种。原意取自《诗经·大雅》里面一句，"诞降嘉种，维秬维秠"，是指上天把优良的种子带到人间，通过传说中的中国农业创始人后稷，来教农民们播种，是一个非常美好的有寓意的民间传说。

乡村发展基金会在整个乡村振兴的大时代背景下，希望做一些事情。我们是公益组织、社会组织，处在社会的第三部门。按照传统的社会结构分工，第一部门是政府，第二部门是企业，第三部门是以公益组织为代表的社会组织。乡村振兴需要全社会共同去做，我们公益组织希望能够成为政府和市场力量的有效补充，政府和市场的力量目前还力有不在的地方，而正好又是我们社会组织所特长的，所以我们选准了乡村振兴人才培训这个切入口。我们的优势是广泛连接社会资源，深植于社会实践，所以嘉种计划的设计理念就是在总结、提炼、梳理整个中国乡村振兴一线的优秀企业和团队的创新实践，我们把它体系化、课程化、模式化，选一个乡村振兴的实践点，针对基层一线干部，包括优秀的大学生干部、村支部书记村主任，对他们进行创新实践的培训，为乡村振兴培养优良种子，所以嘉种计划是这个寓意。

陆　波：王石先生在退休之后拿出了相当大一部分的时间和精力来做公益，又在 2019 年年初与 100 位联合创始人成立了乡村发展基金会。我想请您谈一谈，您为什么要发起这样一个基金会，您这个基金会准备怎么样为乡村发展做出贡献？

王　石：20 年前我去了趟云南的哀牢山，去看了 74 岁的褚时健先生的橙园，就非常受启发，从万科退休后也去做农业。实际上在退休之前就开始了，万科公益基金参与做一些农业的项目。后来从万科离开就有更多的时间，2019 年年初成立了乡村发展基金会，专门来做农村的项目。

根据我过去 20 年的摸索，显然感觉到现在农村是缺人才。城乡的差别越来越大，一方面温饱问题解决了，但如何让农村发展起来还有一定差距，如何来做呢？落脚点就是进行教育。今年中国已经完成了扶贫攻坚，现在到了乡村振兴阶段，不仅仅是吸引城里的年轻人到农村去，而且对本身已经在农村创业、在农村基层组织担任村主任、村支书，把他们组织起来，在乡村振兴局的指导下，对他们进行振兴农村的教育，这是我们的想法。

陆　波：王总是国药种业有限公司董事长，您是真正做种子的，从您这样的一个做种子专业人士的角度，您怎么看待我们的嘉种计划？

王继永：种子是农业的芯片，尤其要想保证中药材的品质，就需要好的种子，中药界有句话叫"良种良地良法最后产生良药"。其实发现种子是源头工程，而嘉种计划的人才更是源头工程，尤其嘉种计划是基层最后一公里的人才解决方案。

过去在国药种业时，因为整个中药产业链越向源头越是基础越弱，我们也想把质控措施、产业模式等带到农村发展起来，但发现越往农村推动越困难，深深感受到农村特别缺乏人才。老百姓特别想把这个产业做好，但是苦于不知道如何去做，甚至也不知道去哪里能够接受系统化的知识。

在乡村振兴战略新的形势下，要想实现产业的高质量，人才就是第一要素，尤其基层最后一公里的人才培养。今天我作为中药材种业的管理者，和嘉种计划又拓宽了一个事业，未来要一块把嘉种计划做好。

陆　波：李铁先生是新疆中环游林业开发有限公司董事长，也对我们嘉种计划有很多的了解，也参加过我们前期的考察、座谈，您谈谈您是怎么看待嘉种计划的？

李　铁：我们乡村发展基金会有百人团，不仅发展的企业是多种多样的，而且各方面的专家都有，嘉种计划不光是理论培训，而且还是体验式的实践培训，希望学员们在理论培训的过程中带着问题去思索。如果有需求可以到不同的企业或感兴趣的企业考察交流、互相探讨。这样能使学员的收获更大，让这期嘉种培训生根发芽，苗壮成长，共同探讨出更合适培养学员的模式。我代表没有来到这里的创始人表个态，配合嘉种计划使培训班取得最大成绩。

陆　波：陈行甲老师能不能先讲一讲嘉种计划？您刚才讲了一个很宏大的想法，为什么首站是在渭源？明天就要举行我们的开营仪式，您是怎么考虑的？

陈行甲：嘉种计划是乡村 MBA 的培训模式，特色是实践、创新、落地。一般培训是传授理论的方法和技巧，而我们要求培训结束之后能够形成可以落地的推广模式、产品甚至最后场景，要能够呈现这种成果，所以急需找到一个乡村振兴的实际现场。

今年是国家的乡村振兴元年，过去 10 年我们整个中国做的最重要的一件事情是精准扶贫。到今年，习主席已经代表中国庄严地向世界宣布中国整体上告别了贫困，转入后扶贫时代也就是乡村振兴时代。我过去任县委书记，也是在全国深度贫困地区，所以对过去扶贫时代的地域格局有理解。我们曾经有一句话，"全国扶贫看甘肃，甘肃扶贫看定西，定西扶贫看渭源"。渭源是渭水之源，清朝左宗棠那句话说，"甘肃定西一带苦甲天下"。2013 年 2 月，习主席在渭源县提出要向全国打赢脱贫攻坚的攻坚战。2013 年下半年在湖南省十八洞村，习主席说了"精准扶贫"这 4 个字，但吹响扶贫攻坚的号角是在渭源，习主席的原话是，"让我们一起努力，把日子过得红红火火"。这是在渭源的一个贫困村里面提出来的，所以我们选择渭源是因为觉得这里非常符合嘉种计划的初衷。渭源县委、县政府知道这样的想法后，经过互相沟通，非常热忱地欢迎我们。我们这个项目是需要得到地方政府的大力配合的，于是我们就两好合一好，好风凭借力，在渭源落地生根，期待将来在这里开花。

陆　波：王石先生，渭源作为我们乡村发展基金会的嘉种计划的落脚点，您觉得合适吗？

王　石：刚才像行甲说的，这个地方是比较典型。甘肃是贫困大省，定西渭源又是贫困地区的代表性地方，选择这里是有一定的意义的。不仅希望在这里做，而且还能在其他地方去推广。我们乡村基金会有不同的热心于农业、振兴农村经济发展的有志人士，有的是从事农业研究的，有的是与农业相关的企业家，所以我们把各方面的资源整合起来去打造乡村振兴教育。此外，我们做这些事情与当地政府的信任支持是分不开的，这里曾经很贫苦，但是由于上下一心扶贫攻坚，摆脱了过去极度贫困的面貌。所以乡村发展基金会是非常有信心的。

陆　波： 王继永先生在我们这几位嘉宾中是来渭源的次数最多的，您来谈一谈。

王继永：我对甘肃的中药产业，包括渭源确实有所了解，因为整个中国中药在甘肃有种植、种业、制种基地以及产业园。渭源的一个产业叫种薯，整个马铃薯的种业产业化在全国排名靠前，这对中药材种业是一个榜样。渭源乃至整个定西、整个甘肃都是全国中药材产业的主力，很多大宗品种包括甘草、黄芪、当归、党参都是全国有名的。渭源是中国党参之乡，也是千年药乡，它的种植规模在全国是排在首位的。渭源的产业之所以发展得这么好，得益于当地政府的支持。这里延续了多年的种植历史，所以它的产业链环境形成了很好的基础，另外也得益于这个地方得天独厚的气候和土地条件。

未来整个中国的经济产业高质量发展，如果把中药材作为中医药产业的一个物质基础，在这个层面上需要前端的供给侧改革，包括品种结构调整升级，比如现在的品种需要通过品种选优把它优化出来，种子需要提高质量，另外种植区划要更加合理地布局，产地加工需要升级，等等。

现在国家药监局已经出台了关于趁鲜加工的政策，对于渭源来讲是提升中药材产业的一个特别好的契机。要做到高质量发展就需要重点打造自己的品牌，以及在原有的基础上升级后构建产品差异的标准，比如各个地方的当归、党参的品质差异。因为种源不同、环境不同，就一定要形成自己的品牌和标准，真正通过技术创新为中药农业技术赋能。此外生产模式、组织模式要创新，包括商业化运营也需要赋能，这些都离不开人才。

我当初为什么要做种子？是因为老百姓去买药材种子都是没包装没标准的散货。种子这么重要的东西，如果没有标准没有包装，那么陌生人之间是很难交易的。种子最影响质量的是净度、纯度、发芽率。传统方法是把种子吸点热水纸放在纸杯里包着，有的放在纱布提点水包着，让它自然发芽，这种原始的方法是不准的。老百姓最重要的问题就是辨别种子的真假，比如种黄芪，可能长出来的是甘草。所以我们就用分子生物学的方法解决真伪的问题。

另外发芽率高低也是重要的影响因素，过去是没办法知道这个发芽率的。如果发芽率不确定，时高时低，结果密的长得很密，稀的就没苗，一方面要间苗，一方面得补苗。现在通过技术能够解决发芽率不均衡的问题，让每一粒种子都能发芽。对于种子，第一要有足够的生长期，采收期不能提前，也不能抢青；第二出来之后还得去杂质粗加工，有的要做包衣和丸粒化深加工，通过不同方式的加工可以大幅度提高它的质量。

所以种子越好，最后药材的出成率越高。我们嘉种计划就是要让每一颗种子都发芽，让每一个人都成为人才。

陈行甲：渭源是黄土高原的丘陵地貌，在种植业方面有千年药乡的称号。我过去任县委书记的那个县在长江三峡的巫峡口，3000 个山头遍布在 3354 平方公里的崇山峻岭里，里面散居着 50 万人。虽然能发展种养殖业，但规模有限。后来我发现了崇山峻岭下面的大山大水中间蕴含着一个大美，而且正好在长江三峡中间。"巴东三峡巫峡长，猿鸣三声泪沾裳。""君问归期未有期，巴山夜雨涨秋池。"这个地方千年文脉不断，所以我觉得生态文化旅游应该定位成这里的第一产业。崇山峻岭间有个像刀斧劈下去一块的几百米高的悬崖，在那个地方孤独地美了千年。我和一个清华的校友策划了户外运动极限运动翼装飞行。当时为了宣传那个地方，从 3000 米高空拿着旗子飞下去，而且是现场直播。作为一个县委书记，要把这个地方推广出去。

活动开展了，知名度打出去了，老百姓也要有相应的收益。当时附近的村干部就非常得力，看到有这么多的大活动这么多的游客，因为当地土家族、苗族做饭好吃，他们自动形成了一个协会"丰俭由人"："丰"就是一个人 40 块钱，"俭"就是 30 块钱，管吃饱。五一假期，县政府、镇政府修的停车场爆满，排队的车在路上排几公里。一个村干部反馈，在景区附近有一个农民新开的农家乐，他们没有请厨子，除了盐以外几乎全是自家产品，一天收入现金 12000 元，利润在 60% 以上。他们说，晚上 9 点多这家男主人在家里面数当天的收入时，数着数着就哭了。因为活了一辈子，没有想过能有今天。这是乡村振兴一个很生动的例子。所以一个县里面整体的谋划、产业定位要靠县委书记、靠县长，要主动连接外面的资源。乡村振兴的最后一公里就是基层干部，嘉种计划培养嘉种就是落实乡村振兴最后一公里的种子。

网友提问：陈行甲先生，您刚才介绍嘉种计划听起来很不错，我们只是一个普通人，请问我们怎么能够加入你这个计划？或者能够做些什么事情？

陈行甲：感谢网友提这样的问题。乡村振兴是我们这个时代的一个宏大主题，不仅是当下，未来一二十年乃至更长的时间，都会是我们国家的一个主题。习主席提出在高质量发展中促进共同富裕，我们不能遗忘整个中国最广袤的乡村。在王石先生的号召下，我们一起组建了乡村发展基金会，就是希望从公益的角度出发，配合政府和市场的力量，能够为乡村做一些事情，您的关注本身就已经是支持。

有这么一句话："我们人类所有的智慧就在于两个词，等待和希望。"我觉得乡村振兴相对的是乡村衰落，因为城市化的进程不可逆转地往前走，水往低处流、人往高处走。在城市里面更有机会，所以乡村的人一代一代走向城市，到了城市就不往回走了，乡村就相对衰落了。我们期盼能够赋予乡村以希望，这是我们乡村发展基金会想做的这一件事情。

网友提问：王石先生，嘉种计划的第一站是渭源，下一站是哪儿？你们准备做几站？

王　石：乡村发展基金会现在选的是两个省，陕西省和甘肃省。陕西省是通过省委组织部系统培训的基层干部，甘肃省是通过政府的乡村振兴局系统进行对农村的基层的干部培训。我们第一站在渭源，现在中国 100 多个定点振兴的县中，光在定西就有 3 个。定西渭源是第一个，另外两个后续会推进。如果定西培训能有比较好的效果，进一步形成区域网络来一块促进农村振兴，一级一期地在其他的县、地区，甚至跨省发展。

网友提问： 在我看来，乡村只适合度假、短住，不适合长期驻扎，你们觉得怎么样？同意不同意？

陈行甲： 乡村的相对衰落为什么有必然性？因为中国从农耕文明变为城市文明、工业文明、信息文明的时候，纯粹农业生产的效率是相对低的，所以人会离开乡村去追求更高效率的产业。那么乡村未来的希望点在城市生态理念和乡村重新产生的连接点。如果这样，乡村的希望感就会回来。我们做嘉种计划，在寻找整个中国在乡村振兴、农业农村方面的好案例和模式，能够深植于中国更多的乡村。

王继永： 为什么大家觉得农村只适合小住，是因为过去我们可能对于农业的产业没有那么重视，回去也没法就业，也没法实现事业的梦想。但乡村振兴20个字方针"产业兴旺，生态宜居，乡风文明，治理有效，共同富裕"如能实现，那么农村甚至比我们城市更适合居住。另外农村也有产业能让我们贡献力量，同时各种乡村文化也能传承下来。如果这个目标实现了，相信会有更多的人再次回到农村去创业、去居住，真正把农村振兴起来。

王　石： 我在以色列待过两年，住在耶路撒冷。特拉维夫和耶路撒冷之间有很多小城市，是和农村连在一起的。很多大学教授就住在这里，在农村从事劳作，对他的生活、学术研究、教学等大城市工作有着很好的平衡。之所以现在不叫扶贫而叫乡村振兴，相信这应该是一个目标。将来是在农村住还是在城市住，是个选择。通过乡村振兴，应该会有很多农村不仅仅适合旅游、短暂居住，也可以长期在这儿生活。

网友提问： 王石先生，我们是在城里接受教育长大的年轻人，对我们来说农村到底有就业机会吗？

王　石： 乡村振兴就解决这个问题，嘉种计划的培训就是让这些在农村基层工作、受过大学教育以及严格训练的基层干部把网络建立起来，创造更多的就业机会和环境。同时，随着嘉种计划的深入，如果城里受过高等教育的人希望到农村来发展,不仅提供机会,而且还专门创立在农村创业的基金提供支持。其实农村和城市是有差别的,在农村相对来讲风险比较大。如果你到农村来锻炼三年再回城市,你的机会也许会更多。

本文根据西安市乡村发展公益慈善基金会公益项目明日地平线大讲堂
2021 年 10 月 14 日的直播对话整理而成,经作者审阅并授权发布

整合社会资源，聚焦乡村人才

——专访乡村发展基金会秘书长陆波博士

西安市乡村发展公益慈善基金会（简称"乡村发展基金会"），由知名企业家王石、冯仑及北京大学原副校长海闻于2019年1月共同发起成立，其宗旨是：发展新农业、建设新农村、培育新农商，致力于成为中国乡村创业创新的加速器。乡村发展基金会计划邀请国内100位企业家、学者和社会知名人士作为联合创始人共襄盛举。资深公益人陆波博士任基金会秘书长。

乡村振兴是未来相当长时期中国企业履行社会责任的重要领域，而对于社会组织来说，如何更好地为乡村振兴助力，需要思考和行动。由于乡村振兴与脱贫攻坚相比是一个更大的挑战，无论是企业，还是社会组织，在未来参与乡村振兴时都要有创新的思路和模式，双方需要考虑如何更好地进行合作，从而最大化地发挥商业与公益的力量，共同推进乡村振兴。

乡村振兴是21世纪企业公民研究中心重点关注的议题之一，我们希望通过记录和传播与乡村振兴相关的有效模式和经验，让更多乡村振兴的参与者有所借鉴。为此，我们发起"责任先锋访谈"，与CSR、公益领域的专家学者和实践领军人物对话，了解他们对乡村振兴的思考和洞见。同时我们还在广泛征集脱贫攻坚/乡村振兴方面的优秀案例，这些访谈和案例将会收录到我们正在编写的"中国乡村振兴之路白皮书"之中。

陆波博士从2007年开始专职从事公益，在与企业家合作开展公益方面

255

历练丰富，颇有建树。乡村发展基金会以人才培养作为参与乡村振兴的切入点，为此设计了多个新颖的公益项目，正在努力实施推进。我们日前专访陆波博士，与他就乡村振兴人才培养、社会组织在乡村振兴中的角色、公益人与企业家合作等问题进行了深入交流。

希望做有价值的探索

21世纪企业公民研究中心： 乡村发展基金会参与乡村振兴的切入点是人才培养，这是基于什么样的考虑？人才培养本身是很重要的事情，除此之外是否也有其他的原因，比如说你们认为自己在人才培养方面比较擅长？

陆　波： 当初王石先生、冯仑先生、海闻教授三位发起人成立乡村发展基金会，是想利用民间的力量推动乡村发展。作为新成立的社会组织，我们要将热情转化为有效的行动。乡村振兴是国家战略，也是一项系统工程，需要专业知识和能力，人才培养非常重要。我们基金会的众多联合创始人，虽然不一定都在从事乡村工作，但他们都是各行业的领军人物，有各自不同的见识和资源，可以为乡村人才培养提供一些思路和办法。基于这样的初心，我们决定就从人才培养入手。不一定是我们的擅长，但我们觉得这方面有优势、有资源，也有潜力。所以，乡村发展基金会是以人才振兴为切入点，参与乡村振兴。

21世纪企业公民研究中心： 人才培养不是一个能在短期内见效的事情，但是乡村振兴又急需要人才和知识的投入，你如何看待这个矛盾？

陆　波： 这是一个好问题！我从三个角度来分析。第一是存量和增量的关系。现在在乡村生活工作、正在为乡村振兴挥洒汗水的人，他们是存量人才；还有更多对乡村振兴跃跃欲试，或者持观望态度，甚至根本就不了解乡村的城里人，他们是潜在人才，或者说是增量人才。我们做教育培训，一方面要激活存量人才，让他们的能力和见识更上一层楼；另一方面还要让乡村以外的人关注乡村，走进乡村，这同样也是乡村人才队伍建设。

第二是近期和远期的关系。让乡村提高亩产、让牛多产肉、鸡多下蛋、把乡村改造成民宿……这些属于近期目标，需要专业技术人才来实现。乡村振兴还有远期目标——乡村的人，还有即将走进乡村的人。他们如果能增长视野、开阔思路，如果他们之间有相互沟通和合作的机会，那他们今后为乡村发展能做出更大的贡献。

第三是改变与提升的关系。这就涉及人才观。很多人认为，乡村的人不是人才，没有文凭就不是人才，虽然人才不等于文凭，但人才至少得有文凭。我在去乡村之前很大程度上也是这样认为的，但现在我觉得不是这样。

我最近接触到一些研究乡村的专家学者，他们说农民是天生的商人。传统的农村是一、二、三产业融合的，农民自产自销，天然就有经商意识。"小农意识"其实不是一个贬义词。还有人说，农民是天生的环保主义者，而且还是天生的建筑师。以前农村的房子都是砖木结构的，架构很稳，地震来了，墙倒房不倒；土坯房透气，性能非常好。在农村，传统上是没有真正的垃圾的，一切都可以还田再利用。

从这个意义上讲，你说农民是不是人才？当然是人才。但是他们的知识储备和能力，是不是就足以满足乡村振兴的需要呢？当然不是。

所以，我们既要珍视他们的才华，也要帮助他们提升。我们不要期望通过培训就能无中生有，让一个原本一无所长的人变成人才，这是不大可能的。我们要在原有的基础上为他们赋能，给他们输入现代化的理念，为他们提供资源，去激活他们、提升他们，这是完全可以做到的。

21世纪企业公民研究中心：政府很重视乡村振兴人才的培养，社会各部门、很多企事业单位也都在为人才培养出谋划策并付诸行动，你们基金会能在这方面扮演什么角色，发挥什么样的独特作用呢？

陆　波：管理学大师德鲁克说过一句话：非营利组织所做的工作，既不同于企业也不同于政府。非营利组织既不提供商品或服务，也不实施调控；其产品既不是一双鞋，也不是一项卓有成效的法规，而是经过改变的人类。我觉得这句话说得非常好，也很适用于我们当下。

我认为，在乡村人才培养中，以基金会为代表的社会组织可以发挥独特的作用。在乡村振兴这样一个宏大的社会工程中，我们要去摸索需要什么样的人才？这样的人才又需要什么样的培训课程？这样的课程是否有效？如果有效，应该怎样去推广？这些问题都需要有人去思考和行动。

如果经过我们的实践，证明是有效的，那么我们就提供给政府。政府的力量更大，可以快速复制推广；如果发现此路不通，那也可以作为一个试错的案例，再换一种做法。我认为这是基金会能发挥的一个很独特的作用。

对于乡村发展基金会而言，我们要整合广泛的社会资源，聚焦在乡村人才培养这件事上。我们还希望能发挥创新和引领的作用。我们特别希望探索出来的人才培训模式是有价值的，是值得推广的，而且能和我们联合创始人的社会资源结合起来，能够引申出去。这样我们所做的事情就会特别有价值。

重视项目的实效性和可复制推广

21世纪企业公民研究中心：你们在延安大学成立了乡村发展研究院，提出要在人才培养方面形成一种长效机制，既能培养人才也能留住人才，为此你们具体做了哪些探索？到目前为止，在乡村发展人才培养方面你们取得了哪些进展？

陆　波：针对乡村振兴所需人才的培养，我们提出了三结合的方式：一是学历与非学历相结合，就是延安大学乡村发展研究院开展的硕士生培养，和针对村镇干部、新农人、普通人的非学历培训相结合；二是理论与实践结合，我们做培训不光是解读政策或借鉴国外，还要走向田间地头，让学员在干中学；三是线下与线上结合，疫情期间尤其如此。

我举两个实际的例子。一是"明日地平线大讲堂"项目，最初是希望我们的联合创始人走进校园与大学生（特别是农林类大学生）沟通交流，原计划一个月一场，做了三场后，来了疫情。我们马上改变模式，与搜狐合作，通过搜狐视频做线上讲堂，开始讲疫情期间防病毒常识，疫情对生活、经济的影响等，后来讲乡村振兴。到今天为止已经做了 4 季 60 多场，平均每场受众有 18 万人之多，这是线下远远不能比的。

另外一个项目"嘉种计划"，是为乡村振兴重点人群提供量身定制的培训课程。今年 7 月，我们与北大团委合作，选派 18 名大学生到北京海淀区的一个农场生活居住 10 天，耕读研学。白天学习做农活，观摩农场经营；晚上安排农业课程、乡村振兴案例解读；每天早晨还进行赛艇训练磨炼意志。很多学生刚来的时候并没什么期望值，但是 10 天后感觉收获极大，依依不舍。无论这些学生今后从事什么工作，我们都希望这样的耕读研学能在他们心里埋下一颗振兴乡村的种子。

"嘉种计划"的第二个系列是针对乡村干部。乡村振兴所有的事情都要通过乡村干部来落实和完成，他们十分需要拓宽视野、提升技能。我们前期做了大量调研，为乡村干部开发了一款乡建课程，分两期进行。10 月份刚刚完成了第一期四天的课程，我们请国内一流专家去甘肃渭源县，为该县的 100 名乡村干部授课。第二期，我们会带着他们走出来，到我们精选的乡建基地，让他们亲自看、亲身体会。然后把他们看到的、体会到的知识技能再带回渭源，规划落地乡建项目。

无论是"明日地平线大讲堂"还是"嘉种计划"，我们都非常重视项目的实效性，以及它的可复制性、可推广性，能够在不同地域发挥作用。因为项目开展的时间不是太久，现在还不敢说有多大的成效。但在项目的设计和运营上，我们是花了很多心思的。

公益组织要好好研究企业，学会与企业家共处

21 世纪企业公民研究中心：现在很多企业都有参与乡村振兴的计划，大多是以某个公益项目的方式来推进，通常不会单纯着眼于人才培养，如果这样的企业要找你们合作，你们会如何参与？

陆　波：我们现在只做人才培养，有所为有所不为。作为一个新成立不久的基金会，我们不可能什么都做。我会明确地将这一点告诉合作伙伴。

越是有这样实事求是的态度，其实越能吸引长期的、真正的合作伙伴。

我们还有另外一个原则，就是为企业赋能，不和企业"抢戏"。与我们合作的很多企业都是很有能量的。我们与之合作，是希望能为他们插上翅膀，开拓一片公益的新天地。我们不会对企业说："你要按我说的来做，我比你专业，肯定比你做得好，你要听我的。"我们不做这样的事情。

21世纪企业公民研究中心： 你们计划招募100位联合创始人，现在这个目标完成了吗？人多可以汇集资源一起做大事，但也会带来意见难以统一、行动难以协调等问题，这对于你个人而言是不是一个新的挑战？

陆　波： 我们三位发起人的号召力很强。到今天为止，我们已经有了90位联合创始人。今年我们有意识地放慢了招募的脚步，把更多的精力投入项目的设计和运行中。按照以前的速度，100人很快就会招满，这个目标要实现根本不是问题。

中国的企业家，特别是民营企业家，从事公益慈善比较喜欢抱团。在我看来，这其实是一种组织创新，具有中国特色。毫无疑问，人多了肯定协调难度大，但我更想说的是：我觉得很兴奋，因为能在这么短的时间内联合国内这些顶级企业家和各界知名人士，在这个平台上聚拢，让大家认可这个组织，支持这项事业。

其次我才会觉得，协调工作可能是要多花点儿时间，会考验我的组织能力和管理水平。偶尔会有这方面的烦恼，但这是次要的。我想得更多的是，怎么把一个有中国特色的公益组织，变成一个现实的存在，然后再变成一个经典的案例。这是我特别想做的事情。

21世纪企业公民研究中心： 与企业家合作，帮助他们开展公益慈善，这是现在很多公益人都在做的事情，如何才能将这种公益与商业之间的合作做好，让双方的目的都能很好地达成，在这方面你能否提供一些可供其他公益人借鉴的经验？

陆　波： 每个基金会的情况都不太一样，我很难说有什么经验能给别人借鉴，但是我确实有一些体会和思考。

我做的是纯公益，基本上不考虑公益与商业之间怎么搭桥、如何借力。我不做这样的事情。我觉得纯公益反而是最难的，因为它考验公益经理人的专业能力和内心定力。想想看，现在哪家大企业没有社会责任部门？知名的企业家，哪个没有以自己或者公司名字命名的基金会？那人家为什么还要捐钱给你，为什么要与你合作？那一定是因为你在公益方面有更专业的能力，能为他们带来更满意的效果，否则他们就自己去做了。

我认为，做公益，当你的合作对象是企业家的时候，必须处理好三对关系。一是公益和商业的关系。企业家一定是希望自己的企业越做越大，一定在商业方面有永不止步的追求，否则他就不是企业家。我们的公益项目能给你的公司业务带来什么好处？我从来不这样诱导别人。但是在做公益的过程中，企业家在我们的平台上，自然会结交到志同道合的商界朋友，自然会产生商业合作的火花。我为他们创造平台和机会，但是我不会为此而在公益项目上做特别的设计。

二是近期和远期的关系。企业家通常希望你快出成果，这是由他们的工作节奏和习惯思维所决定的，但是公益是对社会的推动，要看长效，它一定是比较慢的，否则就不是或不完全是公益了，那么在远和近之间就要找平衡。我通常会将一个长期的项目分解成几个子项目，或者分解成几个阶段性目标，让企业家看得见、摸得着，因为有的企业家还要向董事会和股东汇报。这样做，既能让企业家容易看到项目的进展，而我又不必改变公益的使命和节奏。

三是广度和深度的关系。企业家通常希望公益项目快出成果，而且要更多地让别人知道，这是可以理解的。而公益人会专注项目本身，更希望将项目做深，透彻地解决一个社会痛点。广与深之间是有冲突的，这也需要我们公益人来平衡，或者是磨合，让双方都能够包容，都能够理解和接受。

我一直认为，做公益一定要影响有影响力的人。很多基金会和社会组织都自称是"草根"，因为没有多少资源和能量，只有一颗善心。那我们的善心怎样才能实现？我们一定要去影响有影响力的人，所谓"好风凭借力，送我上青云"。

现阶段，企业家在中国的慈善公益进程中扮演着至关重要的角色。他们的作用不仅仅是捐钱捐物，还有资源整合、高效务实、结果导向，等等。这就是为什么我认为公益组织一定要好好研究企业，学会与企业家共处。另一方面，企业家的善心也需要有人帮他们去落实并发扬光大，否则他们有很好的发心，最后却实现不了，甚至被误解，就太可惜了。

21世纪企业公民研究中心： 今年是脱贫攻坚转向乡村振兴的第一年，乡村振兴成为一个社会关注度很高的话题，这对你们基金会的工作是否产生了某种影响？

陆　波： 我想分两方面来讲。首先，我国的脱贫攻坚战让将近一亿的绝对贫困人口实现脱贫，可以说是举世瞩目。但实事求是地说，社会组织在这个阶段发挥的作用远远不够。甚至有专家指出："中国公益组织在精准扶贫中集体性缺位。"今年是乡村振兴的第一年，未来还要做几十年，我特别希望以基金会为代表的社会组织能够真正发挥出独特的作用来。

其次，我们可以说是赶上了一个特别好的时候。乡村振兴现在成为一个社会关注度很高的话题，这对我们的工作肯定有积极的影响。但我个人的感受是，关注度还不够高。这可能是因为社会组织不太为世人所知，也可能与我们自身刚刚起步、影响力不足有关。举个例子，我们秘书处最近在招聘员工，得到的反馈不是很积极。我希望有更多的人关注乡村发展，关注公益组织。

从这个意义上说，你们21世纪企业公民研究中心重视研究乡村振兴，能做这样的访谈，很有远见！谢谢你们！

转载自21财经"中国企业公民论坛"2021年11月11日发表的文章，作者华钧

陆　波：整合各界资源　培养乡村人才

大家晚上好！我是西安市乡村发展公益慈善基金会的秘书长陆波，很高兴有机会与大家一起分享我们基金会在乡村振兴中的探索和思考。

一、机构简介

我们机构的全称是西安市乡村发展公益慈善基金会，中文简称是乡村发展基金会，英文简称是 XFRD。

这是我们的创始人王石先生、冯仑先生和海闻教授。我们计划邀请100 位知名的企业家、学者、社会名士成为联合创始人，共襄盛举。到目前为止，已经邀请到 90 位。大家可以在屏幕上看到很多熟悉的面孔和熟悉的名字。这些联合创始人在不同的地点、不同的行业，以不同的方式为祖国的乡村振兴事业贡献着自己的力量和智慧。我对他们表示由衷的敬意！

我们基金会的愿景是：农业强、农村美、农民富。我相信这也是每一位中国人心中的画卷。宗旨是：发展新农业，建设新农村，培育新农商，致力于成为中国乡村创业创新的加速器。团队文化是：专业、激情、高效。

截至今年（2022 年）1 月 31 日，秘书处有员工 8 名，共邀请到联合创始人 90 位。到账善款 7500 余万元，公益支出 3100 余万元。已经和正在开展的公益项目 10 个，直接和间接的影响人群达到 1.26 亿人次。

二、项目概览

　　首先，请大家看项目逻辑图。众所周知，乡村振兴是我国的一项国家战略，党中央、国务院从 2018 年开始，接连发文，推动乡村振兴。正是在这些文件精神的指导下，我们对项目进行了梳理，设计出这样一幅逻辑图。特别是今年（2022 年）3 月份，国家乡村振兴局和民政部联合印发《关于动员引导社会组织参与乡村振兴工作的通知》；随后，5 月份又推出了专项行动方案。对我们基金会的项目设计以及开展起到了非常强的指导作用。

项目逻辑图

　　大家看，屋顶是乡村振兴，分为五大振兴，即产业振兴、人才振兴、文化振兴、生态振兴和组织振兴。我们基金会选取人才振兴作为主攻方向。一方面，我们认为五大振兴中的任何一个振兴都离不开人才，没有人才，一切都是无本之木，无源之水；另一方面，我们也认为，作为一家新成立的基金会，势必有所选择，要有所为有所不为。与其把有限的资源和能力平铺在所有的项目上，不如集中精力主攻一个方向。说到乡村的人才，我们把已经在乡村的人和有意去乡村创业的人，按照不同的年龄、不同的属性分为若干个细分人群。比如，我们的项目已经覆盖到的人群有：少体校学生、在校大学生、选调生、大学生村官、乡镇干部、新农人、政策的制定者、高校的科研工作者、专家学者等；还有一些人群已经进入我们的视野，但还没有立项，比如说退伍军人、新乡贤、乡村妇女，等等。接着往下看。竖着的这 9 根柱子，代表了 9 个项目。每一个细分人群都至少有一个对应项目，每一个项目又覆盖了一个或多个细分人群。不同的年龄段、不同的职业属性下，所有的人群都有对应的人才振兴方面的教育培训项目。当然，我们还在持续拓展过程中。下面这个地基是由乡村发展基金会、延安大学乡村发展研究院、100 位联合创始人所在的机构，以及公益伙伴、研究合作者、乡村振兴同人组成的。就是在这样的框架下，我们从无到有、从少到多，陆续开展了乡村人才振兴的项目组合。

第一个介绍的是我们最先开展的，也是投入资金最多的项目——延安大学乡村发展研究院。延安大学成立于 1941 年 9 月，是中国共产党创办的第一所综合性大学。我们基金会和延安大学合作，共同创建乡村发展研究院，是延安大学下属的二级教学科研单位。由延安大学直接管理，并提供一定的人员编制、办公场所以及招生名额。基金会每年提供一定的经费，支持研究院的研究和教学活动。研究院设理事会，负责重要的人事任命和重大的发展决策。

研究院的首任院长由北京大学原副校长、北京大学汇丰商学院创院院长海闻教授担任。目前主要开展三项工作：科学研究、研究生培养以及在职培训。乡村发展研究院于 2019 年 9 月 15 日挂牌成立，教育教学工作有序开展。自 2021 年 9 月起招收硕士研究生。在科研方面，2020 年是产学研合作的第一年，有三个科研项目完成了结题验收。2021 年有 6 个产学研合作项目完成了中期报告。正好是今天，研究院完成本年度科研项目的招标工作。参与投标的科研工作者很多、很踊跃，我相信会有更多的科研项目可以开展起来。这是乡村发展研究院从成立到现在所开展的学术活动以及教育教学活动。

值得一提的是，三天前，在陕西省委组织部的支持下，由我们基金会资助、北大汇丰商学院和延安大学乡村发展研究院联合发起的为期 7 个月的陕西省选调生培训项目，在陕西铜川正式启动。

下面，我要给大家介绍第二个公益项目——嘉种计划。"嘉种"指优良的种子。出自《诗经·大雅》"诞降嘉种，维秬维秠"，意思是上天赐予后稷优良的种子，后稷把它传播到人间，并教百姓耕种。我们以种子来寓意人才的培养和发展。

嘉种计划是我们基金会开发的、以乡村振兴为主题的创新实践项目。面向乡村的基层干部和群众，以乡村振兴项目的引进、建设、运营为课程，理论学习和乡村建设实践相结合，全过程地培养乡村振兴的人才。把各地乡村振兴中成功的典型项目，设计成适合基层乡村干部和群众学习、理解的案例课程、实践培训课程。不仅有案例教学、项目设计、实践指导、资源赋能，而且在项目结束后，还会为当地带来一个乡村振兴示范项目、一支专业化人才队伍以及一条对接成功经验的学习实践通道。当地的村干部、致富带头人需要什么，我们就提供什么课程，不仅是讲义书本，更多的是成功案例的实地考察、交流和学习。通过"案例教学＋项目设计＋实践指导＋资源赋能"多元融合的模式，在干中学，让学员能够学用结合，学以致用。

首期嘉种计划在国家乡村振兴局的指导和安排下，选择甘肃省渭源县作为项目实施地。2021 年 7 月 28 日，知名公益人，也是我们基金会的理事陈行甲代表我们基金会，和国家乡村振兴局在甘肃省渭源县，共同签署了实训营公益项目的合作协议。

2021 年 10 月 15 日—18 日，我们联合腾讯公益慈善基金会、腾讯为村实验室，共同发起渭源实训营项目。第一阶段的课程在渭源县渭水源大酒店举行，100 位返乡大学生专职化村党组织书记参加，为期 4 天。10 月 15 日上午举行开营仪式，乡村发展基金会创始人大会主席王石先生出席并致辞，为学员奉献了精彩的开营第一课。本期嘉种计划以乡村建设规划为主题。孙君老师领衔的导师团指导，课题组学员分组研讨试点村的乡建规划方案。课题组成员在乡建基础为零的情况下，通过努力学习、导师团指导，完成了两个试点村乡建规划方案的初步设计。

今年（2022年），嘉种计划已经在元古堆村开工建设。学员们入户走访、实地考察、现场观摩，以不同的形式在项目实施地实践学习。7月13日—16日4天时间，学员们走出去，从甘肃渭源到河南信阳，前往有"中国最美乡村"之称的郝堂村访问研学。一方面，再次现场聆听导师的指导；另一方面，在郝堂村走访观摩，学习乡村振兴成功经验。今天，他们在郝堂村，冒着酷暑，按照计划开展课程。学员们收获满满，信心满满。

随着第二阶段课程告一段落，我们和渭源县委、县政府取得了共识。渭源县委、县政府将提供部分资金，在当地的三个村开展乡建项目，把学员学到的知识真真实实地落在渭源的乡间大地上。

嘉种计划在渭源县开展以来，获得了社会广泛的关注和认可，收到来自全国各地十多家机构的合作意向，包括地方政府、国企、民企以及基金会，希望举办嘉种计划。

去年（2021年）7月15日—24日，我们还开展了嘉种计划大学生乡土实践夏令营，是由我们基金会和延安大学乡村发展研究院、共青团北京大学委员会联合发起的。来自北京大学12个院系的18名同学成为夏令营学员，在北京市海淀区的柳林村集中食宿，历时10天，体验乡村的生产生活。夏令营集耕、读、研、学为一体，课程安排丰富，有户外团建、拓展训练、农事劳动、课程讲座、参观考察、案例分享、读书会、结题报告等。晴耕雨读，同学们的收获非常大，感受很美好。

未来，夏令营会和实训营结合起来。让更多的大学生到实训营现场，学习一线的村镇干部是如何推动乡村振兴的。这样的话，就更有价值和意义。

嘉种计划实训营的目标，是在全国160个乡村振兴重点帮扶县开展帮扶。目前，先在甘肃、陕西两省的34个重点帮扶县开展项目。每期实训营都会由我们基金会与当地的党委政府联合举办。欢迎有意向的企业、社会组织和个人联系我们，通过嘉种计划的帮扶，振兴您的家乡。

第三个项目，明日地平线大讲堂，也就是此刻各位正在观看的网上的公益直播讲座。这个项目是2019年11月由我们基金会在延安大学启动的。

起初，计划安排我们的联合创始人深入延安大学等西部地区高校，以线下演讲的方式，向年轻人倡导乡村振兴的理念，号召青年学子投身乡村振兴。不巧的是，2020年年初，新冠疫情突如其来，线下大讲堂才举办了三场，就不得不戛然而止。我们顺应形势的变化，在2020年2月份，把线下的大讲堂转为线上直播的公益讲座。在这里，要非常感谢我们基金会的理事张朝阳先生，以及搜狐视频团队的支持。

明日地平线大讲堂一路走来，已经办了96场，今天是第97场。截至上周，大讲堂累计邀请嘉宾98位，共123人次，分别来自高等院校、研究机构、政府、企业和社会组织。话题涉及乡村振兴、抗疫、公益、人文科学等诸多领域，平均每周一期，邀请包括但不限于联合创始人演讲。通过这样一个平台，不仅能够汇聚知识精英的能量，而且可以持续不断地传递乡村振兴的理念，分享成功案例。明日地平线大讲堂是乡村振兴领域持续时间最长、直播期数最多、影响力最广泛的公益直播项目之一。

线上90多期的平均热度高达55.4万，平均点赞量达3.1万次。第一季以联合抗疫为主题；第二季是健康生活与产业振兴案例分享；第三季是产业振兴政策解读；第四季是乡村振兴的人才培养；第五季从今年1月持续到7月，主题是社会组织参与乡村振兴；第六季、第七季我们已经做了策划和安排。

明日地平线大讲堂还将持续办下去，聚焦乡村振兴不同领域、不同帮扶对象，结合地域特色，开展不同主题的演讲和讨论。明日地平线大讲堂的定位和愿景是"做乡村振兴领域最有影响力的公益知识传播平台"。

在此基础上，我们派生出一个新的项目：明日地平线通识课。和大讲堂的目标是一致的，都是传递乡村振兴的理念、知识以及案例分享。通识课的目标是"为中国高校提供最有价值的乡村振兴课程"，目前和延安大学、黄河科技学院合作。我刚才对延安大学做了介绍，这里不再赘述。黄河科技学院是中国最大的民办大学之一，位于河南郑州。我们与这两所学校合作通识课项目，以带学分的公共选修课的形式进入高校，帮助本科生建立一套完整的知识体系，帮助他们了解自己、了解乡村、了解社会、了解未来。目前，已经完成了4个学期的课程，共37讲，覆盖6000多名学生，总课时达 2200 分钟。

下学期，也就是今年的秋季学期，我们将和中国最大的高校选修课提供方——超星尔雅合作。我们研发的课程将进入它的课程库，方便全国更多的高校开展乡村振兴通识教育。

我相信，通过精心打造的乡村振兴课程，可以让更多的青年学子在他们人生观刚刚奠定的阶段，对乡村有一个比较完整的、正确的认知和了解。

第五个项目是乡村发展产学研联盟，是围绕基金会的愿景、目标，在联合创始人企业里，选择比较有实力的、专业性比较强的、在乡村振兴领域扎根比较深的 8 家机构的 10 个项目，成立了乡村发展产学研联盟。第一个揭牌仪式是 2020 年 11 月在陕西西安的荣华田园综合体举行的。从今年开始，我们会在这 10 个项目所在地，逐一开展乡村振兴产学研活动。欢迎更多的机构和更多的项目作为联盟成员加入进来。

第六个项目是联合抗疫行动。2020 年年初，新冠疫情在国内蔓延，我们基金会除了刚才讲到的及时地把线下的大讲堂转为线上之外，还快速反应，做了一件很有意义的事情。就是在第一时间与另外三家公益机构联合，开发了疫情实时动态地图。根据公开数据，在地图上以不同颜色标注疫情的风险等级，实时更新。先是精确到地级市，然后到县，再到小区。后来，随着疫情的扩展，又做了全球版的。我们以这种方式，与全国人民一起共克时艰，抗击疫情。

第七个项目是中国乡村大讲堂，是我们和中国农业大学国家乡村振兴研究院共同发起的。计划邀请政府高级官员、学者、知名企业家以及乡村行动的先锋者，到中国农业大学大礼堂给学生们现场授课。一方面，解读乡村振兴前沿政策，探讨乡村振兴观点；另一方面，交流乡村振兴的实践经验。2021 年 5 月 28 日，我们非常荣幸地邀请到了原农业农村部部长韩长赋先生做了首场报告，题目是《农村改革的历史逻辑》。因为疫情，后几期受到影响，延期举办。今年，我们会继续把这个品牌项目做好。

第八个项目是我们和延安大学乡村发展研究院共同主办的一个学术论坛——乡村发展延安论坛。计划每年举办一届，目前已经举办了三届。每次半天时间，邀请全国顶尖大学的知名学者、企业家，共话乡村振兴，共谋乡村发展，做案例分享和交流。

第九个项目——乡村助学，是和奥运跳水冠军高敏女士发起的北京星能公益基金会合作，帮助乡村少体校的贫困学生。这个项目计划分四年完成。我们两家基金会将携手走进全国的 10 所少体校，帮助贫困学生。一方面，加强他们的文化课学习；另一方面，请奥运冠军结合多年实战经验，为学生做运动技术辅导，特别是防止他们受伤，还有心理方面的培养。当然，我们也会对特别贫困的学生给予物质帮助。去年和前年，我们去了三个地方——重庆永川、江苏徐州、江西吉安，接下来还有七场。

第十个项目是其他相关论坛。乡村振兴成为社会热点话题后，有很多与乡村振兴相关的论坛，还有公益慈善界的论坛，找到我们基金会，希望联合主办或承办、支持活动，以不同的形式发声，呼吁大家投身到乡村振兴的伟大事业中去。我们会尽最大的努力积极参与。

以上是我们基金会成立三年半以来，在不同领域开展的 10 个公益项目的情况。我们边干边学，边学边思考。

三、几点思考

乡村发展基金会在过去三年半所走过的路，对其他更多的社会组织在更广的意义上参与乡村振兴，可以带来一些启示，提供一些参考价值。我愿意与各位分享我的几点思考。

首先，要准确定位，有所为有所不为。一家基金会或者一家社会组织，能力是有限的，资源也是有限的。面对乡村振兴这样一个具有深度、广度的社会课题，社会组织一定要有所选择。在项目设计上、在项目定位上，要有所为有所不为。与其全面铺开、全线出击，不如集中资源、集中精力，在一个点上寻求突破。

第二，乡村振兴的主体是村民，社会组织在发挥村民积极性方面有天然优势。党和政府对乡村振兴极其重视，企业有情怀、有资源，那么社会组织的优势是什么？在这样一个热潮中，我们一定要非常清醒地知道：乡村振兴的主体是村民。社会组织在与村民联系方面，在推动他们发挥主体意识方面，有着天然的优势。社会组织在乡村振兴这个舞台上大有用武之地，具有不可替代的作用。

第三，在人才培养方面，既要重视存量，也要重视增量。如何理解呢？目前，在乡村工作、生活的人，我们称为存量。提高他们的意识、能力、技术，拓展他们的思维、渠道，非常重要。那么，在乡村以外的人，他们或许是因为亲情的关系，对乡村非常关注；或许是因为创业的原因，希望找到新的蓝海；或许是因为有情怀，想去乡村施展宏图……这些人，我们都视为乡村人才的增量。通过我们基金会这样的平台，宣传号召这些目前还没有进入乡村，但是摩拳擦掌、准备回到乡村的人，发挥他们的优势，助力乡村发展和振兴。这就是既重视存量，也重视增量。这是一个动态的概念，并不是只有在乡村的人，才称为乡村人才。

第四，构建平台，发挥跨界优势，形成集群效应。我们基金会有100位联合创始人，既有企业界的，也有学术界的，还有文化艺术界的。这些社会名人，来自不同的行业、不同的地域，通过基金会这样一个平台，能够发挥跨界优势，资源互补，形成集群效应，号召、呼吁更多的热心人士、专业人士、公众把目光投向乡村，把资源投向乡村，把智慧投向乡村。这就是我们这类平台型的公益机构所能发挥的独特作用。我们希望更多的公益机构，发挥平台、枢纽的作用，把从事乡村人才振兴的公益组织进一步聚集起来，发挥各自的专业能力，共同促进乡村人才振兴。

第五，苦练内功，打造核心能力，不求大而强，但求小而美。面对乡村振兴这样一个宏大的历史命题，这样一个深刻的社会命题，每一家社会组织，无论是新的，还是老的，无论是小规模的，还是大规模的，都要苦练内功，打造核心能力。作为一家社会组织，不怕机构小，不怕人少，不怕钱少，但是一定要有特色，要有能力在某一个细分领域解决实际问题，能够形成示范效应，并且能够传播推广。如果每一家基金会、每一家社会组织都能做到小而美，我相信，社会组织参与乡村振兴、助力乡村振兴就不是一句空话。

这是我们乡村发展基金会过去三年半在实践中的思考，希望对更多的社会组织参与乡村振兴能够有所帮助。

　　最后，我想引用管理学大师德鲁克的一句名言，作为今天演讲的结束语。德鲁克先生说："非营利组织所做的工作既不同于企业，也不同于政府。非营利组织既不提供商品或服务，也不实施调控，其产品既不是一双鞋，也不是一项卓有成效的法规，而是经过改变的人。"正是这样的理念，指引着非营利组织，也指引着乡村发展基金会，在过去三年多，持续不断地开展各种公益项目。我们的目标是要培养乡村振兴需要的各类人才。相信在未来的日子里，我们还会持之以恒，还会做得更多更好。

　　　　　　　　　本文根据作者在明日地平线大讲堂第 97 期的直播讲座整理，

　　　　　　　　　　　　　　　　　　　　　播出日期为 2022 年 7 月 15 日

后 记

终于交稿了！我轻抚笔记本电脑，不由得心中感叹。

首先是访谈和写作的时间跨度比较大，从 2019 年 12 月到 2022 年 11 月，近三年。在这个过程中，我和受访者各自都有繁忙的日常工作，访谈只能见缝插针，有时约期一改再改。又逢新冠疫情，增加了变数和难度，大多数访谈不得不在线上或以书面形式进行。

然后是寻找出版社，过程远比预想的困难。虽说乡村振兴是国家战略，是社会热点，但要找到一家"靠谱"的出版社也不易。所谓"靠谱"，一是要有实力，二是要有诚意。我在一年间，联系了多家出版社，情况都不理想。后来有幸结识了光明日报出版社的邓永标总编辑。双方一见如故，很快达成了合作意向。

再有就是出版前的事务颇为繁琐。本书涉及 50 位受访人，出版前的文字确认、信息更新、图片筛选、版权授权等诸多事宜，耗费了大量时间、精力。

不得不说，克服这些困难并最终完成书稿，是需要一些执念的。在这个过程中，我不断地提醒自己：我在做一件有社会意义的事，我在做一件有历史价值的事。

在此，我要感谢 50 位受访者。他们不仅为乡村振兴事业捐款、出力、贡献智慧，而且在百忙中接受我的访谈，认真核对文稿，彰显了公益心与乡村情。还要感谢西安市乡村发展公益慈善基金会为本书出版提供的大力支持。

我要感谢光明日报出版社的编辑团队，他们的专业能力和敬业精神对本书的出版助益很大。

我要感谢我的同事方锋飞，尽心尽力，不辞辛劳，在访谈和汇编过程中承担了很多辅助性、协调性事务。还要感谢同事杨玲、张潇瑜、朱琳、刘艳霞、姜福婷在不同阶段做出的贡献。

我要感谢冯楠、王俊英、王唯唯、迟鑫、谢晓慧、陈雪、杨竣、李雪以及所有受访者的工作团队给予的支持与配合。

特别感谢 8 岁的小朋友陆子安，为本书创作了五幅插图，以稚嫩的笔触绘就乡村之美。

本书统稿之际，恰逢党的二十大胜利召开，有关乡村振兴的未来规划，在祖国大地引发热烈反响。全面推进乡村振兴，不仅造福广大农民朋友，而且惠及所有中国家庭的日常生活，为子孙后代谋求长远利益。善莫大焉！如果本书的出版能在提升公众意识、增强公众认知方面起到一点作用，我就心满意足了。

期待有机会出版下一部访谈录，为读者呈现更多大家之言。

2022 年 9 月 12 日完稿

2022 年 11 月 13 日定稿

于北京华润时代中心

知识分子的精神家园